北洋军阀（一）
雄霸一方

薛大可 等◎著　蔡登山◎主编

当代中国出版社
Contemporary China Publishing House
2018年·北京

版权合同登记号 图字：01-2017-1929

图书在版编目(CIP)数据

北洋军阀．一，雄霸一方 / 薛大可等著；蔡登山主编. -- 北京：当代中国出版社，2018.11
ISBN 978-7-5154-0855-2

Ⅰ．①北… Ⅱ．①薛… ①蔡… Ⅲ．①北洋军阀史 Ⅳ．① K258.2

中国版本图书馆 CIP 数据核字（2018）第 258403 号

出 版 人 曹宏举
策划编辑 隋 聃
责任编辑 隋 聃
责任校对 康 莹
装帧设计 胡椒设计
出版发行 当代中国出版社
地 址 北京市地安门西大街旌勇里 8 号
网 址 http://www.ddzg.net 邮箱：ddzgcbs@sina.com
邮政编码 100009
编 辑 部 （010）66572264 66572154 66572132 66572180
市 场 部 （010）66572281 66572161 66572157 83221785
印 刷 北京润田金辉印刷有限公司
开 本 720 毫米 × 1020 毫米 1/16
印 张 18 印张 1 插页 245 千字
版 次 2018 年 11 月第 1 版
印 次 2018 年 11 月第 1 次印刷
定 价 55.00 元

目　录

【导读】北洋军阀的倏兴与倏灭

蔡登山

谈到“北洋”这名词，它和“南洋”是相对称的。在清朝同治五年（一八六六），加两江总督（辖今江苏、安徽、江西，驻节南京）以五口通商事务，授为南洋通商大臣；而在同治九年（一八七〇），又加直隶总督（辖今河北，兼巡抚，驻天津，冬季封河，移驻保定）以三口通商事务，授为北洋通商大臣。这是“北洋”和“南洋”名称的开始。

一八九五年十月，袁世凯奉命于小站练兵，所用将校人员，一部分为淮军宿将，一部分是天津武备学堂毕业生。除首领袁世凯外，当年的小站旧人几乎囊括了后来北洋军阀中的重要人物，如“北洋三杰”：王士珍、段祺瑞、冯国璋；后来担任各省督军或巡阅使的“李纯、曹锟、吴佩孚、王占元、陈光远、段芝贵、倪嗣冲、陆建章、张怀芝、张敬尧、田中玉、卢永祥、齐燮元、孙传芳”等。就连闹复辟的张勋，也曾一度投身小站，而小兵出身的冯玉祥，还有孙岳等革命党，当年也都是袁世凯部队出身的。除了一干武人之外，袁世凯还在日后的升迁中笼络了一批文臣，如徐世昌、朱家宝、周自齐、梁士诒、曹汝霖、陆宗舆、王揖唐等，这些人也随着北洋系的势力消长而浮沉，并在清末民初的政治舞台上显赫一时。民国以来的“北洋军阀”，大抵孕育于此时。

后来，袁世凯继李鸿章之后做过直隶总督，也就是北洋大臣，而他自己又有一支当时最有力量的军队，因此他的这支军队就被称为北洋军。北洋时代是中国近代史上的一个重要阶段，也就是指民国初年（一九一二）

到民国十七年（一九二八）。袁世凯在世时，北洋派是完整的，也可以说就是袁世凯派，袁死后，则各自称雄，谁也不肯服谁，于是形成了分裂，皖系、直系之名才告出现。直皖战后，奉系又露头角，直、奉战后，国民军系脱颖而出，加上所谓鲁系、新直系、辫子军等，真是你方唱罢我登场，像走马灯一样，一幕接一幕。

皖系以段祺瑞为领袖，徐树铮、曾毓隽为谋主；直系比皖系复杂，因为它分为前后两个阶段：前一阶段的直系是以冯国璋为领袖，曹锟、李纯、王占元、陈光远为著名巨头。冯国璋交卸代总统职务后，他的直系领袖身份也告结束，从此直系的正戏开场，主角是曹锟和吴佩孚。直系衰落后，还有所谓的新直系，是指的孙传芳。奉系自始至终都以张作霖为领袖。国民军系又称西北军系，也就是冯玉祥系。鲁系（又称直鲁军系）的成立，是北洋军阀的尾声，是指直隶督办李景林和山东督办张宗昌的联合；可是国民军系被击败后，这支直鲁联军却以张宗昌为主体。

北洋时代军人干政，军人窃国，祸国殃民。《北洋军阀（一）：雄霸一方》收集许多北洋旧人如薛观澜、薛大可、李北涛等人的直接观察，有许多不为人知的秘辛。另外，江平的《冯玉祥杀害徐树铮的原因和经过》一文，为此事件抽丝剥茧，逼近真相。金典戎的《我与冯玉祥的一段渊源》，则对冯玉祥在泰山时期又有贴身的观察。朱家桥的《曹锟贿选丑闻》一文，则对于曹锟贿选总统的经过有极其详细的描述，引用当时的电文、当时北京的报纸报道，是不可多得的史料。历史的真相常在细节中，由于有这些细节，我们才能更看清一些真相。

北洋军阀十七年中，表里万端，变化百出。冯玉祥以倒戈将军出名，开始他以一个混成旅长驻防湖北，通电反对段祺瑞；这是第一次倒段合肥之戈。民国四年（一九一五）他驻防成都，反对陈宧将军，这是第二次倒四川将军之戈。民国十三年（一九二四）二次直奉战，他受张作霖收买，回师北京，囚禁总统曹锟于延庆楼，以致直军大败；这是第三次倒曹、吴之戈。民国十四年（一九二五）他密令驻廊坊旅长张之江，劫杀合肥亲信徐树铮，并在北京威胁段执政下野；这是第四次又倒合肥之戈。至于与阎锡山合作，搞起中原大战；这算是第五次倒国民政府蒋主席之戈。不过他没料到自己会死于黑海之中，所以机变多者，终死于机变。

大抵吴佩孚之成功，皆能于险中求胜。是以哀兵愤兵，一鼓作气而得之。幸其所遇之敌，初为皖系之骄兵，此次又为奉张之惰兵。但他于胜果，未能多加计虑而善为运用，是以徒能耀彩于一时，而不克收成于久远。他于二次奉直战争丧败之余，力持不入租界之矢言。初则遵海而南，继则溯江西上，犹复徘徊郑洛，栖迟鸡公山，小住黄冈，托庇岳阳，以迨汉口查家墩之复出；其辗转奔投之经过，与坚毅硬干之精神，实非历来下野人物所能望其项背！

北洋政局，前后十七年间，自总统、国会、内阁，以至大军阀之起伏，小军阀之升沉；如戏剧之一幕一幕，如弈棋之一局一局；或由于派系战争之胜负，或由于依附势力之消长，倏兴倏灭，遂演成这一期间动乱之历史。《北洋军阀（二）：溃败灭亡》一书正见证这段历史。

北洋之虎——段祺瑞

余　非

皖系首领段祺瑞，被称为北洋虎将，以三造共和著称于世，为民国初年的显赫人物。自民国十五年退出政坛后，息影津门，深居韬晦，日以诵经下棋自遣，不复过问政事。民国二十五年病逝于上海，政府以其功在民国，明令国葬。然所谓功在民国，举其要者，不外三事：其一，辛亥之役，倡率各军，赞助共和；其二，袁氏僭号，洁身引退，力维正义；其三，复辟变作，誓师马厂，迅遏逆氛。自复辟事平，段委徐树铮组“安福俱乐部”，党同伐异，破坏法统，祸国殊深；而段氏本人，亦怀有“北方军人才是国族中坚”的偏见，始终不能与南方合作，梁启超虽曾赞扬他“不顾一身利害，为国家勇于负责，举国中恐无人能比”，窥其一生事功，仍属于军阀者流。

早年的军旅生涯

段祺瑞字芝泉，晚号正道老人，安徽合肥人，与李鸿章同邑，生于同治四年（一八六五）。其祖段佩，为淮军名将，任铭军三营统领，驻防宿迁。段自八岁随祖父在营中读书，迄光绪五年（十五岁时）佩死，始回故乡。光绪七年，其叔从德任山东威海军营官，乃前往投依，补营哨官缺。以后两年，父母相继丧亡，段受此刺激，深为发愤，光绪十年，李鸿章在天津创办武备学堂，段即入学习炮科，这年他二十岁。

光绪十二年，段娶吴氏为室（次年生子宏业）。次年，段自武备学堂毕业，被派到旅顺监修炮台。光绪十四年，李鸿章奏请考选武备学生五人赴德留学，段以成绩优异，得去德国习陆军两年。归国以后，初任北洋军械局委员，旋转任威海随营武备学堂教习。段在威海做了五年教习，正是中日甲午战争前后的几年。

甲午战后，袁世凯在小站练兵，请天津武备学堂帮办荫昌为他物色人才；荫保荐王士珍、段祺瑞、冯国璋、梁华殿四人。袁任王为工兵统领，兼长工兵学堂；段为炮兵统领，兼长炮兵学堂；冯为督练营务处总办，兼长步兵学堂。梁后于某次夜操溺毙，无闻。王、段、冯后被称为北洋三杰，有龙、虎、狗之目。

光绪二十五年冬，袁世凯奉命署理山东巡抚，段亦随军开往济南。时段仍统带炮队，并总办随营学堂，光绪二十六年，段原配夫人吴氏死。次年，续娶袁世凯的义女张氏为继室。这年袁世凯做了直隶总督，段随袁到了保定，并延萧县徐树铮为书记官。

袁世凯于就任直督未久，复奏陈再练新军。于省城设军政司，下分三处：兵备处以刘永庆为总办，参谋处以段祺瑞为总办，教练处以冯国璋为总办。三杰之一的王士珍，任步兵第一协协统，兼直隶全省操防营务处督理。

光绪二十九年十月，清廷于京都设练兵处，由庆王奕劻管理，实权操于总提调徐世昌之手。袁世凯充会办大臣，段祺瑞充军令司正使，冯国璋、王士珍先后任军学司正使。光绪三十年六月，常备军一、三镇先后成军，段任第三镇统制。次年，新军继续编成，段祺瑞先后调任第四镇和第六镇统制。是年清廷于河间举行秋操，第三镇全镇及第六镇一混成协任北军，第四镇全镇及第五镇一混成协任南军。段任北军总司令，曾沿途预为演习。因逢天雨，军队冒雨前行，操演的成绩并不理想。光绪三十二年，段仍回任第三镇统制，并任北洋武备学堂监督兼军官学堂总办。这年的彰德秋操，北军由段祺瑞指挥，南军由张彪指挥，军容颇盛。

宣统二年十一月，段受命署江北提督，驻节清江浦（淮阴），以徐树铮为军事参议。次年八月，武昌革命军起，段受召回京，任第二军军统，署湖广总督，会办剿抚事宜。当时冯国璋率军攻武汉，段旗瑞驻兵孝感，俱为袁世凯所倚重。

做了陆军总长

武昌事起后，袁氏周旋于革命军与清廷之间。清廷屡开御前会议，图作最后决斗。袁为自己权位计，乃授意前敌各将领，电请清廷退位。民国元年一月二十五日，段祺瑞率同四十二将领电请清廷逊位，实行共和。清廷知局势无可挽回，遂于二月十二日下退位诏。不久，袁世凯做了临时大总统，唐绍仪出组内阁，任段为陆军总长。

民国二年五月一日，国务总理赵秉钧因宋教仁案受各方攻击，称病辞职，段以陆军总长代为国务总理。其后，二次革命起，袁世凯对南方用兵；其间，段一直代理阁务（中间朱启钤曾代理过两天）。九月十一日，熊希龄正式组第一流人才内阁，段仍任陆军总长。其他各部的总长是外交孙宝琦、内务朱启钤、海军刘冠雄、教育汪大燮、司法梁启超、农商张謇、交通周自齐、财政由熊希龄兼理。

民国三年春，有号“白狼”者骚扰于豫鄂一带，河南督军张镇芳、河南省长田文烈久剿无功，袁世凯派段祺瑞兼领河南督军，驻信阳督剿。段到职后，重新部署，从南北东三面合围，自是白狼转而西向，三月初焚掠老河口之后，即由紫荆关入陕。其后段祺瑞仍回北京任陆军总长，河南督军交给田文烈。

时袁世凯方破坏民元约法，欲实行专制，段颇不同意袁的做法。早在民国三年春段督师信阳之际，当时总统制之说大盛，有人询问段的意见，段云：“总统制未尝不可行，但恐进而益之，并总统之名义亦不要耳。”段深知袁氏之阴谋，故有此语。

袁世凯的势力始建于小站练兵，自攘据大总统之位以后，把精力放在政治上，对军属的笼络不能全神贯注。时段任陆军总长，北洋军人多系段的学生，袁子克定颇不放心，乃于民国三年十月编练模范团，在各师下级军官中抽派团员。以前高级军官在袁手里，下级军官在段手里；现在下级军官亦由袁控制，段甚不悦。因此，模范团成立后，段就不常到陆军部办公，部务悉委于次长徐树铮。民国四年春，当帝制呼声此伏彼起之时，段即提请辞职，赴西山休养。段在辞职呈文说是“血亏气郁，脾弱肺愸”，实际上是不满袁氏所为。五月三十一日，袁令王士珍署陆军总长，赐段人参四两，医药费五千元，佯表慰勉，实欲去之。至六月末，徐树铮亦被迫离开陆军部，次长一职由田中玉继任。

国务总理时代

民国四年十二月，袁世凯准备做皇帝，云南首先组织护国军，宣布独立，各省反对的风潮迭起。段在反袁运动中，亦暗为策划。段之反对帝制，其谋出于徐树铮，徐曾遣曲同丰往陕西说陈树藩，使其逐陕督陆建章而独立。民国五年三月下旬，袁氏为缓和民情，宣布废除帝制，以徐世昌为国务卿，段祺瑞为参谋总长。徐、段等分电西南，告以共和重建，请息兵筹商善后。其后，徐世昌因谋和不成，呈请辞职；国务卿一职，由段祺瑞继任。这年六月六日，袁世凯在反对声中羞愤而死，黎元洪继任为大总统，段祺瑞恢复国务总理名义。段以徐树铮为秘书长。其阁员如下：外交唐绍仪、内务许世英、财务陈锦涛、海军程璧光、司法张耀曾、教育孙洪伊、农商张国淦、交通汪大燮；陆军由段自兼。其时，各省督军如下：奉天张作霖、吉林孟恩远、黑龙江毕桂芳、直隶朱家宝、山东张怀芝、河南赵倜、山西阎锡山、陕西陈树藩、甘肃张广建、江苏冯国璋、安徽张勋、江西李纯、福建李厚基、浙江吕公望、湖北王占光、湖南陈宧、四川蔡锷、广东陆荣廷、广西陈炳焜、云南唐继尧、贵州刘显世、新疆杨增新。

黎、段上台以后，恢复了民元约法，续行召集国会，共和得以重建。然不久政争又起，段素轻黎，二人常生龃龉；正面交锋的人物，为总统府秘书长丁世峄和国务院秘书长徐树铮。双方以权限之争，徐、丁先后下台，这是府院斗争的第一幕。民国六年，欧战方面，段祺瑞主张对德宣战，黎元洪及国会不表赞同。四月二十五日，段召集各省督军在津开会，图利用督军团的势力，达到参战的目的。五月七日，宣战案提到国会；十日，众院开会，段嗾使“公民团”到众院请愿，要求通过参战案。事情愈闹愈僵，十九日众院通过议案反对段内阁，黎遂下令免段职，以李经羲继为国务总理。段去职后，退居天津。安徽省长倪嗣冲首先宣布独立，其他拥段各省督军亦相继响应。黎在北京无法应付，于六月一日召张勋入京调停，张带着“辫子兵”进入北京，首胁迫黎元洪解散国会，旋于七月一日拥溥仪复辟。黎元洪闻讯走避天津，请副总统冯国璋（此时兼领江苏督军，驻南京）代行大总统职务，并重新任命段祺瑞为国务总理。七月三日，段在马厂誓师，组“讨逆军”，以段芝贵、曹锟为东西两路司令，倪嗣冲为皖鲁豫三省联军总司令。其主要武力为冯玉祥的第十六混成旅（驻廊坊），和李长泰的第八师（驻马厂）。梁启超、汤化龙、徐树铮等都在讨逆军总部任参赞。“讨逆”战起，段祺瑞自领第八师任中路，以李长泰当前敌，分三路进攻北京。是月十二日，张勋兵败，逃入荷兰使馆，复辟告终。时黎元洪引咎辞职，直系的冯国璋继任大总统，段祺瑞出组联合内阁：秘书长张志潭、外交汪大燮、海军刘冠雄、内务汤化龙、财政梁启超、司法林长民、农商张国淦、交通曹汝霖；陆军由段自兼，以徐树铮为次长。

复辟事件，或谓段祺瑞预先知道，其内情如何，兹且不论，张勋究为段解除了两大政敌，即黎元洪与国会。复辟事平后，段不仅未将国会恢复，反进行新国会的选举，事为粤、桂、湘、滇、黔五省反对，参加选举的只有十四省。此次选举，幕后筹划的人物是徐树铮，出面筹备的有王揖唐、王印川、曾毓隽、光云锦等人。段挪用参战对日大借款二千万元，以为活动经费。当时北京政坛，除段系以外，以交通系首领梁士诒势力最厚；徐树铮邀梁氏出面帮忙，约定两院议席与交通系平分秋色，并以参院议长相许。梁士诒鉴于南北冲突日甚，主张迅速成立国会，选一北人为总统，南人为副总统，以缓和局势，乃答应合作。两院议员选举结果，众院段派占优势，参院交通系占优势。其后，段设“议员俱乐部”于北京安福胡同，并对新当选的议员月送津贴三百至五百元，以相笼络。议员对段唯诺而已，时人称为“安福国会”。

另一方面，复辟事件后，段祺瑞未恢复旧国会；孙逸仙以其破坏法统，已在广州另组政府，与北政府对立。当时段对德宣战的主张已经实现。遂借机扩充军队，以推行其武力统一中国的政策。段的用兵计划是由四川进攻云贵，由湖南进攻两广。民国六年八月六日，任傅良佐为湖南督军，策划对南用兵事宜。十月六日，王汝贤的第八师及范国璋的第二十师开始进攻湘军，初期军事进展颇为顺利，连下衡山、宝庆等地。但这种黩武政策，不为冯国璋所赞同。

冯国璋是直系领袖，直系以“和平混一”为反段的招牌。实际上，直系为了倒段，亦欲与南方联系。十月二十日，苏督李纯、赣督陈光远、鄂督王占元（即所谓长江三督）伙同直督曹锟，通电主和。十一月十四日，在前方作战的王汝贤、范国璋亦联名响应。段祺瑞乃愤而辞职。

督办参战事务

直督曹锟原与段祺瑞保持友好关系，发电主和之后，觉得不安，向段解释误会，段遂乘机拉拢。十一月二日，段召集各地督军及护军使在天津开会，除苏、赣、鄂三督外，北洋各省几乎都有代表参加。会中决议对南用兵，分兵两路进攻湖南：第一路推曹锟为主帅，自京汉路南下；第二路推张怀芝（山东督军）为主帅，自津浦路南下。段的武力统一政策既获各督军的支持，冯国璋不得不同意对南用兵。十二月十六日，冯发表电令，派曹锟、张怀芝为第一、第二路司令，率兵南下。十八日，派段祺瑞督办参战事务。

当时直系主要势力为苏、赣、鄂三督，冯国璋在北方受段系包围，无所施展。民国七年一月，冯以“南巡”为名，企图离开北京，赴长江一带筹划，行抵蚌埠，为倪嗣冲（安徽督军）所阻。直系倒段的工作，并未因此停止，奉命南征的冯玉祥，在武穴通电主和，乃是由冯国璋遣陆建章所策动。段祺瑞为此颇恨冯国璋笑里藏刀，遂调奉军入关，进行驱冯；并尽速召集新国会，以便提早选举新总统。

是年三月初，奉军源源入关，设关内奉军总司令部于军粮城，张作霖自兼总司令，徐树铮以副司令名义代行总司令职权。冯国璋不得已，复请段祺瑞出组内阁：外交陆征祥，内务钱能训，陆军段芝贵，海军刘冠雄，教育傅增湘，司法朱深，农商田文烈，交通兼财政曹汝霖。奉命南征的曹锟部将吴佩孚，此时已进抵岳州，皖系重将张敬尧却被任命为湖南督军，段氏此一措举，使曹、吴为之离心。四月二十四日，段亲到汉口开了一次军事会讲。但进行得并不顺利。四月二十五日吴佩孚至衡阳之后，即停止进兵。曹锟则早在四月四日即电辞两湖宣抚使的职务，并要求将军队调回直隶休息。段氏至此，初欲调遣奉军入湘作战，继又欲联络吴佩孚打击曹锟，均无结果。

段的武力统一政策不为直系所支持，虽然吴佩孚已兵至衡阳；是年五月赣督陈光远又攻占了南雄；为继续对南用兵，六月二十日，段又以曹锟为川粤湘赣四省经略使，张怀芝为援粤军总司令，吴佩孚为援粤军副司令；二十二日，复令李厚基为闽浙援粤军总司令，童保暄为闽浙援粤军副司令。但吴佩孚已决心倒段，六月二十五日与湘军成立了停战协议。是后，屡发通电，攻击段内阁的亲日政策，并提出“息争御侮”的口号。段祺瑞的武力政策主要是对付南方；对于直系的挑衅，段想从政治上来解决。民国七年八月十二日，新国会开幕。皖系拟举段为总统，冯国璋大表反对。时冯在京畿附近有刘询、王怀庆、陈之骥三师之众，皖系未敢造次，乃推北洋元老徐世昌，冯知非敌手，转而活动副总统之位，皖系复推曹锟与之抗。参院议长梁士诒以总统已选北人，副总统当选南人，对曹锟的竞选，实行杯葛。其后，副总统选举不成，梁士诒亦因调和南北失败而辞职。民国七年十月十日，徐世昌就总统职，段辞去内阁总理，专任督办参战事务。冯国璋亦从此下台，皖系势力一时大为扩张。幸徐世昌能居中协调并企图贯彻直系的和平政策，主张与南方议和。

民国八年二月，南北双方代表在上海开和平会议，南方代表要求停止参战借款，废止对日军事协定，取消参战事。当时欧战虽已结束，段氏图谋自保，不肯放弃武力，亦不肯失掉外援，至会议三月，一无结果。其后，参战军改称边防军，原来的“督办参战事务处”改称“督办边防事务处”，段祺瑞仍任督办。而由靳云鹏主其事，徐树铮做“西北筹边使”，督办外蒙一切事宜。边防军一共编为三师：第一师曲同丰，第二师马良，第三师陈文运，在《中日陆军共同防敌协议》下借日款、购日械，饷裕械精，成为一支劲旅。

皖直战争

皖系势力的掳张，引起直奉两系的侧目。民国九年四月八日，曹锟、张作霖等组八省（奉、吉、黑、直、苏、鄂、赣、豫）联盟，从事反皖。五月二十二日，吴佩孚自湘撤防北归，准备驱逐安福系。吴之撤防，未经北京政府的批准，由于鄂督王占元配合，预将长江上游总司令吴光新（段氏内弟）囚禁，使其驻守岳州、荆沙一带的二师五旅（约五万人）之众，不能发生遏阻作用，吴遂得顺利北上。吴北上后，据河南为基地，布置反皖军事。奉军之一部，亦开抵廊坊附近，向皖系压迫。曹、吴并进一步向政府提出要求，请解散安福系，免徐树铮职。

段祺瑞见此情形，命令边防军紧急动员，向北京附近集中。七月九日成立“定国军”总司令部，自任总司令。以段芝贵为第一路司令兼京师戒严总司令，曲同丰为第二路司令兼前敌总司令，魏宗翰为第三路司令，徐树铮为总参谋长，卫兴武为副官处长，丁士源为交通处长，秦国镛为航空司令，曾毓隽为参赞，傅良佐为总参议。同时，胁迫徐世昌撤吴佩孚职，曹锟褫职留任。七月十二日，曹锟、张作霖、李纯、陈光远等通电讨段，直皖战争正式爆发。

当战争开始时，段芝贵以边防军第一师（曲同丰）、第三师（陈文运）在京汉线涿县迤南向保定推进为右翼（第二师马良在山东，未参加作战）；徐树铮以定国军副司令名义率军在天津为左翼。直方的布置：在天津方面者为曹锟，在京汉线方面者为吴佩孚。交绥之后，边防军第一师师长曲同丰首先被俘，段芝贵庸懦退兵，右翼遂告瓦解；左翼徐树铮与曹锳战于杨村，兵寡势孤，张作霖复通电助直讨皖，胜负之局遂定，七月二十八日，段祺瑞辞去督办边防事务，走避天津。次日，徐世昌下令通缉徐树铮、曾毓隽、段芝贵、梁鸿志等。八月四日，并下令解散安福俱乐部。

三角同盟

皖系既败，直系的势力如日中天。徐世昌虽仍任大总统，操纵政府的人物，却由皖系的段祺瑞，换为直系的曹锟和吴佩孚。奉系张作霖在倒段之役中着有微劳，眼见吴佩孚的飞扬跋扈，颇为侧目。段祺瑞徐图再起，一面与奉张亲善，一面派徐树铮赴粤会晤孙逸仙。时孙正在桂组大本营，准备北伐讨直：派廖仲恺在广州与徐接洽。其后，徐复赴桂与孙晤谈，于是孙、段、张结三角同盟，合力倒直，这是民国十一年春天的事。是年四月，直奉战争爆发，孙逸仙拟乘机北伐，属于皖系的浙督卢永祥亦待机而作。未几，奉军战败出关，北伐军因陈炯明叛乱（受吴佩孚唆使）而回师，浙卢则始终没有发动。

这次直奉战后，直系的气焰益盛。民国十一年六月，假恢复法统为名，迎黎元洪复总统位，并恢复旧国会，实际上是为曹锟贿选铺路。民国十二年十月，曹锟当选总统，以吴佩孚为直鲁豫巡阅使、齐燮元为苏皖赣巡阅使、萧耀南为两湖巡阅使，直系的势力控制着长江、黄河两流域的核心。

曹锟非法选举，段祺瑞在天津通电攻击，粤、奉、皖三角同盟至是进一步结合，于民国十三年春在奉天签订盟约。时皖系残余势力尚有浙督卢永祥、淞沪护军使何丰林、第四师长陈乐山、福建军务督办王永泉，和厦门总司令臧致平。段祺瑞命陈乐山在上海设立机关，联络国民党及闽浙各方，于是广州、上海、天津、奉天间，信使往还，络绎不绝。

民国十三年秋，反直战争酝酿成熟。九月三日，浙督卢永祥与苏督齐燮元发生冲突，江浙战争开始；九月四日，张作霖通电反对曹锟；九月五日，孙逸仙在广州宣言北伐。直系面临三面作战，其主战场则在奉直之间。是年十月二日，卢永祥失败下野；孙逸仙的北伐，亦因广州商团之变而受阻。北方的奉直战争，奉方一直占着优势；而直系的第三军总司令冯玉祥，因早与国民党联络，至是与在津的段祺瑞接头，索价十万元，以为班师驱曹之用。段窘乏已久，电其事于张作霖，张立汇奉票二百万至津，交段转给。冯果于十月二十三日自热河潜师回京，奉军以此获得全胜。

出任临时执政

直系瓦解后，冯玉祥原请黄郛出组“摄政内阁”，邀孙逸仙北上，共商国是。但奉系和皖系迫不及待，准备拥段祺瑞出山；直系残余齐燮元、萧耀南等亦表支持。于是冯玉祥、张作霖、卢永祥等在天津开会，公推段为临时执政。是年十一月二十二日，段以奉军吴光新部为卫队，入京就任，组临时政府，人员如下：秘书长梁鸿志、外交总长唐绍仪、内务总长龚心湛、财政总长李思浩、陆军总长吴光新、海军总长林建章、司法总长章士钊、教育总长王九龄、农商总长杨庶堪、交通总长叶恭绰。

段祺瑞就任执政后，以王揖唐为安徽督军，卢永祥为苏皖宣抚使，颇想恢复皖系的势力。然以冯玉祥、张作霖乘机扩张，使他无所施展。国民军方面：胡景翼督豫、孙岳督陕、冯玉祥督甘兼为西北边防督办。奉军方面：李景林督直、张宗昌督鲁、姜登选督皖、杨宇霆督苏。当时民军的势力在西北，奉军的势力伸展于东南，段祺瑞周旋于两大之间，执政府的官员分为东北与西北两派，皖系势力遂衰。

民国十四年秋，直系势力在南方复兴。首先孙传芳以苏浙闽皖赣五省联军总司令的名义通电联吴讨奉；既而，吴佩孚在汉口就任十四省区讨贼联军总司令，响应孙传芳。于是，段祺瑞下令南征，京汉线责成冯玉祥、岳维峻；津浦线责成张作霖、李景林。然孙、吴的势力锐不可当，吴佩孚循京汉线至河南，与岳维峻作战；孙传芳循津浦线至安徽，杨宇霆、姜登选先后逃走。直鲁联军的李景林、张宗昌突倡奉直合作，逼使国民军的冯玉祥通电下野，北方局势闹到不堪收拾的地步。

下野与去世

奉直既决定联合讨冯，奉军势力此时伸入关内。段祺瑞派人与奉军通谋，想里应外合把北京的国民军解决。事为国民军侦知，鹿钟麟（京畿卫戍司令）先下手为强，把段的三个卫队旅包围缴械，段遂通电下野，退居天津，不复过问政事。民国二十二年移居上海，二十五年十一月二日病逝沪寓，遗嘱以“八勿”戒国人：

一、勿因我见而轻启政争。

二、勿尚空谈而不顾实际。

三、勿兴不急之务而浪用民财。

四、勿信过激之说而自摇邦本。

五、讲外交者勿忘巩固国防。

六、司教育者勿忘保存国粹。

七、治国家者勿弃固有之礼教。

八、求学者勿务时尚之纷华。

十一月五日，政府令国葬。十二月七日，移灵北上，卜葬北平西山。

我所知道段祺瑞的一生

薛观澜

晚清之际，袁世凯在小站练兵，段祺瑞受其指挥，累迁统制。袁氏且付以训练干部之责任。民国肇兴，袁之属下，堪称干城之选者，有王士珍、段祺瑞、冯国璋三人，世称王龙段虎冯狗。何故王氏之犹龙？因其运筹帷幄，袁氏辄以军事咨询之，不啻事实上之参谋总长；段乃风骨魁奇，司理军政，久任陆军总长，民二且晋国务总理；冯国璋善于机械变诈，且好货，袁固识人，对冯不甚信任，乘其攻取汉阳、正在春风得意之际，袁乃将冯召回，以段代之，段即领衔通电，主张共和政体，而旋乾转坤之功，悉由段氏发动，冯反寂寥无闻，足征袁氏对段倚界之殷。其故安在？盖段氏之继室为张氏夫人，与袁氏有葭莩之亲，其父追随袁甲三，打捻匪而阵亡，仅遗一孤，袁世凯收为义女，视同己出，张女即在洹上袁家长大遣嫁，袁家呼为大小姐，吾等尊称段大姐，其与内人如同手足一般，故袁实以婿礼待段，焉有不加信任之理。

反对帝制、原因有三

然至袁氏称帝，段祺瑞虽未公然反对，但在暗中阻挠，不遗余力，其故有三，如下所述：

一、段祺瑞与冯国璋皆以袁之继承人自命，帝制果成，彼等将永无继位之望，且黎元洪封亲王，龙济光封郡王，段氏仅获公爵，不无绝望。当时陆荣廷即因耻居龙王之下而生异心者也。

二、段与袁克定不协，深恐克定继位，于己不利，此乃段氏反对帝制之主要理由，段在公府乘人力车，克定幼弟三五成群，纷纷以雪球掷之，指其为歪鼻子，迹近当面侮辱。段诉于袁，袁虽盛怒，顾未郑重处罚，段有遗恨焉。

三、段虽名为陆军总长，军权实在袁手，段固怏怏不得志，而其副手徐树铮野心勃勃，最为袁氏所嫉视。袁设模范团以训练将校，凡各镇将校，悉由总统亲授之，段氏无用人之权，自不满意，乃向袁氏请自营长以下，概由军部直接委荐，袁遽召段，正色而言曰："芝泉！你气色不好，休养一时罢。"段退出，即请长假，移住山西，嗣后袁段之间，隔阂愈深矣。迄袁酝酿帝制时，段仅尸位素餐而已。

段夫人性刚毅，有义气，无笑容，为洪宪之事，段与夫人数次反目，夫人戟手詈段而骂曰："没有良心。"段有季常之癖，不敢抗论。愚适在座，段乃奇窘，低声曰："我对老总统爱莫能助呀。"实则段于洪宪之事，可告无罪于国人也。

夫人骂段：老糊涂了

民七年我挈内子（按：薛夫人为袁世凯之爱女）赴府学胡同（即段宅）会亲，我行大礼，段氏答礼时膝未及地，张氏夫人见状大怒，当场令其屈膝，又强段氏叫我二妹夫。此后我见段氏，尊称大姐夫，段氏不当夫人之面，叫我汇东，老气横秋，若当夫人之面，段乃局促不安，此情此景，大可噱也。

段夫人常说："你大姐夫没有礼貌，老糊涂了！"实则芝老文质彬彬，礼数甚周，夫人则见娘家人，备觉亲热耳。段夫人曰："这所房子是爸爸（指袁项城）赏赐我们的，你们住此，千万不要客气。"窃按府学胡同段邸，规模宏壮，唯内部陈设，简陋不堪，段之寝室，乃以白布作幔，此系皖人俭朴之风，有足劭者。

与吴清源对弈趣闻

段既执政，棋道骎隆（指围棋），段好弈，知更之鸟也，今日之事我为政。当时国手皆北面，或授二子，或让黑棋，而诸国手不敢赢段，但亦不甘多输。其轶事甚多，最为棋界所乐道。世人谨其棋品不修，实则芝老弈时，态度甚佳，向无厉色，见棋即笑逐颜开，我与芝老对弈，无虑五六十局。一日，段氏欲悔一子，我情急，口不暇择，“老段”二字脱口而出，段亦一笑置之，无愠色。故吾以为段氏有雅量，英气逼人，时彼方为太上总理，督办参战事宜。又一日，我与参谋总长蒋雁行弈于执政府门房，围观者众，俄见段执政危坐桌畔，已观局多时矣。见蒋总长抱头思索状，段氏为之大乐。述此以见段无大架狼犺之习，犹有书生自得其乐之风也。

然段氏好胜，败则怆恍失意，不肯罢休，其个性如此。民十四，段闻吴清源以舞勺之年，无敌于中国，心窃疑之，爰命入府对弈，且谓棋果不差，可以公费遣送东瀛深造，此固清源之夙愿也。清源义父杨子安以为吴不应失此公费赴日本之大好机会，又知段氏好胜，特嘱清源小心应付，务让段胜一子半子，对于出洋事，胜固无望，大败亦无望，清源以为然。弈时段持白棋，吴神童持黑棋，唯神童下子迅速，不假思索，但不知看风使，结果黑胜。

杨君当场以目示清源，赴厕所数之曰：“孺子不可教也，出洋之议，视同绮梦幻想可耳，再弈要仔细，负五子可矣。”清源俯首唯唯，自悔失手。再弈，清源果大敛其锋，败势已成，无何，段氏以为稳胜，居然得陇望蜀，忽硬投拆三，清源急，浑忘其使命，努力应付，遂不终局而又大胜。盖此局拆三，不可轻投，黑棋若任其蹂躏，必死一块，童子无知，难如留侯之能忍，终使段氏一败再败，公费赴日之说，遂同泥牛之入海。皆是为观，无论政治与弈棋，段氏之最大弱点，端在好高骛远，莫能知己知彼耳。

不贪财货、轻视武将

至于段氏平日待人接物之姿态，完全模仿袁项城，两目炯炯有光，言语少而中肯。就我所见，段对文人，尚有礼貌，即对棋友如汪耘丰、顾水如等，亦觉和蔼可亲，唯对武将，不假辞色。田中玉任山东督军时，晋谒段式，陈述军事，合肥不耐曰："少说废话，你还懂得什么战略吗？"杂以安徽骂人土语，田中玉亦安之若素。当年张勋节制定武军，曹锟统率第三师，见袁皆行跪拜礼。由此观之，藐视武将而武将自卑，实为北洋军阀之传统习惯。嗣后北洋军阀相继失败，草蛇灰线，即伏于此。

昔日袁世凯不好货，生前以盘乐游逸为戒，身后则无积蓄，当其卸任山东巡抚时，尝以应得羡余二百万金，移赠后任杨士骧，杨氏遂成巨富。厥后段祺瑞步袁之轨躅，雅有清誉，操守无可疵议，此其唯一长处。是故袁段二人之功过，系另一问题，唯其不贪财、不好货，然后能做一番事业，感不绝于我心焉。

段不好货，遂视勋章如粪土，智利政府尝以大勋位授之，极昭隆重，上嵌金刚钻数粒，光彩夺目。时适段氏已下野，寓居天津，予捧勋章与紫绶，赍呈于段，段置之，不稍留意，唯邀予对弈，予胜第一局，段不肯罢手。褚玉璞适来电话，因砀山战捷，催予列席会议，予欲告辞，段不允，并谓："蕴山（指褚玉璞）还有什么了不起的事。"我说："褚督办与我作对，我为难得很。"段云："又铮与褚大不同了，你如何能与蕴山共事呢？"此虽极小掌故，可占段氏之为人，善弈而有好胜之心，不好货，不慕虚荣，轻武将，藐视张宗昌褚玉璞之辈，对于徐树铮，印象仍佳，关于酬应世事，可谓漫不经心者也。

不修边幅、耿介拔俗

兹述段氏处世之术，可资温噱。一日，棋局告终，段燕外宾，改服西式方角大礼服，履不适足，大感困苦，段氏盖穿惯双梁鞋，于是整装超过一小时，项际金钮犹无法扣上。段夫人嘱我帮忙，我亦无能为力，谓芝老曰：“一国元首之服装，非可掉以轻心者也，晚宴外宾，应穿燕尾服，佩本国勋章，小礼服而佩勋带，已非正式，至于方角大礼服，欧美各国唯于丧礼中用之，日人已误而吾国效之，现兹硬领差半寸，如何扣得上，公须另制一套燕尾服，今晚则穿蓝袍马褂可矣。”

段夫人期期以为不可，她说：“洋鬼子要登报的，你大姐夫怕极了。”

我说：“蓝袍马褂，亦礼服也，御此以宴外国元首，且无不可。”意段斟忱，时则宾客络绎而来，纷集楼下，段遂勉从予言，喃喃自语曰：“如此服装，西人自夸文明，可以休矣。”无何，段之蓝袍太短，褂袖过长，望之不似人君。盖段向不修边幅，亦耿介拔俗之征也。

如上所述，段氏怕穿西装，亦不喜戎装，因有足疾，不宜穿革履，民十四孙中山先生病殁故都，开会追悼之日，段氏已穿就西式礼服，洗濯其足，而足益肿，因此不能纳履中，段氏彷徨无策，遂不果行。此固重大失礼，腾笑国际，难怪国民党员大不惬意也。亦见段氏之固执成性。而段左右无净臣、无益友，直视国事如儿戏耳。

参战改选，有功有过

溯自袁项城去世，段祺瑞乃一跃而为北洋军阀之首领，只争实权，不图虚名。总统黎元洪为参战问题，信其同乡金永炎之言，遽免段祺瑞国务总理之职。段赴天津，因府院之争，而引起督军团独立，因督军团独立，而酿成张勋之复辟。段乃因缘际会，仅恃李长泰一师之众，起义讨逆，辫军奔沮，厥功懋焉。

黎元洪既去职，冯国璋代之，段任总揆，权倾一切，府院之间，相持益烈。唯冯倡导和平，主张反战，徒托空言，卒与段同时下野，抑郁以终。段则实权在握，发号施令于府学胡同，内以徐师爷（树铮）为心膂，外以靳师爷（云鹏）为总理。按徐树铮与靳云鹏皆段门生，故段俨居太上内阁之地位，是其一生威权最高，唯值吾等与段氏对弈之际，常争悬殊于秒忽之间，其时若靳徐两人请谒，虽怀军国大计而来，亦无暇过问无法上达矣。当是时，段祺瑞乃代表中国之正统，其与北洋军人密电有云：“私冀发挥我北洋同袍之实力，统一国家，奠宁宇宙，庶几人民得以安堵，法治乃得实施。”又云：“我北洋军人分裂，即中国分裂之先声，我北洋实力消亡，即中国消亡之征兆。……伏愿诸君子时以北方实力即国家实力为念，团结坚结。”段志可窥其端倪矣。

兹将段氏当权之政纲，提要钩玄，列举于后：一、主张武力，以统一全国，奠定大局；二、进行参战借款，以编练军旅，加入协约国，与德奥宣战；三、与日本签订《中日共同防敌协议》，以期阻挠俄共十月革命，故反共为安福系一贯政策，厥后徐树铮主张讨赤，段无违言也；四、利用临时参议院，制定国会组织法，进而操纵新国会之选举，故新国会中，安福系占绝对多数，乃拥北洋老人徐世昌出任总统，安福系欲举曹锟为副总统，世昌阴持异议，遂不果行。

自愚观之，参战之举，段有功于国家，然因民六改选国会之举，演成南北相持之局，法统之争，不知伊于胡底，段固不得辞其咎矣。

日暮途穷、二次柄政

当是时，皖系秉政，骄蹇益甚，不能防患未然，事皆弄巧成拙。于是，吴佩孚由衡阳撤兵北上，曹锟在保定组织八省联盟，至张作霖入京，徐世昌见奉直联合势成，乃下令免去徐树铮西北筹边使兼边防军总司令职，段大怒，由团河入京，力主讨伐曹吴，徐总统被迫下令，曹锟革职留任，吴佩孚免职，于是直皖开战，结果皖系崩溃，由失民心而主帅不得其人也。

段虽下野，雄心犹在，民国十年，旧国会议员在穗召集非常国会，推孙中山为大总统，孙与张作霖段祺瑞缔结三角同盟，协同声势，以抗曹吴，是为段氏东山打起之征兆。因循至民十三，直系骄纵愈甚，贪秽时闻，迨直奉战起，冯玉祥倒戈，曹囚而吴遁，各方拥段出任执政，此属北洋军阀日暮途穷之候，段乃匆忙进京，思虑未周，徐树铮适在国外，鞭长莫及，凡段施政纲领，徐氏不表同意者甚多，兹特撮要述之，以示段氏二次失败之根由：

一、徐氏主张召集国民会议，并以许世英为执政府秘书长。二、徐氏反对以卢永祥督苏，先是张作霖意图东南，不敢贸然下手，乃以卢永祥督苏饵段，而由张宗昌任护卫之责，段固乐从也，徐树铮闻之，认为闽浙巡阅使孙传芳非易与者，请段毋为奉方火中取栗。三、段所主张，以津浦线划归奉军，京汉线划归国民军，徐反对最烈，伊认冯玉祥军必须退出京畿，揵鳍掉尾，不可不防。四、徐见冯玉祥明显支持共产党与革命军，痛心已极，故其主张先整内而后图外。第一步联络吴佩孚、张作霖、孙传芳三人，以完成奉直皖三系大团结。第二步一致讨冯。第三步则协力同心以担革命军。唯段夙畏奉张之跋扈，且因直皖之役，张助曹吴，故其心中不无袒护同乡冯玉祥。

综而言之，徐之建议皆以现实为前提，不念旧恶，不务姑息，惜段未予全部采纳耳。噫嘻！祸起萧墙，信亦危矣，卧薪待火，其老段之谓乎。

鼻虽不正、两目有神

段任执政，度日如年，介于两大之间，动辄得咎。冯玉祥恨其反共，张作霖怨其袒冯。而冯居心，更不可问，名为保护，暗行劫持，迨其谋杀徐树铮于廊坊，段犹恋栈不去，若无其事，加绪含容，冀可弥缝；而冯以军队围困执政府，段仅以身免，此其毕生威望之最低潮，良可慨也。

段既下野，隐居天津租界，以弈棋自娱，观澜为座上客。迨日人侵华之前夕，蒋委员长以弟子礼迎段抵沪，扶段而行，执礼甚恭，馈遗甚丰，世人以蒋段二公之丰度为不可及也。段寓杰斯菲尔路，优游岁月，得终其天年，靡蹈非彝，岂非一大快欤。

窃按北洋军阀中，两眼主凶而丧其元者，如褚玉璞、吴佩孚、徐树铮、冯玉祥、张作霖、陆建章、杨宇霆、张绍曾、张宗昌、齐燮元、孙传芳等，比比皆是也。推而论之，就予所见，褚目鹰瞵，吴目鹗眙，徐树铮猪眼，冯玉祥蜂目，张作霖之眼露白光，陆建章之眼含血丝，杨宇霆与张绍曾之眼厥神暴露，张宗昌鹳视，齐燮元与孙传芳之眼其梢歪邪，张学良狼顾。学良若无牢狱之灾，必丧其元矣。

盖闻目光关系一生，武将尤忌失神，至因沙眼而模糊，或因近视而迷�，虽无善状，非凶相也。曩昔袁世凯、徐世昌、黎元洪、段祺瑞，冯国璋、曹锟、张作相之俦，两目清朗，并无凶光，皆获善终。靳云鹏与蒋雁行之眼，虽皆斜视而含糊，顾无凶光，得终其天年。上述诸人，唯袁世凯两目最有威棱，垂照四方，故能詟服其众，据斯以谭，君平之术，亦信而有征，岂徒语哉。

兹述段合肥之威容：鼻虽不正，两目有神，英锐飘逸，仪表非凡，态度则温文尔雅，处世则耿介拔俗，亦当时出群卓越之伦也。惜因鼻梁不正，卒不能安居元首之位，综其一生，成功在目，失败在鼻，彰彰明甚。兹述段合肥之个性与其为人：段乃出生于人文荟萃之区，故能淹贯旧籍，四书五经，烂熟胸中，言谈之顷，每有引用成语之癖，斯与冯玉祥之满口新名词，大异其趣矣。

段偶有著述，亦文字清通，不离古法，但因不常写作，难免生硬之处。按徐树铮神道碑即为段所亲撰者，并未假手于人。唯段对于欧美局势，漫不经心，此属北方首领之通病，误事大矣。又段会客时，不喜诙谐，气氛过于严肃，说话甚少，使人不感亲切，夙昔袁项城虽亦如此，然袁兴奋之时，语调极其轻松，使人聆之，如饮佳醪，段氏不能及也。

段氏一生计有六最

段氏虽嗜弈如命，然于日本布石定规之奕法，以及新颖战术，概无认识，因自视甚高，常被他人蒙蔽，弈棋如此，政治军事亦如此。段喜雀战，顾筹注不大，非如当日军阀一掷千金者，段之赌品良佳，胜负不形于色。我与打牌时，每反对“自摸平胡”，段辄俯从客意，斯其雅量远胜张宗昌与潘复之流矣。

按段生平，不贪财，不好货，自奉甚俭，此其最大长处，故能拾而复奋，在段得势之时，其依段以取功名者，不可胜数。唯于徐树铮、曹汝霖、曾毓隽、许世英、王揖唐等，信任磐桓，始终勿衰。盖段性坚强，苟获信任，则非他人所得离间也。当时政治军事，徐树铮首当其冲；财政交通，则曹汝霖擘划最多；组织党派之事，委诸王揖唐；应付国会之事，委诸许世英。是皆智周政术心练治体者也。

段与袁世凯关系密切，段虽反对帝制，然其一举一动，完全模仿袁氏，甚至平日在家所戴方顶黑色小帽，似女尼所用者，亦效袁项城也。袁殁之后，辄以袁之继承人自居，厥后屯涉屡起，金革亟动，胥由此一念为祟也。失败后，仍以北方领袖自居，犹见其雄心虎虎焉。迨执政后，乃英气全消，若死水然，纵容其子宏业，尤为当世所诟病，予与段氏憧憧往来，论私窃喜其俊朗，论公则我存惋惜之心焉。

段氏晚年最恶吴佩孚，据段氏语我：“吴仅测量科毕业，不谙军事，袁项城派吴至韩为间谍，是其发迹之始。”然论北洋军人，在军事上成就，吴可首屈一指，后虽失败，非战之罪也。要之，段氏生平，最景仰者袁项城；最信任者徐树铮、痛恨者吴佩孚、深畏者张氏夫人；最得意者，马厂起义也；最落魄者，逃出执政府之时也。

段子宏业系元配夫人所生，段侄宏纲尤为段氏所钟爱，实握执政府大权，段之继室张氏夫人，育女三人，长适袁项城五弟世廉之孙家朗，次女适张道宏，三女适奚伦，奚张皆笔者在清华同学也。段有幼姬一人，夫以投老之年，与少艾为偶，绝非长寿之征，今如袁世凯、段祺瑞、冯国璋、孙宝琦等，可为殷鉴矣。

综段一生，器量渊宏，甚有威重，久当权轴，刚愎自用；然而硁硁之操，恢恢之志，用能三定共和，磊磊在青史，其节概粗具于是矣。

段祺瑞及其同时名人

李北涛

黎黄陂继任总统·段祺瑞组阁

袁总统逝世，由副总统黎元洪继任，段祺瑞任国务总理。洪宪章制，尽行废除，一切恢复旧观。下令惩办帝制祸首，计有杨度、朱启钤、顾鳌、薛大可、梁士诒、孙毓筠、周自齐、夏寿田八人。赫赫一时之杨度，狼狈逃津，蛰居多时，先后又投吴佩孚、张宗昌等幕中，冀得再展抱负。无如所遇辄左，加以鸦片大瘾，生活艰困。幸而绝处逢生，来到上海，得杜月笙之礼遇供应。适值杜氏在浦东建立家祠，大肆铺张，所有一切章制编排，建碑立石，以及礼仪文字，皆由杨度一手擎理，办得富丽堂皇，有声有色，不愧为当代之大手笔。此后不久，杨即客死沪上。

黎元洪湖北黄陂人，人遂以黄陂称之。继任总统，宽厚朴实，一反官僚作风，颇与人以好印象。黄陂地名，因亦为人所重，于是有所谓黄陂三杰，里巷争传。三杰者，总统黎元洪、名伶谭鑫培及名妓小阿凤。后者曾被误传为蔡锷所眷之小凤仙，其实非是。小凤仙乃北妓，小阿凤籍黄陂，当时在八大胡同甚红，与名妓苏佩秋齐名，后为王克敏量珠聘去。

以地名代表大人物，历来称呼，多有如此，如以项城称袁世凯，以合肥称段祺瑞，以河间称冯国璋，以东海称徐世昌，唯徐氏本籍，系河南卫辉，因佐袁世凯在小站练兵，小站在天津东海之滨，一班武将，对此文案老夫子，尊称为东海而不名。当时有所谓小站三杰，已经出名，即王士珍、段祺瑞及冯国璋三人，又被称为龙虎狗。王为人最稳重，淡于名利，被称为龙。段耿直而刚愎，被称为虎。冯则圆滑而贪，被称为狗，皆是后来之风云人物。

光复之前，黎元洪在湖北为新军协统，御下有恩，从不克扣军饷。中国自古以来，带兵者虚报兵额，克扣军饷，已成传统惯例，黎氏反之，故能深得军心。武昌起义，事出仓促，冯国璋大兵压境，已到汉阳，民军领导无人，推逼黎氏为都督，出而支撑。后来革命成功，黎氏竟以副总统兼领湖北都督，威镇一方。彼时政制未定，南北纷争，黎氏常有通电，缓冲调解，主张公允，举足重轻。尤其电文甚长，词句典雅，传诵一时，深受各方推重。闻电文出自秘书长饶汉祥之手，饶遂由此成名，不久饶外放离去，黎之神光顿敛。加以黎氏为人，胸无主宰，不辨是非，受袁世凯之笼络，反与民党为难，寖且被袁调其入京，坐拥副总统之虚名而已。

黎继任总统后，段组新阁，外交一职，段欲曹汝霖以次长升任，曹氏不独不允，且并次长亦辞去。段怪问何故？曹意对于项城，未能力阻帝制，有负知遇，问心不能无愧；又以二十一条交涉，外人不明真相，归咎于其身，故欲暂离政坛，以止谤言。段勉从其意，改为顾问，有外交问题，仍嘱随时协助。乃邀陆征祥复职，后不久陆以体弱辞去，偕其洋太太到瑞士，为天主教司铎，而以此终其生。南方政府此时宣称恢复约法，招引国会议员南下，北政府遂亦恢复旧约法以相抵制。按照约法，政府应系责任内阁制，一切政务，由国务总理负责处理。黄陂头脑简单，无决断力，有人称为泥菩萨。又因看惯袁总统之作风，时而干涉政事，于是府院之间，渐有不协气象。国务院公事，有时须送总统府，照例由院秘书长送去，以备总统咨询，时秘书长为徐树铮，甚有才气，为段总理最信任之人。凡有才气之士，往往常露锋芒而不自觉。徐在公府，对于黎总统问答应对，必有欠慎之处，黎大不悦，着人示意于段，改用别人。段素袒徐，又以责任内阁制，总统不能干涉到秘书长，黎段几至弄僵。后由徐东海调停，徐树铮自动辞职，始告无事，但黎段由此失和。

再言徐树铮之为人，确系才气横溢，文武兼资，原籍江苏萧县。袁总统时代，段为陆军总长，徐为次长，段于部务，不甚过问，悉以委之于徐。现在段氏被命组阁，即以徐树铮为国务院秘书长。院务会议，多由徐秘书长发言解决，段总理反多唯唯，人皆侧目，报纸常有登载，目为笑谈。军警执法处长陆建章，系冯玉祥之至戚，为人残忍酷苛，杀人甚多，人言其衙门夜间常有鬼哭之声，平素言论，反对段氏。一日徐树铮约其到陆军部晤谈，见面即将陆枪毙，颇引起众怒。段氏初不知情，反而出面，说陆建章干犯法纪，罪有应得，自己命徐树铮执行，段之袒徐如此。徐既辞院秘书长，段知其人缘不好，派其离京，出任西北筹边使兼边防军司令。徐至西北，整理边防军，收复库伦，建立大功，著有《筹边方略》一书，洋洋数千言，读之者均赞其极有见地。迨后，段氏被推为执政，本拟任徐树铮以要职，又虑其树敌太多，恐有后患，特派其为专使，赴欧美各国考察军政。及其考察回来，道经上海，苏省同乡，欢迎接待，徐以其所著之《筹边方略》一书，分赠各友，咸佩其才。苏督孙传芳特来沪，曲意联欢，并陪同赴南通，谒候张季直先生，诗酒唱和，宾主极契。徐树铮又善昆曲，特由上海带去笛师，高唱入云，开怀畅饮，意气之豪，不可一世。岂意入京之后，因事赴津，车经廊坊，遽被冯部张之江军队所截，徐竟遇害身死。徐貌甚都，唯双目晦暗，星家早言其恐遭横祸，不幸竟验。

曹汝霖此时无官一身轻，唯以顾问之资格，仍时往段宅，以备有所咨询。曹之意中有一事耿耿不忘者，即参加协约国作战之主张。此议在袁总统任内，曹已屡次进言，而袁意未决。今对段氏，曹仍不时提出；无如一般人，黎总统段总理之左右，以及南方政府，在野名流如梁任公、名记者黄远生等，均表示反对。但曹氏不为气馁，总言外交当务之急，必须参战。于是段氏邀请陆征祥、伍廷芳等外交家多人集议。曹氏发表意见："略谓德国资源，已告不足，断难持久作战，况美国即将加入协约，德国更不能支，日本早已见到，故急加入参战，来攫取青岛一带德国租借权利。我如仍守中立，则将来在国际上，我无发言权，任人宰割，青岛等处，恐非我有，我常发急者为此，现在赶紧加入，还来得及，将来中国既系参战国家，即不怕日本人蛮横了。”此议全场鼓掌赞成。段氏虑参战军尚未练成，以何参战？曹氏说：“可先供应华工，接济物资，亦可算是一种武器。”至此段意乃决，并笑对曹氏曰：“人家都说你亲日，实在你是处处防日耳。”次日，拟就对德奥宣战命令，提交国务会议通过，送往总统府。讵黄陂不以为然，不肯盖印。段氏亲往说明，黎仍坚决不赞成参战。不知如何，言语冲撞，段氏当场声明辞职，黄陂竟不挽留，于是段氏一怒而去，离职赴津。

张勋进京复辟·段祺瑞马厂誓师

在段氏未离职之前，曾召集各省督军来京，共商参战进行办法，各督军对黎氏本无信仰，至是，见其罢免段氏，纷纷不平。黎令李经羲继任国务总理，李与各督军，向无渊源，平添麻烦。黎乃电召徐州张勋，来京调停。岂知张勋正中下怀，略带卫队，即行入京，进行复辟，拥立宣统皇帝登基。封黎元洪为亲王，并令解散国会。泥菩萨至此，自恨孟浪，后悔莫及。即先向国会辞职，一面电请副总统冯国璋来京，代理总统，又下令复任段祺瑞为国务总理。然张勋一方面，已复辟形成，发号施令，着着进行矣。

先是张勋曾在徐州，邀请各省督军会议。报纸已有登载，但不明其所议何为。张勋乃一旧式武人，因受清朝厚恩，欲尽愚忠，仍留发辫，其部下亦未剪辫，人称为辫子军。袁世凯时代，因其队伍精悍，特予优容。张亦对袁，慑于宫保时代之声威，不敢异动。平日常有拥戴清室主张复辟言论。此时召集督军会议，群已料其商议复辟之事。传闻各省督军，居然有亲到者，有派代表者，又闻徐世昌、冯国璋等，亦有代表在内。对于复辟，竟皆签字赞成。唯闻段祺瑞亦派徐树铮为代表，但徐见是谈复辟，托辞未奉命令，暂时不签，张亦不以为意，以为全体已经通过，有此签字文件为凭。故一得黎电召即欣然入京，亦未多带军队，以迅雷不及掩耳之手段，进行复辟。后来张勋失败，即以此签字文件为要挟，说如对我真过不去，我即将此宣布。所以张如此叛国大罪，而竟未予深究，终以不了了之。

复辟当日，闻都中满街龙旗，前清官僚，弹冠相庆。稍有知识者，纷纷避往天津。而天津督军衙门，亦已悬起龙旗，此可见直督曹锟，亦系参加过徐州会议者。时段合肥及其左右曾毓隽、梁启超、梁鸿志、徐树铮及曹汝霖等，均居天津租界，群请合肥速起声讨。于是共商进行，如何调兵筹饷。军队有驻马厂之第八师，其师长为李长泰，可听调遣。饷银方面，估计须一百五十万元，只有盐务署长李思浩带来之盐余款五十万元，不敷尚巨。段商之曹汝霖，曹说：天津各银行，皆系分行，无此巨额现款，只有向日商银行商量，须有抵押品，但师出无名，不好办事，必须先组成机构，树起招牌，方可对外。于是组织讨逆军，由梁启超草拟讨逆檄文。即用第八师为主力，段氏自任总司令，以段芝贵为总指挥，李长泰为副总指挥。风声一出，直督曹锟先取下黄龙旗，派人来疏通。曹汝霖即以讨逆军总司令名义，向省政府借款，省政府无现款，乃借得开滦股票一百万元，以之向日商某银行，抵借到一百万元，恰敷应用。

于是段总司令亲到马厂誓师，公布讨逆檄文，即日率军向北进发。此檄文一经发出，各处响应，近畿各军意存观望者，均来附和，直督曹锟，首先率军投效，段氏派其为西路指挥，令由西路进攻。此时据传，京中正在授职封官，此攘彼夺，张勋上朝，卫士带机关枪，随同上殿，遗老摇头。及檄文一到，京师震惊，百官恐慌，人心瓦解。闻康有为亦已到京，见到檄文，即知出其得意弟子梁启超手笔，长叹不已。不旋踵，讨逆军已兵临城下，辫子军甚为骁勇善战，无如寡不敌众，军火不继，遂致节节败退，张勋犹在城上，负隅抵抗。闻由警察总监吴炳湘，上城下城十多次，一面劝城外讨逆军停止炮轰，一面劝张勋罢战，并允保全其生命，收容辫子军，张始屈伏，要求护送其到荷兰使馆。于是一场闹剧，始告平息。

此次讨逆之成功，如此迅速，喜出望外，事后讨论，大家归功于梁启超大笔讨逆檄文之能先声夺人。袁皇帝时代，《异哉所谓国体问题者》之文一出，而洪宪解体，今则宣统已再登基，讨逆檄文一发，而复辟告崩。文人之笔，横扫千军，殆即此之谓耶。

战事既定，合肥派曹汝霖李思浩为代表，先行赴京，分别慰问各国公使及金融实业各界，均以合肥用兵神速，削平叛逆，未至兵连祸结，一致称颂。合肥旋即入京，再就国务总理之职，群众欢迎，万人空巷。后来有人称颂合肥“三造共和”，诚非过誉。

段氏再组新阁，外交汪大燮、财政梁启超、陆军王士珍、司法林长民，而以交通属之曹汝霖，曹至是无可再辞，只得担任。内阁第一条命令，即加入协约国参战，各国一致表示欢迎。曹氏之参战主张，至是方能实现。而在段氏，有讨平复辟及参加欧战两大功绩，获得中外之盛大赞扬，实为段合肥生平最得意之时代。

曹汝霖一身三职·星相家劝早退

段内阁时代所最困难者，厥为财政，欠薪欠饷，唯赖借债度日。梁启超虽为大文豪，而不善理财，借债无方，而各省督军，电逼军饷或派武员坐索，出言不逊，毫无礼貌，梁不能堪，只得挂冠而去。财长重任，无人愿接，段总理以曹汝霖身为交通银行总理，与各中外银行往来多年，不愁点金乏术，乃商曹氏务必兼任，曹屡辞不得，于是以一身兼三要职，即交通总长、财政总长、交通银行总理，在曹以受段氏知遇，迫于情面，不得不勉力报称。但在他人看来，偌大肥缺，尽在其一人之手，妒羡交加，无不侧目。而况谋事借钱，多方肆应，岂能尽如人意。大祸之来，早伏于此矣。曹氏到财政部就职，以原任天津造币厂厂长之吴鼎昌为次长，二人私交甚厚，部务悉以委之。交通部有次长叶誉虎（恭绰），交通银行有协理任振采（凤苞），皆可信赖。每日三处办公，尚须各处开会，到交通银行，总在傍晚，候见宾客，多喜来交行等待，一一接见之后，方始办公。案上公事卷帙，已高积盈尺，何能每宗细阅，只好择要由任协理及主管陈述批办。曹氏和蔼长厚，不多苛求。若梁士诒，字燕荪，前交行总理则较精明，一言不发，静听陈说完毕，始逐条指示，所陈如有漏洞，随即指出。其精力充沛，思虑周密，真财经方面之杰出人才，因其曾任交通部五路总办，故人称为梁财神，意指五路财神，深得袁项城之信任。

有一日，曹氏在行，有熟友偕一客来访，云是星相名家。其人熟视曹良久方云："请恕直言，公今赫赫显贵，最好急流勇退，庶可保全令名。"曹不以为意，以为自己持躬清正，何致有伤名誉。星家又云："虽居显要，而不能掌握实权。"曹氏大笑云："先生此话甚准，我部中的事，皆交与次长，本行的事，全赖振老辛苦。"任振采协理闻之，立即说："不敢不敢，我一切事都秉承总理做的。"按此星家之言，余记起有两事，倒可以说是符合。在交通银行，曹氏因交行曾有过挤兑风潮，乃借外债二千万元，以防再有事故。并叮嘱任协理，此款务必保留，不得移作别用，虽财政部来借，亦不得通融。后来曹氏患病住院，果闻中交两行，又将挤兑。曹总理对人说："我行有二千万现款准备，不必惊慌。"言犹未毕，任协理赶来云："此二千万元已于某日，为财政部借去。"曹氏大怒说："我如何关照你，请你设法去挡吧。"另一事在交通部，曹氏一天在外应酬，听人说，交部与日本某银行谈好一笔小借款了。曹茫然，急回交部查问。则叶誉虎次长回说："有是有的，尚未来得及报告总长。"曹问："是何用途？"叶将座椅移到曹之案前，低声说："这是因部员太清苦，欠薪已久，想借这笔小借款，得点回佣，调剂大家，并代总长亦留了若干。"曹氏闻之，大不以为然，说："此事如何能做，我经手借外债，数额不能说少，若取回佣，我可小小发财，但是我有把柄落在日本人手里，处处要受他们挟制，我还能理直气壮和他们办交涉吗？誉老，你如不信，请你不妨去调查调查。至于部员清苦，应该另想办法调剂，这笔借款，务必取消。"由此叶遂与曹有了芥蒂。再有交通银行前后任之关系，外间遂有老交通系（梁士诒叶恭绰一派）新交通系

（曹汝霖一派）之称。

此际时局紊乱，欲谋南北议和，以求统一，南方和谈代表，为唐绍仪等，口出大言，不务实际，北方代表，又多颟顸，以致南北始终不能合作。段氏阁员中，有伍廷芳、杨庶堪等西南分子，亦未收效。段氏乃欲实行“武力统一”政策，频使曹财长设法，借债练兵。曹氏心不谓然，屡劝段氏标榜和平，求得谅解；奈段性固执，且听其左右之言，迷信武力。讵后来并未与西南作战，反而北洋派自相火并，发生直皖之争，结果段氏皖系失败，此是后话。曹汝霖任财长十个月，于百孔千疮之中，尚能做到军政费、教育行政费、驻外使馆费、留学生经费等，未曾短缺，曹每引以自慰。但已筋疲力竭，时忆及星家急流勇退之言，乃将财交两长，硬行一并辞去，以为跳出旋涡，可以安然无事。

五四运动祸及曹、陆、章

其时副总统冯国璋来京，代理总统。不久，国会正式选出徐世昌为总统，以钱能训为国务总理，段祺瑞早已辞职，专任参战督办。曹汝霖此时不兼官职，一日，忽蒙徐总统召见，劝其出山，财交两长，任择其一。曹以身病亲老，力辞不就。徐氏正色说：“你能帮芝泉忙，何以不能帮我？忝在老友，非允不可。”曹氏早年，曾蒙徐世昌在东三省总督任内，奏保其才堪大用，有此知遇之感，曹氏无法不允，乃勉就交通总长。岂知曹汝霖此次上台，真如跳入旋涡，险遭灭顶。

五四运动，实在是新文化运动。其时中国民智已开，西方新文化新思想之书报杂志，如巨浪狂流，不断涌入。吸过新鲜空气之徒回来，宣传鼓吹，爱国志士，长呼怒吼，新成立之学会，新文化之刊物，纷纷如春笋之出现。进而有白话文言之争，及“打倒孔家店”等惊世骇俗之论。同时外侮日甚，东邻日本，野心尤大。北政府守旧腐败，只知内战，不思革新。学生集矢于亲日派之曹汝霖，举凡日本二十一条交涉、青岛悬案、巴黎和会失败，无一不归咎于曹，再加上亲日派之章宗祥（时任驻日公使）陆宗舆（时任法制局长）为陪客，以打倒曹、陆、章之口号，举行游行。

当此前几日，我应张公权先生（时任中国银行副总裁）之邀，赴京商谈投资上海一纺织厂事。其间仅得暇谒晤曹氏一次，观其事太冗忙，未及多谈。五月四日中午，正与友人在肆小饮，忽听说，天安门外，有学生游行闹事，尚未介意，后又听说，学生聚众甚多，将冲入东交民巷（各国使馆所在之地），为守兵拦住，改奔他处。究竟为了何事，正猜疑间，听见街上一片嘈杂之声，乃到窗口，凭栏远看，遥见许多学生，摇旗呐喊，渐渐走近，则见白旗上，各有不同之标语。大意是说，巴黎和会失败，归咎于亲日派之曹某陆某章某等语。此时街上秩序颇乱，估计学生人数约有几千人，叫嚣喧闹，口中高喊不知何语，后听见说找卖国贼去，我想定是去寻曹汝霖为难，颇代担心。俟游行队伍过后，急驱车到中国银行，探询情形。公权先生云："他们三位，都在总统府，因章公使新自日本回来；徐总统午间召宴，有曹总长陆局长等作陪，料想无事。"言谈之间，有人来报，曹总长公馆被学生捣毁，章公使正在彼处，被学生打伤，经警察救出，已送医院。我即问曹总长如何，则答不知。

次日报纸满载学生闹事风潮，曹、陆、章三人在总统府，即席声请辞职，徐总统坚不允准。同时北大校长蔡元培，亦宣言学生不可再闹事，局面似平静。我以私谊往同仁医院，探望章宗祥公使。访客甚多，章氏卧床，头身皆扎纱布，伤势不轻。章氏不能多与人谈话，频频摇首，大家只好齐声劝慰。至曹汝霖则闻已为徐总统接其到团城小住，地近北海，颇为幽静，可以避嚣。然闻有一日，参战督办段合肥亦去慰问。并说："这次的事，他们本来对付我的。现在利用学潮，累及你们，我很不安，你们不必辞职。"盖其时徐段之间，已积不相能，段之气忿话，当然另有内幕耳。

学生风潮，至此已可告一段落，忽又相传，学潮又起了。据传在北大附近有一位政界名流，街头演讲，指名大骂曹、陆、章三人，亲日卖国，如何签订"二十一条"、如何出卖青岛、如何巴黎和约失败，"皆是他们之罪，他们大借外债，扣取回佣，自己发财，不要国家，政府不办他们，我们国民不能容忍，你们爱国青年如相信我的话，我有办法。围观之学生，愈来愈多，一齐举手附和。于是此人当场发起学生联合会，翌日又在北大开成立会，通电上海各界，联名电请政府，惩办曹、陆、章。继而各报附和，全国骚动。曹等三人，至此不能再耐，无论如何非辞职不可，徐总统亦无法挽留，只得照准。

自此之后，曹汝霖退出政坛，誓言不再与问政治，时年尚未到五十岁。后来国民政府，曾拟邀其出任驻日大使，亦经辞谢。敌伪时期，日人威逼利诱，欲其担任伪华北政权主席，亦终未允。

再谈在北大门口，痛哭流涕演说之名流，果为何人？后来打听，原来是大名鼎鼎之林长民。林氏闽人，蓄有长髯，倜傥不群，素有文名，能言善辩，又写得一手好字，似郑孝胥而加入北碑，自成逸趣。留学日本早稻田大学，在校时已有声望。其同学日人三木武吉（乃前首相鸠山一郎之智囊，非现在自民党之三木武夫）曾向我数道其才华。回国之后，曾任国会议长，似系进步党研究系之中坚分子，又任过段内阁之司法总长，曹汝霖时任交通总长，二人正系同寅。林氏平时，抱负不凡，自以为系日本通，而迄未能一展怀抱。大凡有才之士，往往自负甚高，而器量狭小，一有挫折，便生自卑感，而妒恨他人。林长民之为人，正是此型，其所以极力攻击曹汝霖者，或由于此。后来林长民一直不大得意，而愈热衷，竟投到奉军郭松龄幕中，郭以其为日本通，令其与日本关东军联络，迨郭举兵反张时，关东军反而助张，郭遂失败，而林亦死于乱军之中。

事过之后，曹汝霖蛰居天津，闲谈中，我偶问林长民与公有何深仇宿恨，曹喟然叹曰："哪里有什么仇恨，后来想起有两件事，他未免神经过敏而生误会。一是徐东海当选总统时，他来托我推荐为公府秘书长，我当时即说：恐未必有效，以东海数十年宦海，他夹袋中岂无人物，但我一定试试看。及与徐谈，果然，徐笑说：'我的秘书长，哪里用得着这磐磐大才。'不料林长民反而疑我破坏他，改荐吴笈孙，我与吴向无来往，岂非笑话。又有一事，是我不好，年底他来借三千元过年，我亦答应，我事太忙，忘记在年前送交，年过后我想起，赶即送去，他竟大怒，拒而不受。我初不解，后有福建友人告我说：借钱过年为的是穷，新年送钱？闽人最忌。大概林长民以为我故意触他的霉头，故恨我入骨，或由于此。但过了许久，合肥被推为执政，他又加入段系，派为参政，托其同乡曾毓隽来向我疏通，我说：事过境迁，我已不问政治，何必介意，叫他放心好了。"

提起巴黎和会中国失败之原因，不止一端，姑且不谈。

另有一大大的内在原因，或国人所不知者，乃我国代表未能协力同心，以临大敌是也。民国七年，巴黎开战后和平会议，我国幸已为参战国，故得被邀出席。遴选出席代表，以外交总长陆征祥为首席代表，其他代表，则派驻外公使兼充，计为施肇基、魏宸组、顾维钧三人，南方政府亦要求派代表，政府允之，遂由南方派出王正廷，由北政府加以任命，一同出发。此五位皆是我国第一流之外交家，而且声誉卓著，都是贤者。但是到开会时，各人意见不一，陆总长为好好先生，三位驻外公使，对于此案以及国内上下情形，根本一无所知，王正廷久在南方，亦不熟悉此案经过，带来随员又不多，尤其并无深知青岛交涉档案之人。所以，各代表中有主张将青岛交涉卷宗，详细研究后出席，有主张约请英美代表非公式先行讨论。适日本代表大请客，各国代表欣然应邀，唯中国代表不加理会，无一人去赴宴，日人大恚。向各国代表说：大家都是参战国家，共来会议和平，何必含有敌意，中国人态度殊费解。王正廷则一味信赖西人，不把日本人放在眼里。殊不知日本三岛，自战胜强俄后，已成一等强国，英美岂肯为了中国，开罪日本，况且日本代表，人矮手面阔，或大宴，或小饮，各国代表都被他弄得团团转。开会之时，日本代表各人带有随员，手捧大堆案卷伺候。代表发言时，总先说出根据某时某日所订之合约，如何如何，条分缕晰，侃侃而谈，其实强词夺理，好像理直气壮。中国代表，则虽英语流利，但对争议内容，总是期期艾艾，不能使人动听，说来说去，只希望大会主持公道。结果，有何公道，各国口头敷衍，终于日本胜利，我国代表力争无效，只得拒绝签字。彼绿眼黄发之流，管你签字不签字，既已议决，不再理会。尤其彼等目光短浅，只知现实主义，欺善怕恶，有何公道，有何正义。中国人每喜信赖西人，吃一回苦不算数，后来“九一八”东三省事变，亦是信赖调查团，结果，西人亦是不肯开罪日本，而将整个东北送掉，言之可叹。

三角联盟击破直军·段氏任执政

段合肥自直皖之战失败后，退居津门，息影已久。其间经过，徐东海下野，曹锟贿选登台，吴佩孚跋扈，奉张联络西南孙中山先生及段系吴光新等军队之势力，三角联盟，举兵声讨贿选。吴佩孚出而应战，在四照堂气焰万丈，不可一世。岂意倒戈将军冯玉祥，暗中已由段张加以利诱，忽由西北回师，兼程奔到北平，拘禁曹锟，并将其嬖幸李彦青枪毙，人心大快。于是前锋直军大败，吴佩孚由天津乘军舰逃往湖北鸡公山。从此赫赫威名之吴大帅，一蹶不振。

北平则全系冯军，由黄膺白（郛）先生为国务总理，组织摄政内阁。黄氏留日陆军学生，相貌清癯，平时总是一卷在手，每发忧国忧民议论，辛亥革命，助陈英士（其美）先生，发动沪军，光复汉土。历任外交部长、上海市长等职，黄氏思想新颖，治事务求彻底，故首先修改优待清室条件，请宣统出宫，以杜复辟再起，整顿吏治，革新教育，铲除旧有积习，使人耳目一新。后来渐觉冯之行为，徒事虚伪，亦即疏冯。适合肥被推为执政，黄氏即将摄政内阁取消。其解职通电有云：“……兹者合肥段公，入京执政，老成硕德，万众向风，三奠共和，功在民国，在郛传栈之责已完，而当轴建树之功方始。……所望全国贤豪，辅佐执政，迅断鸿猷，力更前辙，以消除兵氛为要务，以确立共和为指归，不再种循环报复之因，不再留因循敷衍之习，使内争永绝于中国，建设开始于甲子。敬布悃忱，伏希垂鉴。”至“九一八”事变后，继之冀北伪政权成立，日人势力深入华北，局势危殆，岌岌不可终日。

民国十三年冬，奉张北冯及各省督军，拥戴段合肥出来，收拾乱局。因未经国会选举手续，不用总统名义，改称为执政。段氏就任后，即用执政名义，发号施令。以梁鸿志为秘书长，未设国务院，各事纷乱，均须整理部署。其间经过甚多，用人行政，南北内外，各派势力，迭有变化。后仍设国务院，以许静仁（世英）为国务总理，财政为李思浩，教育为章士钊，内政为杨庶堪。许杨二氏，可与西南方面联络，一时局面似可暂定。但合肥此时因皖系失败，实力已微，徒凭旧日之声望，介于张冯两大之间。张虽蛮野，尚重情面，冯则阴险，最难应付。有时张亦看不惯，乃出关不问。都中全是冯军爪牙，卫戍司令为鹿钟麟，警察总监为张璧，等于监视一切，索粮逼饷，常肆要挟，段氏颇以为苦。后来张冯失和，冯竟支持郭松龄起兵叛张，不意郭败，冯乃避往西北。后来学生闹到执政府，段不能堪，乃避往天津，通电下野。从此段合肥之政治生涯，予以告终。

段既下野，许世英以次，李思浩、章士钊等亦随之离职，后来章士钊在上海重庆，执行律师业务，遇有诉讼案件，法官等多属其门生后辈，常得胜诉。晚年心气和平，不时来港小住，遇友赠诗，颐养天年。一次曾谈及曹汝霖事，据章云：曾在《甲寅》杂志，写过文章，代曹辩诬。又云："曹虽然亲日，而办交涉，日本人甚怕他。因为曹汝霖对于日本人礼貌极周，情义俱到，但言不及私。又与日本老辈人物相熟，如遇为难之事，曹汝霖往往请此辈出面主张公道。故日本来者，对于曹氏既不便进以游词、甘言利诱，又不敢无礼强硬、肆行要挟云。"此真不失为曹氏知己之言。

妖氛满华北·段祺瑞被迎南下

合肥下台后，奉军入关，张作霖为大元帅，主理一切，旋张氏被日军在皇姑屯，暗埋炸药炸死，其子张学良继任，与日本关东军益不相能。时国民政府定都南京，东北易帜。张学良在北平，不回奉省，关东军竟于民国二十年九月十八日攻占沈阳，是即所谓“九一八”事变。

斯时合肥蛰居天津，一日，忽接曹汝霖电话云：将偕吉田茂来访。见面后，据吉田云：伊在外次任内，因与军人不和而辞职，现将外放为驻英大使。忽闻奉天“九一八”事变，并知关东军本拟再向吉林方面进袭，为日政府电止。关东军只两旅人，亦不敢过于冒险，曾电朝鲜总督派兵增援，亦为政府阻止。现在日本政府方面，极不愿再扩大，彼意请合肥与日本西园寺公爵二人，以两国元老之身份，出而主张双方停战。战事一停，便可商议如何收拾，而不致再扩大。西园寺公爵方面，亦已商得同意，特秘密来津与段面商云。合肥极感佩吉田如此热心，但兹事体大，不敢应允，婉言拒却。段氏私意，后对曹说：“我这元老，何能与人家真正元老相比，南京国府内并无熟友，我未便多说话，何况我们有过亲日之嫌，现在中国人，谁不恨日本人，今说这话，岂不再让人说又是亲日吗？”合肥此意，曹氏连声称是。

在此同时，驻日公使汪荣宝亦正在忙碌。汪前在日留学时，即以品学俱优名世，现在使日，与日本朝野尤其与外相币原相处甚洽，币原为吉田茂之岳父，在外交界，地位甚高，向主中日亲善，曾说过“日本如侵夺东三省，则等于吞下一枚炸弹”，此语散见于当时西报，认为名言。“九一八”事变爆发，汪荣宝即到币原私宅商议。币原先说张学良之不是，乃起祸之因。盖张不理奉天政务，常年驻在北平，以致东三省中日悬案，积至三百余件之多，日人屡请商谈，皆置不理。甚至与日本要人，约好时间会晤，到时则当差回说，少帅尚未起床，翌日再去，则已进关到了北平。日本又派一与张学良甚熟之人，亦到北平，打听得在某处，晚间赶去见面，则相见甚欢，约好明日某时，晤谈公事，乃到时又避而不见，日人气恼之极。此次关东军即以此为借口，攻占奉天督署。币原云张学良部下并未抵抗，关东军再欲北进，政府已加制止。现在此事亟应速了，如一拖延，军人乱来，即恐蔓延，非两国之福。中国宜速派大员到奉天，就地交涉，将若干悬案，解决一部分，以去掉军人之借口。一方面当由日本政府令关东军退让。汪云：少壮派军人不听命将如何？币原云：有西园寺老公爵在，可以服得住军部云云。于是汪荣宝赶回南京报告。岂意外交部部长王正廷说："日本小鬼，何敢冒险扩大，已请国联出来，为我后盾。"汪急说："国联不会有挺身仗义拔刀相助之人，而况日本军人，最反对西人，不会听国联之命，再则国联迟缓，远水救不了近火，难得外相币原，我可谈得通，作为地方事件处理，则大事化小，可易解决。"王正廷笑说："币原我亦相熟，英美皆同情我国，你不必如此着急。"汪荣宝说："失此机会，后悔无及。"大约二人言语冲突，汪大怒辞职而去。后来经过多少时，迟延复迟延，还要得到日本的同意，国联所派"李顿调查团"才来华，由顾维钧陪同先到奉天略为草草视察，回到北平。中国政府寄以极大的期待，希望其仗义执言，谴责日本，以国际间正义责令关东军退出，赔偿损失。故在北平，竭力招待。而这班调查团仅知尽情享受，丑闻四起。结果，其调查报告书变成一场无结果。

汪荣宝后来闻知此讯，心中一气，竟以心脏病去世。其生前向有歇止脉，医云是心脏病的根源，不可多劳，不可受刺激，而他全不注意，此次当是其心情过于紧张所致。汪荣宝之祖父，在吾邑镇江为教谕多年，住在学宫，一邑之人皆称为汪老师。常到我家，与先祖先父小饮谈天。先父尝云：以汪老师之慈祥和蔼，又住学宫吉地，必有好儿孙，长于文学。果然文孙荣宝，长于文学，又擅诗词，其著作已付梓者，有《杨子法言注释》一书。历使各国，所写日记，积存数十册，关于对外交涉，弱国外交，语多感慨，盖亦性情中人也。

王正廷善饮健谈，亦是应付西洋之外交能手。晚年常在其亲家钱新之府上会晤，喜谈旧事。曾告我昔使某国与币原同参加酒会，币原与一贵妇人周旋，自己介绍："我名叫希代哈拉（日文之音），此贵妇问：'你这希字如何拼音？'币原笑说：'我这希字，如贵妇人下问，我答是 HI；如绅士先生来问，我答是 SHI。"一时众宾鼓掌，群赞币原之风趣。

再谈华北局势，日本浪人政客，愈逼愈紧。在通州成立冀东伪政权，以浙人殷汝耕为首领。风声鹤唳，谣言甚多。传闻日方欲逼宋哲元成立伪组织，宋氏坚拒。于是常有说客到天津，窥探合肥意旨，常与合肥左右，来往殷勤。中央闻之，恐其被人挟持利用，甚不放心。蒋委员长初本保定军校学生，段系校长，谊属师生，乃先去函通候。再议派员前往，劝其离津南下。唯派去之人，须无政治色彩，以免被人注意，有所阻挠。斟酌至再，以银行家钱新之为最适宜。钱氏以前在北平任交通银行协理（总理为张季直先生，向在南通，例不到行），与合肥相熟，此时钱氏改任四行准备库上海经理，一无政治关系。议定，钱氏赴宁，受命返沪，即以电话约我商谈，嘱先函商曹汝霖，得曹复函，钱乃启程。抵津之后，由曹陪钱往谒合肥，略述来意，且云蒋先生有许多事，欲向老师求教。钱氏初意，深恐合肥不肯遽离北方。讵见面一谈，合肥即说："很好，很好，我这儿也耽腻了，久已不到南方，要去即去吧。"随即关照吴光新预备飞机票。钱氏如释重负，辞出后，曹汝霖盛赞钱之措辞得体，而钱则佩合肥之爽快果断。然当晚及第二天，果竟有人劝阻，段之公子骏良，即不赞成，幸段不为所动，闻其个性向来如此，立定主意不改，故终能成行。在飞机上，合肥对钱说："你来得正好，我已被他们搅得够受的了。"飞抵南京，蒋先生已率众在机场候接，口称老师，扶其登车，同到行馆，晤谈甚欢。蒋先生已在南京预备房屋，拟请段长住，段意欲住上海。翌日，合肥先往中山陵，献花圈致敬，肃然良久始退。然后由蒋先生所派之人及钱新之陪同赴沪，借住陈调元之旧宅。房屋宽敞，树木甚多，颇为幽静，段甚安之。一切供应之外，月致用费两万元，合肥以为太丰，在宁曾与蒋先生说：用不着这许多。蒋先生说：老师自己用不了，可分送旧部，听说许多人都很清苦，合肥乃同意。后来合肥自己只用几千元，余数分送各人，如曹汝霖、李思浩等，均在其内。合肥旧属，确多清贫，如梁鸿志以当代诗宗，为官数十年，而一贫如洗。迨上海沦陷，只好叹失节事小，饿死事大，而投入伪政权，卒致身败名裂，实贫穷之所致也。

合肥在沪，意境尚称安适。常约围棋名家顾水如先生，到府对弈，或则八圈卫生麻将，消遣而已。所来往者，旧属如李思浩、梁鸿志、段运凯（合肥之侄）等人外，钱新之、周作民不时去探访，曹汝霖、吴光新则往来津沪，因曹吴均有家眷在天津也。越年余，合肥在沪，竟一病不起，临终有遗书致蒋先生，殷殷以国事为重，劝其各方团结，力主和平，共御外侮。又以旧部曹汝霖、吴光新二人相托，望加照拂云云。蒋先生派员来沪，料理丧事，政府饰终典礼，甚为隆重。小站诸英之身后哀荣，要以段合肥为最矣。

抗战军兴，政府西迁，金融机构亦随之离沪，分驻港渝。李思浩亦避地居港，周作民则来往港沪。是年十二月八日，日军自广州出动，攻占港九，搜捕重庆分子，我等金融界无从逃避。钱新之、杜月笙等，先于十一月赴渝。周作民十二月二日由沪乘轮，于六日抵港，乃与李思浩亦同遭此劫，共被羁禁于香港大酒店，即现在皇后道中建大厦旧址，至则同难者多半熟友，人人垂头丧气。拘捕我等者，为兴亚机关，首领冈本大佐，能说中国话。问他为何把我们关在此处，他总是好言相慰。周作民常是埋怨自己，不该来港。唯许崇智较为舒服，因其与冈本同学，不时同他出外午饭，并陪他打网球，但是最后仍送回拘留。贺德邻（前北政府财政总长）精子平术，算张彬人（竞立）某日可以先获自由，果然，如期张彬人先放出。同人惊羡不已，纷纷请算，则又并不灵验。张彬人系日本东京一桥高商学校出身，与张公权同学。初入中国银行任总发行，为中国银行钞票上签名之第一人。后调交通部，任会计司长，对铁路会计制度贡献至多，年八十在港逝世。

我等被关，不审不问，一连数月，苦闷不堪。忽然我被冈本发觉能说日语，原来是李荫南（前广东信托银行总经理）于无意中说出。冈本于是命一少尉，天天带我出外，搜寻重庆分子。彼有名册地名，按图索骥。其时市上无一交通工具，只好到处跟着走，疲累不堪，自恨从前有车坐惯，现在落得受苦。但是，我后来亦能走走，并能跑山，即是那时所练成的。到了人家，日兵广东话比我好，让他去问佣仆，幸而人家多已逃避，否则将疑我引鬼上门。二三日后，我与此少尉渐熟，乃引到我家，飨以酒食，各事乃得通融。我即借此做点好事，友人家无米者送米去。刚生小孩无奶吃，买不到奶粉，乃到牛奶公司，系军管理，取一箱牛奶，着一小兵送去。反正有此少尉一起，到处可以取物。有友间道往内地者则给以现钞食物，同时分点美钞与此少尉，彼见是美钞，亦颇乐受。再后我竟探得冈本拘留我等之用意，原来想利用我等一班人，在广州再来一个伪政权，好在文经武纬，人手齐全，效土肥原（制造满洲国者）影佐（制造汪政权者）之所为，可与华东华北两伪组织，分庭抗礼。我回去报告各同人，皆为惊愕。而冈本亦渐来谈，微露此意，众皆婉拒，或言衰老，或以病辞。又过数天，一日，冈本谈后告别，走出房门不远，李思浩竟拍案大骂，高声说："我辈年将就木，清白之躬，宁可杀头，不能被利用。"此语冈本想必听见，知不可强，始于次年四月，以军用飞机送我等返沪。同行者周作民父子、唐寿民、颜惠庆、林康侯、李思浩及我，余为日本人，临行颜惠庆忽因病缓行。在港上午十点起飞，天热如盛夏，午后约四点抵沪，天雨又如寒冬。以后只许在沪自由，不能越雷池一步，仍不时召集谈话，名曰聚餐。李思浩每次均赋诗纪实，用恭楷写送各同人以资纪念，回思前尘，恍如隔世。

北洋怪杰徐树铮

高操叟

在北伐完成以前的北洋政府里，有“小徐”之称的徐树铮（大徐是徐世昌），在段祺瑞当权时是炙手可热的人物，也是一个传奇性的人物。他缇骑走漠北，将已告独立的外蒙古重新归入中国版图的壮举，在当时的人心目中，几与张骞班超定西域相等。

徐树铮，字又铮，其学业受自庭训，自幼至长，未从他师，其封翁老名宿也，最钟爱徐，徐天资聪颖，读书过目不忘，六七岁时，即有神童之目。十五岁后，为文宏博恣肆，词赋亦惊才绝艳，老辈叹为弗及。顾徐生有大志，不肯日试帖括，食饩后，即绝意举业，结婚未久，私携衣物数事，制钱数千，背其家人，遄赴济南，上书项城（按：即袁世凯），洞论时事，项城大赏之，交段合肥（祺瑞）擢用，时项城巡抚山东，合肥则为北洋陆军第三镇统制也。合肥旋畀以总文案职务，此为徐发轫之始。[①]徐在文案室内，尝一手握笔，一腿支椅上，口唱戏词，手批公牍，合肥见而笑之，时加规劝，然其所办公事，未或有误，信用甚专。徐默察时势，知军事将兴，蓄志入军籍，每日军书之暇，辄短衣荷枪入操场，与兵士同操，合肥知其志，白于项城，拨官费送往日本士官学校肄业，仍留其总文案原

---

① 这一段经过，根据徐树铮先生哲嗣徐道邻教授编述之《徐树铮先生年谱》第 145 页所说，则是：

当袁世凯在山东巡抚任上的时候，先生去投奔他。可是只见了一位朱道员，结果话不投机，愤然而去。

先生投奔世凯不成功，却意外地碰到了段祺瑞，从此确定了他一生事业发展的路线。

差，徐遂由文士一变为军人，而其才文武兼资矣。

徐之为人，虽似生龙活虎，其心地实忠厚，且极风雅。初至济南时，年甚少，眷一妓，而窘于资，友人戏之曰：“若能赋梅花诗二十首，我等当为撮合。”徐援笔拈韵，一夕而成，颇为一时传诵。后虽屡掌政权，手握重兵，其风情犹不减当年也。

徐平日手不释卷，虽公务极忙，每日亦必读书一小时。民国六七年间，其车中常置《文选》一部，问之曰，吾正温《两都赋》，作文而不熟读汉赋，气息不能深厚，近实无暇读书，特假途中片刻之间，一补功课耳。徐购书甚多，不讲版本，尝曰：“买书为读也，若当古董陈列，有何意味；且一部宋元版，可抵寻常版若干部，多费钱反不能多得书，是殊不值，吾生平讲实用，不尚虚文，买书更应如是也。”

徐学问渊博，唯不工书，虽腕力刚健，下笔辄乏润气，其行书尤甚，识者多虑其非福寿之征，有人劝其稍稍留意，以为字虽小道，颇可以觇人福泽，徐深谓然，而终不能改。徐书虽不工，绝无俗韵，笔力坚硬，尤肖为人，天赋固极厚也。徐又工篆刻，浑朴入古，三十以后，以从政少暇，又患目疾，遂不复为。其平日所用印章，多系自镌。

徐初办正志学校，系在彰仪门大街，赁屋授课，越二年，始购地于阜成门外，建筑校舍，地初购成，捐款未集，不能遽建房屋，乃先筑围墙，已兴工矣，尚短数千金，无处腾挪，徐忽与贵人博，连日大胜，总计博进约万余元，乃尽拨入建筑项内，而围墙遂成。①

徐三十以前，豪于饮，白兰地可连进两瓶不醉。民国元二年间，其豪如故，然徐并非酷嗜杯中物者，特于宾朋满座，丝竹盈耳时，借以发舒意气，家常则滴酒不入唇也。又喜拇战，每战辄胜，心灵手快，气又壮旺，同人多畏之，不敢与抗。一夕邀朋俦十余辈，饮于燕春园，先拇战，继则

---

① 民国四年，徐树铮在北京创办“正志中学校”，根据《徐树铮先生年谱》第168页载：

先生离开陆军部后，这是他久忙乍闲，就用全力办他的“正志中学校”，一来这早就是他的心愿，二来也是一种“韬晦”之术。

对饮，徐一人与合座十余人轮流角逐，且值盛暑，不觉酩酊大醉，伏身案上，昏迷不醒，乃召馆中侍役以藤椅舁之上车，复由二友伴送回家，经一日夜，始渐清醒。自是以后遂断然戒酒，十年来遇有应酬，偶一举杯，从未尽量，虽豪情不似当年，此亦足见其做事之有决心也。

徐素健饭，食物不择精粗美恶，常戏谓人曰："除生铁外，吾腹中无不可容纳而消化之。"夏日与同人聚饮，必购酸梅汤一壶，中浸以冰，且饮且倾其酸梅汤与酸咸荤腻之品杂然并进，同人多惊骇，共劝之，徐不顾曰："在我无妨。"然亦从未生病。

三次长大参案[①]，徐居其一，当时议论纷纷，以为将兴大狱，迨经彻查，肃政史所参各节皆无实据，此案遂结。风声正紧时，徐闭门谢客，搜辑诸家评点《古文辞类纂》，用五色笔手自誊写，并以所见加批于上，日书数卷始已，虽溽暑不辍，案结而书亦成。其后出资刊印，风行一时。徐尝笑谓人曰："肃政史惠我良多，不然我断无闲成此书也。"

庚申（民国九年）徐自东交民巷逃出时，系由某外人以箱盛之，搭火车赴津，徐体魁伟，闷置箱数小时，比启箱，已汗流浃背。人问徐如何？徐曰："我沿途正默温昆曲也。"其遇事故示镇静，大都类此；然自恃太过，乃其大病[②]。徐遇险最多，如日本之地震，法国之飞机落海，皆生死当前，卒得幸免。民国六七年间，徐与诸要人在第一舞台观戏，有刺客数人先至包厢认明座位，然后取出炸弹，间不容发之际，为警察识破，当场拿获，起出炸弹，始未演成惨剧，徐始终不动声色，至戏终始去。彼尝谓手枪炸

---

① 民国四年轰动一时的"三次长大参案"，是当时北洋政府中一次大政潮，根据《叶遐庵（恭绰）年谱》第47页说：

段祺瑞长军政，梁士诒长财政，及前内阁总理熊希龄三人，皆不赞成帝制（按：即袁世凯称帝一事）……于是三次长参案以起：参陆军次长徐树铮以胁段，参财政次长张弧以胁熊，参先生（按：指叶恭绰，时任交通次长）以胁梁，以徐亲段，张亲熊，而先生亲梁也。

② 民国九年五月，吴佩孚自衡阳撤兵，七月十四日，直皖战争爆发，十九日段祺瑞下野。根据《徐树铮先生年谱》第277页中说：

战事失败之后，先生和其余几位"祸首"，除了李思浩之外，（李单独逃往华俄道胜银行）全都躲到东交民巷日本兵营里去。

弹，皆无如我何；不料一至廊坊，竟临绝地，设非平日自恃太过，何至如此哉！

徐一生毁誉参半，毁者较誉者为多，徐亦自知。其在沪与人论文书中，有“四海知名，一身丛谤”之语，实不啻为自身写照也。徐才气过人，能五官并用，尝于案头堆满公牍，手不停挥之时，仍能一手握电话机与人谈话，一面对属员区处公事，无或舛误，且公事随到随办，案无留牍。无论毁誉如何，此才实不多见。洪宪帝制发生时，徐反对甚力，厥后形势日急，乃思最后之忠告，一夕不告人知，赴其所办之正志学校，扃门作书数千言，亲自缮写，上之项城，痛陈帝制之不可为，并将中外大势，各省情形，以及所有兵力军实，详细比较，反复陈述；是时虽未改元，而称谓已改，觐见都行跪拜之礼，徐书中不便仍称总统，而又不愿改称陛下，乃称为大元帅，以元首本兼陆海军大元帅也。呈递时又恐以礼节遭忌，乃默揣项城将由内宅赴办公室时，预至府中，鹄候道旁，俟项城行至中庭，鞠躬以上。项城收受，留中两日，于其所陈不可各节，浓墨加圈，原件发还；虽未能因此一书，遽尔挽回，项城对之特加注意，于此可见矣。

徐任西北边防军总司令时，练兵五混成旅，平日操演之外，兼讲文事，令各旅官长士兵，月作策论一篇，由徐命题，作成弥封送京，汇齐亲目批阅，虽间亦请人代看，而甲乙仍徐定之，佳者略有薄赏。总司令部亦有设讲堂，徐每日讲《孟子》约一小时，各职员均须上堂听讲。尝言军人不读书不识字乃是大病，吾练兵必从根本入手。他人多谓徐多事，徐则谓极有意义也。徐于司令部中职员名称，亦力求其古，某老辈尝谓他人患读书少，徐患读书多，言颇有味。

徐向不迷信风水命运之说，其八字亦从不告人，有询其年岁者，必少报一二岁，唯恐好事者为之推算也。有人谓星命之学，传之数千年，必有其可传者在，未可一笔抹杀，徐辄笑之。庚申前二年（按：即民国七年），徐之太夫人将安葬，须合其八字，以定山向，不得已始写出，旋复销而藏之。某君精相法，于广众集会时见徐，细揣其相，归告人曰：“徐明年必败，败必再起，生命绝无危险；然后年实一大难关，恐难避免也。”有以此言告徐者，徐曰：“我并非不迷信，特以所处地位，关系重要，部下如是之多，我欲以八字请人推算，人谓运气好，部下必生骄心，人谓运气坏，部下必有怠志，骄足以偾事，怠足以败事，有一于此，则军不能治矣。”

徐饮食有节，每日两餐外不食他物，唯于瓜果则甚嗜之。十三年夏间，由沪赴大连转车赴奉，登岸见售香瓜者，其大倍于寻常，亟拟往购，为同行某君劝阻，乃觅旅店休息，甫入门，即命侍役往购，先食数枚，然后进餐，餐毕赴车站，尚余香瓜九枚，不忍抛弃，携之登车，某君劝其车中切勿再食，以防腹疾，徐漫应之，车开后笑问某君索小刀，某君心知其意，不便强劝，姑以小刀与之，徐遂坐车中大啖不已，且时时告某君曰：“又尽一枚矣！”不移时而九枚香瓜，全入徐腹中，某君一路颇担心，恐因而致病，徐乃若无其事，抵奉后，且笑某君为无用也。

徐一次由奉乘船赴津，先期命随员购票，届时其所欲乘之船，适不开行，随员不加考察，即为另订一船，不知此船到津不停租界，乃在中国地停泊也，徐素好强，比以奉省要人送行者多，虽心知不妥，不肯明言，以示弱于人。船抵津埠，徐从容下船先行，岸上列警察，徐故高声觅洋车，命拉至杨厅长公馆，杨即警察厅长杨敬林，由码头至杨宅，必走租界经过，徐即下车付钱而去。事后对人言，此事颇险，所以扬言雇车之杨家者，借掩警察耳目，彼等纵略识面貌，匆促间必不疑我为某人也。

徐素精昆曲，且善吹笛，去年海外归来，至南通访张啬翁（按：即张季直），为唱大江东一折，悲壮苍凉，声裂金石，识者已知其非佳谶，盖大江东系关壮缪单刀赴会事也。啬翁作诗书赠之，有“将军高唱大江东”之句，厥后挽联挽词，屡屡道及，此老诚多情哉！徐出京前一夕，即十四年十二月二十七日，颇思高歌一曲，留别京中故旧，特邀吹笛名手某至其寓所，并约红豆馆主同唱，忽喉哑不能出声，自疑受寒，连饮白兰地酒两杯，其哑愈甚，无已取笛吹之，其声艰涩而哀厉，且断续不成腔调，遂亦戛然而止，坐客为之不欢，徐亦颇觉扫兴。不谓自此以后，大江东竟成广陵散矣。遇难第三日，张啬翁致电政府，有“缔结未深，识为国器，谁贼来歙，孰杀郑侨，为国为公，悼兹良士”等语，附记于此，以见舆论一斑。

民初霸才徐树铮

林光灏

路旁鬻字为段祺瑞赏识

民国初年，北洋政要，才气纵横，文武兼资者首推徐树铮。徐树铮，江苏萧县（铜山）人。生于清光绪六年庚辰（一八八〇）十月初九日。有奇才，为段祺瑞之心腹股肱。据曾与徐氏共事之总统府已故副秘书长黄伯度先生生前语笔者：清末，袁世凯署山东巡抚时，段祺瑞随武卫右军开防济南，偶出游，见一少年着单衣，于寒风中坐道旁，为人作大字，体势不凡，询其姓名，则徐树铮也。问何故至此？以投亲不遇对。继览其所为诗文，大赏异之。赠银二十两并绵衣一袭，旋招置左右，使典书札，其契合盖自此始。

光绪三十四年戊申（一九〇八），徐树铮由段祺瑞保荐，东渡日本留学，入日本陆军士官学校攻习步科（与杨荩诚、陆光熙、朱熙、周应时等同期毕业），返国时，于宣统二年庚戌（一九一〇），任江北提督段祺瑞之军事参谋。三年武昌首义，段祺瑞奉署湖广总督，旋接替冯国璋所统辖各军，驻防湖北孝感，徐树铮任段祺瑞之总参谋，权倾一时。

当武昌起义时，清廷为挽救其垂危之命运，起用袁世凯为内阁总理大臣，讵知袁世凯掌军权之后，乃另怀“北制满人，南制民军”之阴谋，以图从中取利，授意段祺瑞，于民国元年一月二十六日率同前敌各路将领姜桂题、张勋、曹锟等四十余人，联合通电请求清帝迅即退位，早改共和国体，该电由段祺瑞领衔，徐树铮亦以总参谋官联署。其电有云：

> 虽祺瑞等公贞自励，死生敢保无他，而饷源告匮、兵气动摇，大势所趋、将心不固。一旦决裂，何所恃以为战？深恐丧师之后，宗社随倾。彼时皇室尊荣，宗沈生计，必均难求满志。……故敢比较利害，冒死陈言：恳请涣汗大号，明降谕旨、宣告中外，立定共和政体。

出任北政府陆军次长

清帝受胁迫不得已于民国元年二月十二日宣布退位。国父于是让大总统职位，由袁世凯继任，改组内阁，任段为陆军总长，徐树铮为军学司司长。三年五月，总统府政事堂成立，段仍任陆军总长，调徐树铮为将军府事务厅厅长，旋升陆军次长，当时徐树铮年仅三十岁，为次长中之最年轻者，当时阁例，每部仅设次长一人，陆次原为蒋雨岩（作宾），段祺瑞因激赏徐树铮，特请增设陆次一席畀之，其受段祺瑞特达之知，益可概见。

徐树铮崇拜德国派之军事学典，谓军人当重风仪。当时陆军部官员，多沿满清兵部旧习，以峨冠博带为文，徐树铮严禁之，限令一体军服，且不得乘坐人力车或马车，校尉以上许自置马，每日乘骑到部，马资无着，则各发银币五十圆，月给刍秣如数，部员得款，多不购马，徐树铮或传令点验，则临时雇马以应，一时陆军部前喧腾有如马市。

民国五年六月，袁世凯帝制失败，羞愤而死，黎元洪承继大位，段祺瑞任国务总理。十三日，徐树铮继王式通（字书衡、山西汾阳人、进士出身）为国务院秘书长，乃以专擅跋扈，轻视黎黄陂，遂引起府院之争，段祺瑞愤而去职，黎元洪竟召辫子军入京拱卫，乃酿成复辟之祸。六年七月，段祺瑞击败张勋，复任国务总理。徐树铮亦回任陆军次长，十一月，段因川、湘军事失利，辞国务总理及陆军总长，由王士珍继任，徐树铮亦随之去职。七年三月，奉军入关，设司令部于军粮城，徐树铮以奉军副司令名义权宜行事。六月十五日，徐树铮以计诱骗炳威将军陆建章至津，而后以“莫须有”罪名，擅予杀害，种下他后来“廊坊”被杀之祸。

筹边专使经营蒙疆

民国八年己未（一九一九）五四运动后，国内和谈重开，南北暂告停战。北政府改“督办参战事务所”为“督办边防事务处”，编西北边防军，徐树铮正苦无所施展，适俄国内部革命，西伯利亚一带乱党蜂起，外蒙迭受侵扰，且民国二年外蒙独立，原系受俄人嗾使，至是颇思内向，徐树铮遂仿终军请缨故事，自请防边，六月，总统徐世昌（菊人）特派其为西北筹边使，经营蒙事，徐树铮尚以权力未足，复要求畀以西北边防总司令名义，然后建节出关。其时外蒙以俄国乱党侵扰益甚，拟向我国乞援，由总理巴特冯领衔呈请取消自治，徐树铮乃飞电北京，献“擒纵”之策，请予慰抚，值驻库伦办事大员都护使陈毅亦有电报到京，政府遂明令加封外蒙古呼图克图汗为外蒙古翊善辅化博克多哲布尊丹呼图克图汗，以示褒奖，并照会驻京俄使及通告驻京各国公使，并任徐树铮为册封专使，恩华、李垣为副使驰赴库伦，外蒙古乃于十一月正式宣布撤销自治，重归我国版图。徐树铮以大功告成，于二十一日动身回京复命，行前（二十日）特别演剧招待蒙古官民，并专电报告北政府：

> 北京西北边署。× 密，抄呈大总统，国务院，段督办，各部钧鉴：
>
> 树铮现定明早启程还京，蒙官府多员到署送行，颇向树铮作亲切恳挚之谈，晚间邀请蒙官及各使，又各军队连长以上官佐快宴，仍以演剧娱宾，并合街通告，撤去卫兵，无论汉蒙商民，贵贱贫富，概许径入。见观剧者至形拥挤，树铮当众宣言，本晚之聚，所以庆祝蒙疆撤治。久闻活佛官府及各路蒙旗，抱定此意，今竟不待商酌，决然行

之，具见爱国之殷，爱蒙之切。而以送呈之责，责之鄙人，是鄙人之于此事，关系极切，故庆祝尤虔。为国家及蒙疆庆，为惠临诸君庆，且为己身庆也。复致谢到此廿余日，诸荷爱勉。鄙人现在所欲考察，佐将来施设之事，均获指以南针，俾后日得循率而行，尽我绵力，是诸君之赐，不仅鄙人一身，而鄙人乃适当其冲也，是以敬谢之。诚以鄙人到此未久，而各方士夫，相遇极欢，俨同旧友，匆匆南旋，尚有走别未晤者，虽不久辄将复来，而怏愉究难自示，想惠临诸君，亦有同此感者，别后当函电相讯，不能寂寞也。树铮言此，重在第一意，当蒙人之赞其自请，蒙既安心，而无论何人开放入览，计必有各国谍者混入其中，可为我国代播也。

谨此陈报，统祈钧察

制树铮

哿（二十）二

国父誉为陈汤、班超

徐树铮返京后，除向北政府报告并通电全国外，十一月二十四日，又上电报告在上海之国父孙中山先生。国父于接电后，立即复电贺其功绩，并借机劝其协助恢复国会，转圜大局，原电如下：

北京徐树铮先生鉴：

比得来电，谂知外蒙回而内向，吾国久无陈汤、班超、傅介子其人，执事于旬日间建此奇功，以方古人，未知孰愈。自前清季世，四裔携贰，几于日蹙国百里，外蒙纠纷，亦既七年，一旦复归，重见五族共和之盛，此宜举国欢欣鼓舞之不已，然还视闾阎，颂声寂然不作，此无他，内部之关系，过于边陲，心腹之忧患，重于指末故也。国于天地，恃法律而存在，自国会被非法解散，而民国基础动摇，连岁战争以重累我四亿人民者，至今未艾。北方恃权者徒以使三五武人政客，得遂其利益之要求，天下遂可无事，此不唯蔑视民意，其不通乎法治之本原抑已甚矣。故文以为今日转危为安，拨乱反治，无过于依照约法，使国会恢复其自由之职权，即外交之失败其遗害于国家之生存者，亦可由是而矫正消灭。夫治国而反以乱之，爱国而反以害之，此非智者之所为也。睹其失败因循覆辙而不能改，非才勇之士所宜出也。今我国民莫不集矢于卖国之行动，而曩之与接为构者，岂果抱此不仁之心，抑岂更无自拔之路，唯不知诉之于法律国会为根本解决，则祸终不息，而责无所逃。文与执事夙昔未尝通一介之信使，今乃电及，其或予我以尽言之机。而执事或亦观察国中之政象，而憨然有不安于心者，文因敢白其所见，执事能立功于国境，何必不能解罪于国民？大局转圜事在俄倾耳。不然，内忧未宁、外患方亟、卧榻之侧，可为寒心，执事虽劳，能保不为他人作嫁衣者。而谁敢为执事贺。专复，即企鉴察。

孙文

此电经各报全文登载，引起党人凌钺抗议，国父批复："徐收回蒙古，功实过于傅介子、陈汤，公论自不可没（原批见《国父批牍墨迹》第九五页）。"实则自是年七八月起，段系已逐渐与国父趋于接近。因为在北方，直皖两系，正是壁垒分明，而在南方，则国父久为桂系所排挤。直桂既已联盟，则段系与国父接近，自是极其自然之事。

车至廊坊遭人杀害

民国九年庚申（一九二〇），北政府任徐树铮为远威将军，开去筹边使职；至西北边防军总司令一缺，着即裁撤。其所辖军队，由陆军部接受办理。十四日，直皖战争爆发，徐树铮为段之总参谋长，方以偏师战捷廊坊，而西路全军覆没之报已闻，危急之夜，徐树铮尚拟孤军一逞，终亦莫如之何矣。战争结果，直胜皖败，段旗瑞通电下野，北政府于十九日下令惩办徐树铮等，由于徐树铮避居日本使馆兵营，至弗克缉办。后由日人秘密护送至津赴沪。

民国十一年壬戌（一九二二）九月，徐树铮由沪经浙，潜往福建延平，促旅长王永泉与粤军许崇智（汝为）联络合作，里应外合驱走闽督李厚基。十月二日，通电设立“建国军政制置府”，自任总领，迄遵奉国父及段祺瑞为领导，俟拥戴二老践尊位后，即奉身以退，并限李厚基于二十四小时内退出福州。战事发生后，李军败退。十月十七日，徐树铮阶同许崇智、王永泉进入福州。十八日，任王为“福建总抚”，旋又改任总司令，以林森（子超）为省长，分理军民事宜。闽局粗定，徐树铮于十一月二日离闽返沪。

民国十三年甲子（一九二四），段祺瑞入京任临时执政。翌年一月四日，特派徐树铮为考察欧美日本各国政治专使，至十四年乙丑冬十一月返国。斯时京津局面混乱，适孙传芳倡五省联防之议起，对徐树铮颇为不利，段闻其晋京谒候，曾去电嘱其暂缓来京，唯徐树铮不以为然，遂于十二月十九日乘顺天轮赴津转京。谒段祺瑞密陈政治方略，并定于二十九日离京返南方，段祺瑞忽在案头得一书。缄封甚固，启视，则“树铮万不可南去，去必死。”寥寥十字而已。段祺瑞急令当时公府记室黄伯度追阻之，徐树铮方束装待发，阅笺笑曰：“何人阻我，我岂信此谰言。”卒不听，仍乘专车南下，专车至廊坊，卒遭冯玉祥嗾使其部属张之江捕杀，事后由陆建章之子陆承武（按：陆承武曾留学日本，民国二年八月，陆建章奉令成立警卫一、二两团，以示武任警卫第二团团长。民三，入陕围剿白狼后，其父为陕督，陆承武为陕西督署卫队团团长）通电，自承为其父陆建章复仇。或曰：“所谓仇者伪也。”徐树铮死，京师无人敢走哭者。薄棺尚在海上萧寺中，南通张季直曾撰一联挽之，句云：“语谶无端，听大江东去歌残，忽焉感流不尽英雄泪；边材孔亟，正薄海西征事大，从何处更得此龙虎人（按：徐精昆曲，且善吹笛，海外归来，曾至南通访张啬翁，为唱大江东一折，悲壮苍凉，声裂金石，识者已知其非佳谶，尽大江东系关壮缪单刀赴会事也。故联中及之）。”对徐树铮一生驰骋风云，颇致慨悼。而于其收回外蒙一事，亦有称许。徐树铮泉下有知，或亦许为知己之评呢。

有子跨灶为父复仇

民国三十四年乙酉（一九四五年）徐树铮哲嗣徐道邻在渝，时任行政院政务处长，茹恨近二十年，矢复父仇，曾于十月间呈请辞职。十一月三日，具文分别呈向北碚重庆地方法院及军事委员曾控告张之江与冯玉祥以杀父之罪。张之江时任中央国术馆馆长。终因逾刑法告诉时效（十五年）而被驳回。若徐道邻者庶乎不忘其亲，而徐树铮可谓有子跨灶矣。兹摘录其诉状于后，状云：

为抱恨二十年，父冤未雪，恳将杀人犯张之江拘捕到院，依法侦查，按律论处，以伸法纪事。窃先父讳树铮，于民国十四年冬，自欧美考察政治经济回国，到北平向政府述职，不知何故，遭当时野心军阀之忌，同年十二月廿九日，专车去津转沪，冀就考察所得，编述报告，不料行抵张之江驻防之廊坊，先闻欢迎声音，旋有张之参谋长持张之名片登车，口称“张司令请徐专使下车”，时先父在京劳顿，拟请张司令来车晤谈，该参谋长声色俱厉，饬马弁挟持先父以去，同行随员，均被驱逐下车，先父到司令部后，即被幽禁一室，遥闻有人打电话称。“徐树铮已拿到请示……”先父随从褚君即要求见张司令，不许，旋褚君等均被押入马栅，约一小时后，突闻枪声数响，咸垂泪相向，不敢出声，时为二十九日午夜。……乃复施其移花接木手段，于谋杀之翌日，竟自天津招来陆建章之子陆承武，迫其承认“为复父仇，故将徐某杀害”，并通电各报，大肆其辞。……假借陆承武之一纸通电，以洗刷其本人谋杀国家命官之杀人罪行，宁非异事；且陆承武何人？竟能令号兵高吹欢迎号音？又命参谋长持片上车请客，且公然至司令部中杀害政府要员，谓非该司令张之江之事后假借陆某名义，冀图掩盖自己罪行，其谁信之？……

徐道邻德国柏林大学法学博士。曾任驻意大利大使馆代办，台湾大学教授。已于年前在美逝世。

徐树铮办理外蒙撤治经过

刘安邦

边防与筹边

民国七年秋天，段祺瑞所领导的督办参战（第一次世界大战）事务处之下，成立了一个西北边防筹备处，由徐树铮任处长，作为把“参战”改为“边防”的一个准备。边防筹备处成立后，刚巧遇上俄国内战，共产党夺取政权，使外蒙古有心内向。

外蒙古的独立，是帝俄策动外蒙的哲布尊丹巴于辛亥年（一九〇二）阴历十二月二十八日在库伦登基，号称“大蒙古国”，年号“共戴”。清朝时代由于国势孱弱，无力照顾；民国成立，一切正在草创，遂予帝俄以可乘之机。民国二年十一月二十二日，中俄联合声明，中国正式承认外蒙古的自治权，并允许不将军队派驻外蒙古及安置文武官员，且不办殖民。民国四年六月七日中、俄、蒙三方又共同签订了一个《恰克图协议》，重申中俄声明文件中的一切条款。到了民国六年，由于俄国内乱，失掉了对外蒙古的控制，逐渐引起了日本的垂涎，八年春天，日本利用布里雅特人谢来诺夫和蒙匪富升阿来策划组成一个包括布里雅特，内、外蒙古及呼伦贝尔的大蒙古国，在日本控制之下。主持这项工作的，是日本驻库伦武官松井中佐。松井和布里雅特人的会议及宴会照片后来被中国参谋本部得到。这时，外蒙古的许多王公鉴于独立的失算，又怕日本乘机侵占，所以酝酿重新归属中国。

外蒙的内向，给徐树铮一个发挥野心的好机会。徐树铮是一个极有政治野心的人，北京局势的混乱，使他不能施展抱负，而他一举一动又容易引起政治风波，刚好他担任西北边防筹处处长，正遇上外蒙古内向问题，因此他便于八年四月十七日提出了《西北筹边办法大纲》，六月十日经国务会议议决照办，六月十三日政府特任他为西北筹边使，六月二十四日又命他兼任西北边防军总司令。

当时北洋政府的总统是徐世昌，非常赞成派徐树铮筹边，以调虎离山，因为他留在北京搞风搞雨极为不妥，倒不如请他向边疆发展，少一个麻烦。

西北筹边使的官制于七月十八日公布，其职权如下：

一、政府因规划西北边务，并振兴各地方事业，特设西北筹边使。

二、西北筹边使由大总统特任，筹划西北各地方交通、垦牧、林矿、硝盐、商业、教育、兵卫事宜，所有派驻该地各军队，统归节制指挥。关于前项事宜，都护使应商承筹边使筹助一切，其边事长官佐理员，应并受节制。

三、西北筹边使办理前条事宜，其有境地毗连，关涉奉天、黑龙江、甘肃、新疆各省，及其在热河、察哈尔、绥远各特别行政区域内者，应与各该省军政最高长官及各都统妥商办理。

四、西北筹边使施行第二条各项事宜时，应与各盟旗盟长扎萨克妥商办理。

五、西北筹边使设置公署，其地址由西北筹边使选定呈报。

六、西北筹边使公署之编制，由西北筹边使拟定呈报。

筹边方案

徐树铮于奉命后所拟的《西北筹边办法》大纲全文如下：

谨略者：

日前筹及西北边事，奉饬拟具办法大纲，陈候核夺。

查西北一带，东自车臣汗，西至阿尔泰，北自俄界，南抵察绥，绵亘千余万方里，地面辽阔，悉属蒙旗游牧之区，居民稀少，诸业未兴，且地主之名与权，属国属人，亦未分明制定。故在任事之人，非坚抱开创之志，忍艰耐劳，刚柔互用，难期有济。在政府为事择人，亦非委以专责，假以便宜，终必劳而无获。况值国帑耗虚，一切资力均待凭空筹集；稍缓须臾，又虑为鹰虎所吞噬。此谋国者所由早夜彷徨攘袂急起者也。唯同此五味，而烹调之法，人异其术。树铮所言之办法有当与否，不敢必人以共计，而默为审察，固觉此事不办则已，办则所举者，皆不容不视为要图者矣。

一、名义须先颁也。事权限于名义，名正然后言顺，名正言顺事乃得成。此项名义不可太虚，太虚则无从假手；亦不可太实，太实反招窒碍。似宜明令特派西北筹边使，庶几虚实兼赅，进退可以自如，而不撄内外之忌嫉。如再以明令普告，谓现拟裁兵，预筹安顿，故特委专员布置垦务，则军民心安，遐迩信仰，尤称妥洽。

一、权限须即制定也。凡事权限不清，最难收效，名义定后，似应拟定官制，申明系统体制，及与境内之都护，都统，佐理；接境之督军省长等如何联接，咨交国会议决公布，庶有条理可寻，且预杜临事之牵掣。

一、铁路最为急务也。事业之难易，文化之通塞，商务之盛衰，兵备之厚薄，无一不恃交通为脉络。西北荒漠无垠，人多游牧，因之交通丝毫不畅。然其地极目平旷，无高山大河之限，间阻沙漠，绕避甚易，修筑铁路，殊非难事。计自张家口，直抵满洲里，约千五百里；自归绥经赛尔乌苏，过库伦，直抵恰克图，约二千余里，赛尔乌苏过乌里雅苏台，科布多，再折而出阿尔泰，以入迪化，直抵绥定，共约五千三四百里；乌里雅苏台入唐努乌梁海千余里。均属不可少之干径，诚宜亟力筹筑，以便推行他业。财力足则同时并举，不足则次第兴修；计日程功，不难署券以待。一俟俄乱告平，再商由恰克图北修，与俄路相接，更有裨商务。

一、汽车可先通行也。铁路绵延万余里，非岁月间所可竟事，应先筹设汽车公司，按照铁路脉络，分投往返，再佐以遥站马车及驼驮等，缓急相辅，周转商货，庶几商务灵活，商业自盛，而税收亦必日有起色。

一、垦牧可即部署也。西北地旷人稀，天候严寒，且前清禁例重重，是以民众不乐往。今宜力振垦牧各业，沿铁路两旁，渐次垦辟，蕃殖牛羊诸畜，马匹尤属重要。易草莱为沃壤，洵指顾可期之事。盖西北各地，虽间遇沙漠，而草原极广，甚宜耕牧，纵河渎有不甚贯通之嫌，而茂草蕃殖，足证地面以下水泉不深，凿井引沟汲灌，亦易措手。

一、矿产可即采掘也。西北矿藏，号称富饶，阿尔泰、唐努乌梁海、库苏、古尔泊附近，及喀喇沁、鄂多斯各部，有金银铜铁铅各种，质美量闳，外人垂涎已久，他如煤炭碱石等，数亦不鲜，且率浮出地表，开采并不费工。

一、商货可资流通也。西北物产不如内地繁衍，然动植各物运至内地销售者，颇属大宗，而内地之货运售者，亦极不少。交通一便，贸易当易旺盛。

一、兵备宜有布置也。近日蒙旗不靖之风传，未必尽属情实，而军人政客遂多挟策干时，请速兴师镇剿。窃谓无名之兵，非计之得，蒙人多猜而好小利，易结纳，与其突增多兵，俾相惊惧，或至生心自卫，勾结外援，反滋纷扰，实不如早日兴办工商垦矿各业，俾知亲附，各业稍具规模，即行陆续增队，借资保护，不唯节省兵费，政府财力得纾，实属驭边正道，边心益安，斯边防赖以固永。

一、教化宜急布行也。有清以来，蒙部内属，迄今约三百年，率以愚蒙焉策，实大悖人情天理之正。此后欲蒙边日见亲洽，即非力整教化，劝谕兴学，不易为功。唯蒙虽颛鲁，骤迫以汉文汉语，殆无不掩耳却走者，似宜先以汉人学蒙文习蒙语入手，无论官民商吏，同事练习，成效稍着，情交日亲，彼中渐知蒙文蒙语之不惬于用，自将有有心者，学汉文汉语，届时因势利导，则不待强求，自易牖迪。

一、礼俗宜渐移易也。前此蒙汉之隔阂，固由交通不便所限，而礼俗不通，实又为交通不繁之大原，而孕百病之根，加以前清禁例，不准汉人携眷漠北，不准汉蒙通婚，于是相阻益远，共此一国，而俨成绝俗。为今之计，似宜明令撤去一切禁例，准其携眷通婚，即令骤难畅达，而官吏员役以及垦耕商矿诸人，均得携眷而往，寄居日久。家室多往来之情，婚姻不待劝而合，久之则礼俗同归一致，畛域庶可尽泯。

以上诸事，无一非当务之急，而举办之先，又无一不待巨额之款。果能切实举办，预计三四年，自可有赢之利；十年之后，则更无穷。唯目前母金，何自而出，谨请借箸筹之。

一曰发公债，资信证；一曰设银行，行钞票。二者相依为用，缺一不可。公债之额应视最先筑之一路所需若干以为衡，各路孰先孰后，尽可由我自便。唯由绥至恰，宜提前赶办，以其有外约牵制，不早扼定，必起争端，此路一定，别路更无他虑也。

此路共计二千余里，每里需两万余元，以公债票面计之，约预发行五千万元，方能敷用。可名之曰边业内国公债，指定用途，即以边业保证。现虽艰于销售，然正不必急售，只借此昭示兴办各业，信委专员之确据，姑以暂押二三百万可矣。

另设一边业银行，准其发行钞票，招集商股，可得三四百万元；另以债票所押，至少六百万元易集也。六百万元之实资，发行钞票千一二百万元，流通必易，恃此钞票，再益以随时联络之小股，则汽车马车各公司及垦牧采矿各业，不数月均可蔚然而起。

及时着手路工，信誉必益昭著。路工一开，即可以收回债票，切实发售，是步步为营之策，稳而无失。政府但选一沉干有为之人，畀以名义，假以事权，证以信托，尽可听其自然，待时而获矣。

或谓西北多外蒙之地，路矿诸业，均有俄约为祟，恐多枝节，而抑知毫无足虑，俄约谓外蒙之路，中国可自筑，己款不足，应借俄款，此时俄乱方殷，若向彼借款，不啻恶谑嘲笑，故以己款为宜；内国公债，全系内款，俄人丝毫不得妄干。外蒙之矿，俄得任意开采，系俄库私约，我国万不宜承，奈何引以自缚？且即以私约论，亦无不准我国采矿之说，不足置疑也。树铮反复审究，计之已熟，有无可采，伏候钧察。

树铮谨识

“内向”的酝酿

当西北筹边使新命甫下时，北京派驻库伦的都护使陈毅，正和蒙古王公交涉撤销自治的问题。陈毅字士可，湖北人，是清朝中兴名将陈湜的孙子，张勋复辟时被任为“邮传部侍郎”，复辟失败，逃出北京，在黄村车站被捕，当地驻军剪去他的辫子，叫他具结，永不参加复辟才放他走。民国六年八月他被任命为都护使。

外蒙古的政制是王公管政，喇嘛管教，界限分明；迨自治后，活佛哲布尊丹巴为政教领袖，于是喇嘛专权，王公受排斥，只因喇嘛有俄人为靠山，可以为所欲为。迨俄国内乱，无力兼顾，王公乃发动撤销自治，其目的不是在归附中央，而是在恢复前清的旧制，借以重掌政权。代表蒙古王公集团来和陈毅接洽的，是外蒙古自治政府中的外务总长车林多尔济。

陈毅和车林从八年一月中旬商谈撤销自治问题，一直没有具体的发展。到了八月四日，库伦大会开会，王公喇嘛之争益烈，王公们为了重掌政权，决心牺牲自治，故授权车林与陈毅具体磋商，双方决定了两项原则：一、恢复前清旧制，五部直属驻库大员（以代替活佛）。二、设置地方自治议会，由王公组织之（以排斥喇嘛）。以上的协商和条款，均系秘密进行，俄人及喇嘛毫不知情。

陈毅把交涉情形电告北京政府，国务院于八月二十一日提出阁议讨论，当时对于条件内容并无任何意见，不过认为在程序上必须由外蒙王公先用全体名义呈请政府恢复原制，然后政府根据外蒙的请求再与磋商条件。国务院根据这个意见训令给陈毅，陈却没有办到，只是继续和王公们磋商条件，同时敷衍政府说外蒙古希望先以非正式商妥协商各项条件，才能安心撤销自治。

陈和车林商妥的条件，于十月一日派秘书黄成序把条件草案送到北京，这就是外蒙善后条例六十三条，其中重要的事项如下：

一、中央政府无论何时何事，不能更改外蒙原有之分盟分旗制度。各盟旗沙毕、盟长、将军、扎萨克、高卓特巴等原有之管辖治理权，永远照旧，中央政府并不得施行殖民事项，将蒙旗土地改归他人所有。

二、设驻扎库伦办事大员一员，乌、科、唐、恰，各设参赞一员，帮办参赞一员。正副人员，必须一蒙一汉，并且轮流更换（如第一任汉正蒙副，则第二任蒙正汉副），而汉员必须以文职为限。即在北京之蒙藏院，其正副总裁之一，亦必须以外蒙王公任之。

三、中央在外蒙驻军，其计划布置及额数，由驻库大员及帮办大员会同商定。遇有紧急事项，增派军队，事定仍须撤回。

四、内地人民建筑房屋、经营商工等业，以及开垦、种菜、伐木、割草，必须先取得该管扎萨克之许可。

五、开发矿产、兴办铁道、电报、邮政，必须由驻库大员及帮办大员会商办理。如必须借用外款，并必须先得外蒙地方议会通过，始得办理。

实力派的反对

陈毅和外蒙古王公们的交涉有一个最大的阻碍，就是陈毅所选的对象根本没有力量，外蒙古自治政府的一切，完全操纵在喇嘛手中，而外蒙古人民的偶像是哲布尊丹巴活佛，也就是自治政府的领袖，活佛只信赖喇嘛。现在陈毅和王公商量外蒙古撤销自治就是对抗喇嘛，王公们想借北京政府的力量来推翻喇嘛，喇嘛既然有势力，当然不会轻易就范的，所以成功的希望不会太大。

陈毅想通过王公去说服喇嘛，又通过喇嘛去说服活佛，可以说只是一厢情愿；而王公们又不断供给陈毅错误情报。八月十九日陈毅给北京外交部电报说："至喇嘛方面，王公既愿，彼必无词。且活佛亦久向中央，殊无可虑。"九月二十六日陈又有电报说："喇嘛方面，经王公竭力疏通，亦全体通过，册封一事……复经回禀活佛，亦奉允许。"可是这封电报发出后的第五天，十月一日，哲布夺丹巴活佛却写了一封致徐世昌总统的信，叫墨尔根堪布等五个喇嘛于十月九日带到北京，信内略云："今突由中国驻库办事大员陈毅，提出取消自治……并提出所拟六十余条前来……于是本外蒙大众，咸以单独破坏协约……徘徊犹豫，本哲布尊丹巴呼图克图汗，亦多忧虑，宝深不安。"这封信很明显地看出活佛是不同意六十三条的。

哲布尊丹巴接着又于十月二十四日给徐世昌第二封信：

大总统钧鉴：

顷据库伦陈都护使声称，给予请求取消我外蒙自治公文，并编造蒙古以后遵行条件六十余条，与各赛特私室传观会议等情。本处当以如果大总统知悉此事，宜暂候如何平定谢米诺夫所招之乱党，并召集本蒙古各王公扎萨克会议，解决内患等情，函至大总统去后，今蒙古各扎萨克大致尚未到齐，间有来者，不但不愿取消自治，希望仍旧存在，即库伦所有众蒙古喇嘛民人所属人等一闻知此举，亦议论沸腾。据此以观，非唯本外蒙各官民等，咸称仍旧保存旧制，难于迫其遵从。即取消自治之举，亦非出自我蒙赛特等之本意，只系陈都护使授意，借边患未平宜取消自治等词，迫令出此。

本呼图克图汗至再思维，我外蒙不惑谢党谄言，一意恪守三方协约，保持自治；今复违反协约，请求取消自治，实多不合之处。而库伦陈都护使对于此案，异心不息，反根据与各赛特私议事件，不体众议，再三勒迫，近日益甚，由应在买卖城驻扎之防兵内，拨出支队，分驻逼迩库伦学经及喇嘛等地点，擅占外国商人房院。似此种种滋事情形，委实有拂众意，鄙心殊抱不安。深信前此我大总统密谕亲王朝克图尔巴达尔胡之仁谕，为此列举情形，密请鉴核。特派萨密迪巴克什诺门罕北勒岗禅呼图克图达木唐巴札尔，前去与我大总丝献帛请安，恳将在我边地内人地不宜之陈都护使立予调任，自治官府仍旧存留有效。若是，则黄教益形尊重，逐渐扩张，永昭仁慈。中华大国与外蒙古之睦谊，益觉敦重无极矣。

谨呈

哲布尊丹巴特派地位仅次于他的嘉亨尊活佛，亲持这封信送往北京，嘉亨尊于二十六日启程，十一月一日到京。

三巨头的矛盾

哲布尊丹巴既然表明了反对撤治的态度，于是陈毅和王公们只好片面进行了。王公们决定单独具名递送一件呈文，由陈毅于十月二十九日、三十日电达北京。这时的王公们已势成骑虎，在外蒙的自治政府看来，王公们这项向北京政府请求撤销自治，无异是外蒙自治政府内部发生了政变。

北京方面，这时的国务总理是靳云鹏，他在收到陈毅专人带来的六十三条后，立即召集各部开会商讨，并于十月二十日电告陈毅说：“徐筹边使日内赴库，抚视所有军队，对蒙方面并无直接任务，蒙事仍由都护使完全负责，以明权限。”

在段系中，靳云鹏和徐树铮是不合的，因此靳内阁当然不愿意见到徐树铮在蒙事上立功。陈毅以为外蒙撤治交涉，始终是自己一手搞成，当然不愿徐树铮干涉，所以陈当于收到靳阁二十日来电后，立即复电询问国务院：“前送条件，徐使曾否得阅？”

徐树铮当然知道这个密约，所以他于十一月一日电告北京，对于六十三条件表示有“七不可”；同时要求待他召集一个会议研究后再作决定。靳云鹏对徐电大为反感，提交国务院会议时，靳认为此案已经阁议通过，就唯有决定去作，不可出尔反尔，自损威信。并且对徐要召集筹边副使等开一个会议，认为筹边会议只可在边防范围内讨论问题，而外蒙撤销自治案，已经政府交给陈都护专办，就不必他人越俎代庖；至于后果如何，等办理后再说，纵有不便，再行取消也没有损失。靳且指示照他的这番意见电告陈毅。

原来，陈毅的秘书长黄成垿携带六十三条密件到京，徐树铮尚在北京，黄到后六七天，陈毅有电给徐树铮说：“黄成垿有秘要务赴京，到时祈面晤。”可是黄成垿由库伦动身时，陈毅又曾嘱咐黄避免见徐，不要让徐知道此事，所以黄在北京尽量避免见徐。有一天黄在国务院碰到徐，黄不知陈毅有电给徐，所以见到徐时支吾其词，只是说这趟是因私事请假赴奉天，陈都护嘱就近到北京来催队伍。

徐树铮于十月二十三日由北京启程赴库伦，动身前一天，往谒徐世昌，大徐问及小徐有关外蒙古撤治事，小徐答称没有见到原案，大徐即令他向国务院秘书厅去调卷，卷调来后，原来是陈毅送来的密件，上面有外交部所加的签注。徐因系奉总统命令，所以携带该件北行，十月二十九日抵达库伦。陈毅并不知道他送去北京的全案已在徐树铮手中，所以对徐尚支吾其词。而徐则于十一月一日电告北京反对这份条件，认为七不可。

这件案中，陈毅不希望徐树铮介入，是认焉已成的功劳不愿徐分享；国务总理靳云鹏则因与小徐有宿怨，自不愿见小徐立功，所以搞得非常复杂。

小徐的七不可

陈毅可能根本不懂利用王公和喇嘛之间的矛盾，达成政治上收回外蒙主权的目的，他只是很呆板地和车林商讨办法，所以《外蒙善后条例》简直就是陈毅帮忙蒙古王公向中国“争取”自治，而不是“撤销”蒙古自治。当时外交部对这个六十三条的批评是：“如就条件全文加以研究，则名义上政府虽收回统治之权，仍属有限制。外蒙虽有取消自治之呈请，而按之条件，自治之精神与基础仍属照旧存在。……至于对俄国各条……则俄国在外蒙一切利益，并未因之受有损失。”

徐树铮也于十月一日向政府就此条例作如下的建议：

> 陈使所拟外蒙撤销自治善后条例，中有不妥之处，拟俟恩副使不日到库会同熟商，昨经陈明在案。兹先将管见所及，及连日采访蒙人言论，陈情鉴核。
>
> 查原件共六十三条，其纰类之大而显著者，约有数端……
>
> 蒙在元金之际，雄武甲欧亚，而一蹶不振，极于今日，病在宗教限严，人口不昌，又土地属人私有，不能以政规法令，使民服习，逐渐昌盛其事业，利弃于地，日即穷困，所谓窖金而食脱粟，政府亦无如之何也。治蒙之要，既欲导之富庶，被以文化，即不得不渐有兴革；纵不宜强拂旧习，要必预留相机因应地步。此项条例乃举其历来痼疾，更从而护以重障，是不撤自治，尚可于中国领土名义之下，因势利导，权宜措施，既撤之后，反无术可进以文明。是曰坚固蔽之障，不可二也。所贵乎撤销自治者，非食乎其名也，贵乎政府获设治之实耳。今则政权统于中央，不过首条中笼统语，而余数十条皆增重蒙古王公把持之力。或虑深言之蒙人不应，故姑从其情以诱之，然后施以强力，以期得志。抑知国家行大政，胡可诈骗从事？伊古以来，又岂有诈骗而能久者？是曰乖轻重之宜，不可三也。撤销自治之后，

关税如何改定？财政如何整理？农商矿业如何振兴？一未计及；但言王公扎萨克喇嘛岁俸念经等费，率由政府支给。树铮诚愚，不知从何处支给？若曰取之于蒙，则蒙民既须供应中央，而喇嘛王公之权存在，自必照旧供应，以蒙民之困苦，宁忍更令增此输纳乎？若曰取之帑储，则今日帑储之穷，自顾且不暇，何暇顾蒙？恐今日制定条例，明日即失去政府威信，蒙情乃他向矣。且帑储即有余力，亦无辇金而购漏卮之理。是曰戾财政之情，不可四也。……夫诱掖蒙人撤销自治，美名也；展辟地力，浚发民智，美事也；得名而有益于事，美之美者也。若徒骛虚名，而不审其于事有碍，非谋国之至者也。树铮料理军事而来，本不愿妄有渎议，唯边防所寄，亦不应懈职责，专志一意，唯以国家疆域蒙民利乐为念。谨用略陈所怀，上烦聪听，如有百分之一稍可采纳，拟请饬下陈都护使及各副使另拟简括条文。

其条文大意，在树铮愚见，以为政财大权，由政府斟酌情形选员督理，遇事与王公扎萨克商酌妥洽，然后施行。宗教荣典，政府一意优崇，有加无已；王公喇嘛岁俸以及地方经费，由政府从优核给，所有封册荣典，一概照旧。地方安危，一律由政府保护，外交一律由政府交涉，寥寥数条足矣。盖文字愈繁，挂漏愈多，各种意见，愈见丛杂，将来阻梗愈无限量。不如统括言之，蒙心尚可获安，而无阻于启化之计也。

师武侯擒纵

小徐在库伦，于十一月六日见到了哲布夺丹巴活佛。十一月十日和陈毅谈到六十三条件问题，陈还是吞吞吐吐。小徐曾有电给徐世昌，报告当时情形，电云：

顷陈使面约树铮明晚到署商酌蒙事条文，届时当约集李恩两副使，并率褚旅长其祥，杨参议志澄同往商，庶免一二人偏见难洽。如虑人多泄密，树铮可以军法处之。

查陈使原拟条例定稿之初，树铮即有所闻，渠遣秘长黄某甫到京，亦即知之，因未来见告，故亦不过问。黄到六七日后，陈使忽电树铮，谓黄有秘要赴京，到时祈面晤。讵黄晤时，踌躇其状，闪烁其神，吞吐其词。询其有何秘要，则云无他事，因请假赴奉，故都护嘱便道一催队伍耳。树铮更笑而遣之。树铮启行前一日，谒大总统叩辞，奉询及撤治条例事，饬取阅研考。归向院秘书厅借得外交部签注原件，即携之北行。途次，日夕审核，颇悉利弊所在。意到库陈使必以见商，故早做准备。又来时，本望以筹边事业，问诸陈都护及各副使，公共计筹，明年开春，即可兴办。一备国家另设官额，一使外约之官，潜移蒙化，渐致为民治之区。于行时亦经陈明大总统鉴核，奉谕“甚好，问陈为助，自是善策”。故停车之即夕，即取治蒙条例秘案，倾诚相示，而渠始终意殊不属，略与谈及撤治事，其闪烁吞吐，亦与黄同。树铮不便再言，是以电陈意见，拟俟李恩两副使到后，公共商酌。嗣知陈使接政府中人秘授意旨，属其不须以条文相示，意在勾结一二蒙员，自行分报办理。

查树铮自到库之日起，一言一动，每日必电陈政府鉴核，事因所见所闻，或所意揣，无不分析明白，自问无负于政府，无负于道义。树铮在外之将，权宜甚大，岂好为驯谨哉？只以历年来国家威信，不出都门，天下蔑视者多，故欲率为矩式，纳人以轨物耳。今再敬陈管见，祈赐察照。

东电陈请核示之原议七不可，及条文大意，既奉钧院公电，大总统谕许为卓识远谋，明晨公议时，自当抱定此旨，和衷商洽。又条文中有与筹边使官制职权搀越者，概予削去，然后责成陈使妥办；如不能办，即请责成树铮妥办，办妥后仍移交陈使坐承其功。树铮亦本边使职权，力自图之。树铮只重国事，决不以荣枯毁誉介意。总之，西北筹边使为外蒙已定之官，官制及其职权，为国家已定之法律，命令不得有所变更，速发亦属无效。树铮承命守职，一日不离职，一日即暂死守吏职之义，无论外交，无论蒙情，无论土地，均应负其全责。明日卸职，即可幅巾骑驴，逍遥湖上；今日未去职，即丝毫不容人侵犯，故作侵犯，即是破坏法律。民国以法律为保障，破坏法律即是破坏民国，即天下之公敌，虽有周亲，亦必雠之！树铮忝为国将，与国同休戚，保法律即保国家，皆天职中所有之事，可不仅使及制而已也。

谨电陈鉴核

制树铮灰（十日）

徐树铮抵库伦后立即发现陈毅处理外蒙撤治案抓不到重点。徐的特点最显明的是：一、才气高，能把握问题重点；二、恃才傲物，不易与人相处。这两个特点在库伦都充分发挥出来。他认为陈毅言过其实，所以他于十一月十一日给北京政府的电报就直率地指出："陈使言过其实，急切功名，而心思不能沉细；自觉明于万里，其实蔽于目前。其人真实何如，树铮不敢断言，唯心目中见为如此，故实不敢尽情信任……"同时他不理国务院的指示（不许他过问蒙事），而专断地自行把这事抓过来处理。十三日他给北京政府的电报中便明白说出他的决定："……然敢断言，经年累月，亦非渠（陈）所能了。盖渠判事不切，物欲蔽之，初步已蹈荆棘，纠缠不清，此时若树铮撒手不管，则立即中止耳。如此中止，听取国家损威失重，非树铮所忍出也。……钧电志在撤治，请坐待撤治可也。前电言定否只在三五日内，现布置已定，不烦一兵一矢，一发而中，幸之幸也。发而不中，树铮钳口结舌，息影南归，静俟陈使办结之日，敬领渎职之罪耳。"

在这期间，他不只是强夺了陈毅的交涉权，同时他也对外蒙统治者哲布尊丹巴发动攻势。他给北京政府的电报叙述各情甚详：

昨晚活佛派人请宴，伊東不如礼，当经拒出。另派蒙总理兼内务长巴特冯王来请，亦经严词面数活佛之非，婉词深慰巴王之老而多劳，并告以活佛多病，死期不远，嘱其为黄教自爱，渠深领感而去。然其人颇具丘壑，亦颇谙外邦情势，撤治事，多向此人身上加工，定可得手。语之陈使，极以为然。陈使即嘱向喇嘛一派示威；树铮言边事兴，兵事通，不外恩威并用四字，而用恩用威，先后彼此，颇费斟酌。以抚蒙而论，蒙性多猜，威则不易近，故必先恩以结之；恐其久而易视也，然后威以折之。蒙无实力，必悚而就范；再待以恩，以结其心，则不思勾结外援，乃永无反侧矣。武侯擒纵遗法，可师其意，而稍变通之，以策久远，非仅今日计也，陈使亦以为然。此非空言所能了，必时时留意，事事经心，乃得缓缓入手耳。树铮能否自行其言，仍盼庙算枢谋，随时督诲，俾获成效。谨用陈明，伏祈核察。

制树铮

元（十三）

擒贼擒王

徐树铮施出他的浑身解数，向巴特冯大施压力，其间经过可于十一月十四日他给北京政府的电报中详载：

活佛前最重要者四人，一总理兼内务长巴特冯多尔济，一大沙毕商卓特巴，一绷楚克，一棍布，均最高之喇嘛，活佛唯其所左右，王公皆侧目而视。王公之赞允撤治，名为情殷内向，实与喇嘛争权，事成权归王公，政府无大便利。陈使前拟六十三条，虽不适用，确曾煞费经营，而喇嘛从中牵击，活佛虽大开会议，皆喇嘛令王公分谤之策。盖会议时，活佛并不质询可否，但问汝辈不以为然耶？则王公什人而九高声应诺而散会矣。陈使虽欲速定，而明知喇嘛为祟，无术制之；又过听王公之情，益忤喇嘛不敢相近，牵掣愈力。此树铮所谓“听信陈使自办，即经年累月亦不得定”也。

树铮察知此情，擒贼应先擒王，王公可暂从冷淡，一意向喇嘛示好，俾知依附，然后济以恩威，期遂吾计。本意与陈使协同妥办，奈每与晤谈，稍反喇嘛，渠即苦口向树铮代王公求情，一若树铮与王公有深仇大恨不能相容也者，故前电有“不敢尽情信任”之说也。自严谕岱青王绷楚克后，迭向喇嘛中人日加灌溉；又深知巴特冯因前充商卓特巴为活佛所夺，又年轻者皆封亲王，而伊只有王衔，心中亦多不平，且现任总理，手执政柄，其人又颇谙外事，可谕以利害，故专意结之以信，感之以情，每于大议场中，当众极与谦下，尊以老辈，誉以清操，讽以活佛多病，可接其任。看操之日，示以军规之严，军容之肃，兵士放假观剧，苦乐与共，俾知军心之固，期可入我彀中，连携与谈，皆谓现公与喇嘛相持不下，非黄教之福，宜劝活佛立功自固，勿久执迷。其实活佛应否，全唯此四人是视，而四人之中，巴年最长，位最高，活佛信任较薄，故属其尽力以自托于中央，树铮亦许以全力相辅，巴甚感戴。数往谒佛，往来三数日，佛仍推宕不应，托词非待会议，即声言外交有关。昨晚遂与勒限，谓外交有中央政府在，会议无可待，活佛向来办事不待会议，今不能独待，我只责求活佛与执事两人意见，他有异言，我自当之。执事如此高年，不惮奔走，以谋黄教之安，而活佛罪恶已极，尚不肯发一言，徒令喇嘛假威福以祸王公，王公不平既久，必思报复，争乱相寻，则黄教已矣！黄教去，蒙古必如散沙，则外蒙已矣！是执事有爱外蒙爱黄教之心，而活佛持之以酿乱也。外蒙为国家领土，我为外蒙长官，有弹压地面之责，不能坐视，请往告活佛，明日速应则已，不应当即拿解入京，听政府发落。巴又稍以俄人及蒙兵为言，意在谓如是必致惊恐地方。树铮谓即有惊恐，是昏佛使然，非我之咎。然执事至此，询为此言，意令倾佩，真黄教之主也。渠许再往面佛力劝；更略谈其不平之事。树铮许以事定后，王衔立可册真，并其弟皆双俸。渠更约明晚再见。今晨独坐默念，万一佛再不应，安能径行拿解？当即坐罪彼四人，责以不能善辅活佛，姑作拘禁之状以恐之，再图别策，庶刚柔相济，而不损国家之威。

正自筹酌，巴忽匆匆而来，握手告语云：昨晚别后，连夜面佛，痛陈利害，继之以泣，佛感悟，遂允撤治。唯言陈使偏袒王公，所拟条件，决不愿用。又前三音诺颜之死，佛之野子袭封，出自陈使指使，而彼今辄举之以为佛罪。加汗增入京，佛曾端函令谒大总统，请撤换陈使，故今日之事，佛不愿其与闻，亦不愿他喇嘛王公预其事，且由树铮与彼换交商定条件，具呈政府可矣等语，并缕举活佛恳代维持往事数件。树铮以机不可失，遂许以今夜偕其谒佛面商，决不令佛有失体面，或喇嘛王公有何不均。巴称谢而去。临行又坚请守密，深盼定后再告他人云云。俟议定后，详电驰报。

局势急转直下

徐树铮一方面对巴特冯施压力，同时也准备要求政府径行明令撤销自治。他的做法完全是霸道的，因为他有兵在库伦，所以敢为所欲为。

十一月十五日是决定关键的一天，陈毅和车林交涉了十个多月而终归破裂的撤治问题，竟在这一天解决了。其间如何急转直下，可以从徐树铮给北京政府的三通电报中看出。

徐电一：

北京西北边署。〇密。抄呈大总统、国务院、段督办、各部钧鉴：

寒（十四）日到巴特冯寓所仪商条件，因仍为去喇嘛权利，树铮坚持欲定条例非简略不可，详细办法可另订办事章程，或不定条例。但由佛率众具请撤治，一切办法统待另商，或派人随树铮入京详定。

渠狡展良久，逼之去谒佛。树铮寻又严词诰谕，谓祸蒙之罪，不在佛而在喇嘛。宽限一日，夜晚须解决，否则拿解者不止一佛，执事虽老，亦当随行。渠情状极畏惧，大约一二日内，可见定夺矣。

制树铮

删（十五）

徐电二：

北京西北边署。〇密。抄呈大总统、国务院、段督办、各部钧鉴：

删电计达，今日巴特冯召集喇嘛王公全体会议，议定先由活佛盖印，率众具呈自请撤治；一切条件办法，概从另定。饬人来求，今晚不必再逼，日内定即办妥。树铮允以不逼，但仍须从速办结，由活佛派大员随树铮入京，觐谒大总统致贺云云。恐其夜长梦多，故必严促其速定也。谨此报呈，伏祈察核。

制树铮

删二

徐电三：

北京西北边署。〇密。抄呈大总统、国务院、段督办、各部钧鉴：

删二陈报蒙员会议情形，并求树铮今晚不必往逼，系都护派人来告，谓蒙员托其转达。电发后，有人询巴特冯何以会议未散，匆匆先归？答云：昨徐公限定晚六时晤面，故早归待之。树铮即往晤，始悉所定办法稍有不同，都护是传闻之辞。活佛签名盖印，向无此例；由官府各部长签名盖印，声叙会议公决，活佛允准，请为代陈政府。查清室逊政，亦由太后谕内阁与民国大员交接，并非帝后自须具名。夜郎虽小，帝制自娱，佛不具名，亦于外无嫌，慨然允之，并致昨晚鲁莽歉意。其公文旦夕即定也。谨此陈明，伏乞察核。

制树铮

删三

两天后，外蒙古自治政府准备了两份请愿的取消自治呈文送给都护使和筹边使，请求代转呈中国政府。

明令撤治

外蒙自治政府请求撤销自治的呈文，全文如下：

外蒙自前清康熙以来，即隶属中国，喁喁向化，二百余年。上自王公，下至庶民，均各安居无事。自道光年间，变更旧制，有拂蒙情，遂生嫌怨。迨至前清末年，行政官吏秽污，众心益形怒怨，当斯之时，外人乘隙煽惑，遂肇独立之举。嗣经协定修约，外蒙自治告成，中国空获主权之名，而外蒙官府丧失利权。迄今自治数载，未见完全效果，追念既往之事，令人诚有可叹者也。

近来俄国内乱无秩，乱党侵境，俄人既无统一之政府，自无保护条约之能力。现以不能管辖其属地，而布里雅特等任意勾结土匪，结党纠伙，迭次派人到库，催逼归从，拟行统一全蒙，独立为国，种种煽惑，形甚迫切。攘夺中国宗主权，破坏外蒙自治权，于本外蒙有害无利，本官府洞悉此情。该布匪等以为我不服从之故，将行出兵侵疆，有恐吓强从之势。且唐努乌梁海向系外蒙所属区域，始则俄之白党，强行侵占，拒击我中蒙官军，继而红党复进，以致无法办理。外蒙人民生计，向来最称薄弱，财款支绌，无力整顿，枪乏兵弱，极为困艰。中央政府虽经担任种种困难，兼负保护之责，乃振兴事业，尚未实行。现值内政外交处于危险已达极点，以故本官府窥知现时局况，召集王公喇嘛等屡开会议，讨论前途利害安危问题，冀期进行。咸谓近来中蒙感情敦笃，日益亲密，嫌怨悉泯，同心同德，计图人民久安之途，均各情愿取消自治，仍复前清旧制，凡于扎萨克之权，仍行直接中央，权限划一，所有平治内政，防御外患，均赖中央竭力扶救。当将议决情形，转报博克多哲布尊丹巴呼图克图汗时，业经赞成。唯期中国关于外蒙内部权限，均照蒙地情形持平议定，则于将来振兴事务及一切规则，并于中央政府统一权，两无抵触，自与蒙情相合，人民万世庆安。于外族共和，共享幸福，是我外蒙官民共所期祷者也，再前订中蒙俄三方条约，及俄蒙商务专条，并中俄声明文件，原为外蒙自治而订也，今既自己情愿取消自治，前订条件当然概无效力。其俄人在蒙营商事宜，将来俄新政府成立后，应由中央政府负责另行议订，以笃邦谊而挽利权。

十一月二十二日，徐世昌以大总统身份发布明令，接受外蒙自治官府的请愿。令云："核阅来呈，情词恳挚，具见博克多哲布尊丹巴呼图克图汗及王公喇嘛等，深明五族一家之义，同心爱国，出自至诚。应即俯如所请，以顺蒙情。所有外蒙博克多哲布尊丹巴呼图克图汗应受之尊崇，与四盟沙毕等应享之利益，一如旧制。中央并当优为待遇，俾其享共和之福，垂于无穷，本大总统有厚望焉。此令！"

功德圆满

徐树铮不同于陈毅的，是他懂得用权术来处理外蒙问题，针对王公、喇嘛和活佛的弱点各个击破。他在十月十八日给北京政府的电报中，把他的权术说得非常清楚，该电全文如下：

北京西北边署，〇密。抄呈大总统、国务院、段督办、各部钧鉴：

巧电计蒙鉴核。外蒙撤治事，意见纠纷，久议未决，今乃不附条文，慨然而定，殊为始料所不及。查此案陈护使往复磋议，已历半载，其中烦琐诸点，参夺呈部调查案可知。而联络商蒙，奔走诱说，恩李各副使劝导外路王公，功劳均不可泯，枢府计已鉴及，无庸树铮代为告叙。

查王公辈首鼠两端，欲争回喇嘛已侵之利权，则一面向陈使具请，又恐为活佛所害，则一面又声言不愿撤治。喇嘛辈凭借活佛，招权纳贿逼人，恐撤治后失其所依，则蔑王公之葺弱，力蛊佛听，俾担允行，而外仍饰词。自树铮到库，察知此情，遂阳与喇嘛示好，俾相信附。树铮领兵之人，又与高团连成一气，威望具矣，自为喇嘛所趋，谓可借以抵陈使而制王公也。王公辈见喇嘛有恃，愈不得不坚附陈使以自固，不虑再有涣散。树铮乃得一意搏浣喇嘛，舔之以恩，则好语绵绵；临之以威，则词棱霍霍，俾其形神颠倒，莫知何意。然后猝入本题，责以蛊佛逢恶之罪，并斥王公迟回却顾，不知利害。树铮借国钱，秉督办神猷，手握重兵，恐喝无智无力之蒙人，譬扬刃以吓家儿，丈夫所羞出。徒以案久不决，国家将有损威失重之虞，遂不惜出此下策。前电布置略定，即指此而言，不图侥幸一发而中也。然非陈使操纵巧妙，即有策亦属无隙可乘；非高团军队坐镇在先，即有威亦难仓卒使成。是事功之立，全出陈使高团之力；树铮经营擘划，尽在日后，未尝注意目前，何敢引为己幸也。迭次电文稍有不满陈使者，比因院电别有感触，故何愤激之词，非与陈使有所芥蒂，统祈核谅。

制树铮

巧（十八日）二

十九日，还发给国务院一个电报：

北京国务院钧鉴：

治密。删电敬悉。承奖，惭无以副。现与蒙官府商定，不用条文，先请撤治。陈恩李三使，均极赞同，前电计邀钧察。连日上陈电语，不无激烈，比因别有感触，不觉夹杂在内，钧院德量含宏，犯而不校，尤深愧谢，仍盼代陈，并抄转段督办及各部鉴及。

制树铮

谏（十九）

载誉凯旋还京

徐树铮的筹使署总务厅厅长王荫泰，在外蒙撤治谈判中也出了不少的力，不过他的贡献不能见于官书。据说哲布尊丹巴有一位弟媳妇是当时库伦的活跃人物，人还长得不错，由于她能常常接近活佛，所以在政治上便颇有力量。王荫泰当时算是一个美少年，又是徐筹边使身边的红人，所以这位蒙古贵妇和王之间便传出了罗曼史，而传说徐且令王透过这位活佛的弟妇向活佛活动撤治，活佛最后同意撤治，最大的影响力还是他这位弟妇的劝告。

大功告成后，小徐要返北京复命，十一月二十日行前特别演剧招待蒙古官民，有电报告北京政府：

北京西北边署。〇密，抄呈大总统、国务院、段督办、各部钧鉴：

树铮现定明早启程还京，蒙官府多员到署送行，颇向树铮作亲切恳挚之谈。晚间邀请蒙官及各使，又各军队连长以上官佐快宴，仍以演剧娱宾，并合街通告，撤去卫兵，无论汉蒙商民，贵贱贫富，概许径入。见观剧者至形拥挤，树铮当众宣言，本晚之聚，所以庆祝蒙疆撤治。久闻活佛官府反各路蒙旗，抱定此意，今竟不待商酌，决然行之，具见爱国之殷，爱蒙之切。而以送呈之责，责之鄙人，是鄙人之于此事，关系极切，故庆祝尤虔。为国家及蒙疆庆，为惠临诸君庆，且为己身庆也。复致谢到此廿余日，诸荷爱勉。鄙人现在所欲考察，佐将来施设之事，均获指以南针，俾后日得循率而行，尽我棉力，是诸君之赐，不仅鄙人一身，而鄙人乃适当其冲也，是以敬谢之。诚以鄙人到此未久，而各方士夫，相遇极欢，俨同旧友，匆匆南旋，尚有走别未晤者。虽不久辄将复来，而快愉究难自示，想惠临诸君，亦有同此感者，别后当函电相讯，不能寂寞也。树铮言此，重在第一意，当蒙人之赞其自请，蒙既安心，而无论何人开放入览，计必有各国谍者混入其中，可为我国代播也。谨此陈报，统祈钧察。

制树铮

哿（二十）二

小徐是十月二十九日抵达库伦的，十一月二十一日动身回北京，二十四日荣耀而凯旋的抵达北京首都。在他一生中，这是最光辉的一页成就，仅仅短短二十二天，他不费一兵一卒，一枪一弹，完成了外蒙重归版图的工作。

小徐返京后，除了向北京政府报告，同时有电报报告在上海的国父孙中山先生（十一月二十四日）。国父也于二十六日回电祝贺他的成就，略云："比得来电，谂知外蒙回心内向。吾国久无班超傅介子其人，执事于旬日间建此奇功，以方古人，未知熟愈？自前清季世，四裔携贰，几于曰蹙国百里。外蒙纠纷，亦既七年，一旦复归，重见五族共和之盛。此宜举国欢欣鼓舞者也。"

这个贺电，还引起了党人凌钺的抗议，国父批复："徐收回蒙古功实过于傅介子陈汤，公论自不可没。"实则自本年七八月起，段系已逐渐和国父趋于接近。因为在北方，直皖两系，正逐渐壁垒分明，而在南方，则国父久为桂系所排挤。直桂既已联盟，则段系和国父接近，是极其自然的。

梁士诒也有贺函给小徐，内云"冒雪北征，保国安边，苦心远识，令人倾倒"云云。

专责治蒙

十一月三十日，国务院会议裁撤库伦都护使署，调都护使陈毅为豫威将军，外蒙事务交由筹边使署全权处理。十二月一日北京政府明令派徐树铮督办外蒙事宜。二日特派徐树铮为外蒙活佛册封专使。副使为恩华、李垣。十五日段祺瑞率领高级军官百余人在保和殿举行欢送大会。十六日徐世昌在怀仁堂召见，命他携带七狮金印，授给哲布尊丹巴。

册封活佛的全文是："外蒙古博克多哲布尊丹巴呼图克图汗，赞助取消自治，为外蒙谋永久治安，仁心哲术，殊堪嘉尚，着加封为外蒙古翊善辅化博克多哲布尊丹巴呼图克图汗，以昭殊勋。此令！"

十二月二十七日，西北筹边使兼册封专使徐树铮抵达库伦。这次来蒙因为是册封专使，所以受封外蒙官民的热烈欢迎，外蒙官府喇嘛以及军商绅庶都郊迎十里，库伦百姓夹道相迎，街肆一律悬旗致庆。

九年元旦举行册封典礼，册封大员都从二十九日起，先期斋戒三日，表示重礼而尊佛。元旦这天的册封大典举行；庄严而隆重，小徐志得意满。北京政府并于这天发表明令授徐树铮勋二位。

于是，徐树铮便展开他的抱负，悉心治理外蒙古，为了争取蒙人的信心。他一到蒙就命令在外蒙经商的山西人要和蒙人诚实交易。原来那时外蒙的贸易，多是掌握在山西人手中，山西人常利用赊账方式来引诱蒙人，就是不要现款交易而把他们喜欢的东西先买去，规定一个时间归还，蒙古人因为可以不用现款即可取到其喜欢的东西，于是需要的也买，不需要的也买，山西商人因此生意鼎盛；蒙人交易都是用羊代替货币，如果价格议定了是一百头羊到了年底偿还期届，山西商人就到蒙人那里去牵走一百四十头羊，蒙古人问为什么要多牵走四十头羊呢？山西商人说："羊是要生小羊呀！当时的一百头羊，现在多生四十头不是很公道吗？"蒙人老实，一想也有道理，就给他们牵去，其实这是不合理的，一百头羊不需要喂养，不到一年，要增加四十头羊的利息，实在是欺负蒙古人。徐树铮一面勒令山西商人不许如此盘剥，又令蒙人不得赊欠，免负担重利，即使赊欠，也不许到付账时支付或索取额外的羊只。

同时徐还设立边蒙银行，总经理是李祖法，发行的钞票是以骆驼队为图案。并且在可以种菜的地方种植天津大白菜。在此以前，外蒙根本没有蔬菜吃。为了开发外蒙地下资源，徐并特从德国聘来一位化学教授巴尔台从事长期的调查，以拟就开发计划。

倘若徐树铮专心一志治理外蒙，以他的才华和魄力，不消几年一定有大成就，可惜他志不在此，心有他属，所以不久情形又变了。

徐树铮、靳云鹏门争目击记

薛观澜

民国初年段祺瑞手下有哼哈二将，即：靳云鹏与徐树铮是也。二人皆段之门生。清季即皆在段幕当要职。靳云鹏山东济宁人，乃小站陆军兵官学校炮兵科毕业，当时校长即段氏。宣统年间靳随云贵总督李经羲赴滇，任云南讲武堂堂长，辛亥年改任段氏之第二军总参议，从此一帆风顺，由第五师长而山东督军，而陆军总长，遂登阁揆之席。

徐树铮江苏铜山人，有奇才，段任江北提督驻节清江浦时，徐上万言书，段大悦，聘为家庭教师，以授骏良（段之子）。徐怀大志，赴日学习军事，归后即任段之第二军总参谋，权倾一时。鼎革后佐段氏为陆军次长与国务院秘书长。因其锋芒过露，久不得迁，最后获任西北筹边使，稍伸其志。故论官阶则靳高于徐，若论威权则徐大于靳也。

按民初历届总统之中，袁世凯、徐世昌皆厌恶徐树铮，当年袁项城欲免徐职，段竟当面与袁顶撞，生平只此一次。嗣后徐世昌免徐之职，立即引起直皖战争。黎元洪尤恨徐入骨，徐会硬拉黎元洪之手，使其盖总统印罢免内长孙洪伊。冯国璋则畏徐如虎。民八，待靳组阁得段保障之后，冯始敢进京。唯段合肥对徐，始终宠信磐桓，“不可一日无又铮”（徐字又铮）。观澜常说，吴佩孚目无曹锟，夏寿田事事迎合袁世凯，杨宇霆只知服从张作霖，唯有段祺瑞与徐树铮之关系，基于段知徐之忠悫，故能彼此内心合作。徐之敢言敢做，如下所述，颇多骇人听闻者。靳（云鹏）王（揖唐）之辈何能办此！

段公馆里两位师爷

靳云鹏魁梧奇伟，方面大耳，眇一目，人称“靳瞎子”。此人高视阔步，满身骄气，仍有清季官僚结习。老段荐渠为国务总理时，曹锟与张作霖正在联合倒段，盖曹张二人都想做副总统，皆不能通过于安福系国会，因此遗恨于段。靳云鹏当时既慑于直奉两系之实力，又与老段政见不合，故为环境所逼，渐与安福系为敌。

徐树铮身材不高而微胖，肤色白皙，体格壮健，两目眯盷，双手如棉。徐又恂恂儒雅，无官僚架子，丰神明秀，喜与文人为伍。平日发音甚轻，口才极佳，他视僚属如子弟。观澜忝掌记室，他还教我诗词昆曲，一切推诚相见。但是他办事积极，时或锋芒逼人，此因处在末流虚车的浊世，欲求生存，不能不讲纵横捭阖的一套。他在周游列国之后，曾经自我检讨一番，他的锋芒实已荡然无存，然在直皖战争之前夕，他是段系中之激烈派，靳云鹏则为温和派的首领。由于当时时局动荡不定，激烈派一旦失利，温和派即告抬头，故靳徐二人斗争甚烈，永无停息。

民八，北京府学胡同段邸，实为太上政府所在地，此时靳任国务总理，不能见谅于段。徐任西北边防军总司令，乃徐一生最得意时。此一段时期，靳徐二人天天到府学胡同，靳见段在下奕，即悻悻然退出。徐见段在下奕，每在一旁观棋，伺机进言于段。段固视靳如学生，并不客气。视徐则如家人，“又铮！又铮”不绝于口。段夫人亦不避靳徐二人，呼为“靳师爷”“徐师爷”，十分亲热。

参战督办太上政府

澜按冯国璋与段祺瑞失和，由于广州护法政府之成立，当时北政府方面，段欲诉诸武力，冯则主张议和，此即北洋军阀分裂为直皖两系之契机。观澜以为段之征湘，无可非议，良以湖南为北方之门户，当时北京政府绝不能容其落于南军之手。段之错误在于取消张勋复辟之后不能迎黎元洪复大总统职，而其更大错误则在废止旧约法而召集新国会，祸国殃民，莫甚于此。盖段氏征湘之举，实无异吞一炸弹，吴佩孚以区区师长反抗中央，竟在前线与敌媾和，使段不得不辞首揆之职。无何，徐树铮情急智生，他并不请示于段，即潜往关外，与关外王张作霖促膝而谈，愿以步枪二万五千支为寿，关外王大喜，徐遂亲率奉军入关，且任奉军副总司令。段大吃一惊，召徐至京，痛骂一顿，然在皖系此举实一还魂金丹，段之威望，由是而告恢复矣。至民七年三月二十三日段再组阁，以靳云鹏为陆军总长，由于徐之反对，不能到部办公。段以张志潭为国务院秘书长，张有“北方才子”之称，系靳唯一助手。由于徐树铮能操纵安福国会，张志潭遂不得通过，结果徐荐其属员方枢为秘书长。

民国七年秋，徐树铮所一手包办之安福国会推出徐世昌为大总统，段欲推举曹锟为副总统，但奉张表示反对。徐世昌亦授意旧交通系梁士诒周自齐等，欲留此席以畀南方领袖岑春煊，段遂不能履行前约，是为直皖战争之伏线。东海既任元首，冯（国璋）段（祺瑞）乃约定同时下台，唯段仍任参战督办，对内可调动军队，对外可直接借款，关于参战事项，不必经过府院，故有“太上政府”之称。段在暗中进行个人建军运动，利用日本军械借款以训练参战军，前后成立三师，以曲同丰、魏宗瀚、陈文运为师长。翌年改称边防军，又以徐树铮为西北边防军总司令，成立四混成旅，号称精兵，段欲借此为武力统一之资本。

督军索饷无法无天

唯徐世昌上台后，即公然主和，同时督军团亦改变作风，专以索饷为事，以致无人敢做国务总理。当时武人索饷之手段，形形色色，曹锟仅索五十万元，其弟曹锐以茶碗怒掷靳云鹏。张作霖则巧立名目，威吓财部，在京扣押库藏司长李光启。靳云鹏因索饷三百万元殴击财长龚心湛，龚为皖系之粮台。吴光新以一张牌输去二十四万元。皖督倪嗣冲与吴光新推牌九，倪氏竟以“天九”吃吴之“天杠”，此款即在吴之军饷项下扣除之。张作霖最喜打牌，因靳云鹏每赌必输，输后可在交际费项下出账者也。

龚心湛以财政总长代理国务总理，因无法应付索饷之风潮，坚欲辞职。于是徐树铮天天坐在国务院中，不让龚辞。延至民八年九月一日袭氏上辞呈，当日曹锟与张作霖即分头保举靳云鹏继任，此乃皖系最不景气之时节，奉直两系正在联合倒段。徐世昌与冯国璋亦在合力反段，吴佩孚则在前线请撤兵。由于当时学潮余波未已，全国不满于段，段因锐意训练边防军，故作让步如次：一、邀请冯国璋进京，段并不反对举冯为副总统。二、令曹锟约束吴佩孚。三、以靳云鹏为总理。

按靳云鹏与张作霖为儿女亲家，此乃綦关重要之因素。曹锟又为靳之弟子，靳与吴佩孚王占元同乡，靳之得力助手张志潭系直隶丰润人，亲直系而恨徐树铮，靳之目的为团结直皖两系，进而促成南北双方之和议。由于直奉主和，故靳有一套全国名流圆桌议和之计划，盖靳只重武力，故一面结纳张作霖，一面敷衍曹锟，而对段则貌合神离，以为段氏欲保人望，非去小徐（指树铮）不可。靳尤看重吴佩孚，吴最反对西原借款与以王揖唐为北方议和总代表。当时靳为吴佩孚之应声虫，故对引起直皖战争，靳云鹏要负相当责任。

章太炎大骂靳云鹏

徐树铮雄心虎虎，早有改革北洋军队之计划，用是大刀阔斧，借外债、练新兵。按其计划乃以武力统一全国为经，而以取缔派别斗争为纬，一经一纬，实以力捧段祺瑞为最大前提。就予所知，徐最藐视曹锟与靳云鹏，而夙器重杨宇霆与吴佩孚。伊尝念念不忘于欲杨宇霆脱离奉军而为己所用。伊尝力争于段，应以湘督一席畀吴佩孚，不应任命“巧言令色”之张敬尧。民七徐至衡阳见吴佩孚，认他是“真正打手”。归语于段，段则以“太老师”资格，视吴蔑如也。唯吴后来以下犯上，以敌为友，徐亦认为此风断不可长。徐且认为靳云鹏以首揆地位，公然响应吴佩孚，此乃叛师卖友之行为。靳云鹏实为段氏所一手提拔者，渠任国务总理时，仍兼参战督办公署训练处处长之职，因与该署参谋长徐树铮不协，请辞处长，段不准。一日，西北筹边使以咨文一件送往参战公署，落于张志潭手，张是靳云鹏的内线，原封不动呈上段督办，段见来牒是平行的咨文，跳起脚来大骂徐树铮。徐速赶来，段乃拒诸门外，徐诚惶恐，特召倪嗣冲从蚌部进京，为彼解围。此乃靳徐斗争之高潮。厥后靳荐张志潭为国务院秘书长，安福国会向来支持徐树铮，张遂不得通过。靳愤甚，扬言解散国会。靳实无此权力，不过负气而已。徐闻之，即自库伦赶回作护法宣言，意在掀风作浪，不利于靳，桴鼓相应者有当世朴学大师章太炎，章氏以通电骂靳“捣乱国会，擅签中日军事协议，以日本军官训练参战军……误国之罪，浮于诸子。”实则章所攻击者，岂靳一人之罪哉。

徐树铮威震外蒙古

靳阁原定周自齐为财长，因周不能通过国会，只得改用李思浩。靳恐张作霖反对，特以阁员名单示张，求其谅解。徐树铮闻之乘机进言于段曰：“翼青（云鹏字）太不尊重法律，他把阁员名单先求军人同意，这是违法而又不近人情，教后来做总理的怎么处？”此话搔着处，段听了大骂靳云鹏，段说：“此例万不可开，我不许他这样胡闹。”从此，段端着老师的架子，靳只能悻悻然忍受之，这是观澜亲眼目睹的官场现形记。

澜按：章师太炎对于西北地理历史，了如指掌，故在民初，袁项城会特任章太炎为西北筹边使，章师欣然就道，抵库伦，大受都护使陈毅之奚落，怏怏而归。现今徐树铮又以西北筹边使名义远戍外蒙，当时靳云鹏以为徐氏能远离北京，总是好事。又想徐赴外蒙实与充军无异，其愚不可及也。矧于此时外蒙已宣布自治，且与北京政府脱离关系，徐之失意，无待蓍蔡矣。讵料外蒙之行，适予徐氏以翻身机会，盖徐不动声色，突以军用汽车数百辆，载军由张家口径驶库伦，浩浩荡荡，蔚为奇观。维时外蒙王公从未见过自动之汽车，今见疾驶如飞，大军猝至，莫不面面相觑，气已馁矣。但徐从容下车，宽带轻裘，未服军装，随从官员只有褚其祥、王荫泰、宋子扬等寥寥数人，徐则满面春风，与蒙古王公掬诚相见，宛若素识，毫无架子。于是；紧张空气，一扫而空，外蒙之人齐声欢呼，愿受安抚，唯命是从。此非徐之故意做作，盖徐个性如此，徐之丰度如此，实在边疆方面立下大功。是故中山先生称许徐树铮与许世英为段幕中之巨才。澜按：民国八年十一月十七日外蒙古取消自治，吾国政府若能继续施行怀柔，何致以外蒙断送于苏联乎！

红得发紫的筹边使

先是，徐以西北筹边使兼任西北边防军总司令，徐所要求，简述如次：一、发行边防公债；二、蒙、新、甘、陕边境，一概归徐节制；三、创设筹边银行；四、开办垦牧公司。又仿四省经略使曹锟先例，授徐银质狮纽大印，重二斤有余。又仿东三省巡阅使张作霖先例，由徐组织庞大行署，张作霖见徐排场大极，羡慕之至，遂请段发表渠为东北边防军总司令，与徐之西北边防军总司令遥相辉映。澜按：外蒙取消自治后，北京政府下令，命徐督办外蒙事宜，畀以全权。徐善领兵，军纪甚佳，西北军共有四个混成旅，徐在外蒙驻军二混成旅，旅长褚其祥与高在田。尚有两个混成旅，仍驻廊坊洛阳，用以监视曹锟与吴佩孚。

民国八年徐树铮威镇库伦，仲冬之月回京一行，顿成天之骄子。一日，愚在府学胡同伴段下奕，得见徐穿浅蓝色上将制服，帽缀白缨，自库伦回京谒段。徐仍儒者气息，并无威猛之姿，此番段对他十分客气，停奕与他长谈，此乃从来未有之事。按徐与库伦都护使陈毅不能合作，靳云鹏致函于徐，内称“边境之事，既由陈使主办，请筹边处在旁协助，勿引纠纷”等语。徐乃对段大发牢骚，徐说：“翼青来函用‘执事’二字，太瞧不起人。”段加以慰藉，一星期后，即循徐议将库伦都护使裁撤，同时段用压力使靳对徐前倨而后恭。徐将回库偷，段亲率军官百余人在保和殿举行“欢送徐筹边使大会”。此时徐树铮红极，徐世昌总统在怀仁堂召见，赐以金表与大礼服，命他带七狮金印，转授活佛。徐树铮求将赴库官兵照关内饷加四成发给，徐世昌当面批准。

吴佩孚是最大本钱

此为徐树铮一生最得意时，靳云鹏则垂头丧气，表示消极。此因段以参战督办名义批阅各省军事要电，使阁揆形同虚设。民九年元旦，下令赞扬段祺瑞参战之功，亦非靳所愿意。当时湘人驱走张敬尧，汴省武人亦有反对赵倜之表示。段命靳内阁发表吴光新督汴，徐世昌却拒绝盖印。徐盖同情直系，逐渐不受段之调度，使靳更难应付。尤其“军师”张志潭反皖，环境使靳与直系结合，靳最重视吴佩孚，吴亦反对以吴光新为河南督军，诚恐其归路被阻塞，故吴提前撤防，隐为直皖大战之导火线。段对靳云鹏不发表吴光新督豫命令，大表不满，靳遂辞职。徐树铮主张以遗老周树模代靳，唯曹锟与张作霖暗中支持靳阁，靳又销假视事。

澜按：西北边防军之成立，是曹锟、张作霖对段氏离心之契机，亦即后来直皖战争之根由，直系想趁边防军三师与西北军四混成旅训练未精而摧毁之。张作霖最贪，奉系乃看中皖系从德日两国采购之枪炮，垂涎已久。至民九年春，曹张联合倒段之势已成，只待打硬仗的吴佩孚回来。先是张其锽奉谭延闿之命说吴佩孚于零陵，吴暗中已与湘军约定，等候湘军接收其防地。段乃致电责吴曰：“该师长军人也，服从为军人天职，然，尔将何以驭下？”五月吴佩孚从衡阳撤兵，回至保定，即在京汉在线部署战事。据予所知，吴师数月未发饷，吴佩孚初因开拔费无着落，有难色，广州军政府爰于一月三十日议决先拨三十万元，接济吴之军饷，尚有三十万元，俟吴开拔离湘时发给。直系此类作风，令人深颦太息！曹锟说："子玉是我最大本钱。"但同僚却皆呼"吴傻子"，轻之厌之。吴本风流，今变道貌，绝嗜好、避赌博、军纪佳、治军严，吴既回来，曹乃组织八省联盟，使靳阁不安于位。徐世昌遂以海长萨镇冰代理国务总理，但靳底缺未动。

直皖大战终于爆发

张作霖以调人自居，暗在"京奉""津浦"据点增兵布防。张问曹锟曰："三哥！边防军兵力比你大，械精饷足，你有把握吗？"曹最天真，张最狡猾，曹答："子玉说有把握，就是有把握，好在咱们俩打他一个。"实则此时奉军尚不堪一战，皖系实在败于吴子玉一股傻气。是年六月十九日张作霖应徐世昌之召至京，他的胆量我们不能不佩服，他到府学胡同谒段，段提"徐树铮、吴子玉同时免职"之建议。唯张作霖所言，全部偏袒曹吴，段不能忍，最后暗示"你得早出京，莫干预我事"。先是，徐树铮竭力主张，乘张来见，加以处置，段坚持不可，徐说："此时已非打不可，宋襄公之仁，适足偾事耳。"段仍不许。故段送张作霖，直至大门口，张亦引以为异。段虽内心忿极，一路走在张前，以体翼卫张作霖。此时我在北京，知道得很清楚，我以为徐计可行也。

徐世昌见直奉两系已正式结合，遂循曹张之要求，下令免徐树铮职，改任远威将军。段大怒，由团河入京，在将军府召集紧急会议，逼徐世昌下令免吴佩孚职，曹锟革职留任。于是曹、张、吴三人联名宣布段之罪状，并请日本严守中立，段乃组织定国军，自任总司令，徐树铮为总参谋长。七月九日奉军开始派兵入关，十四日直皖战争爆发，皖系兵力本甚雄厚，计有边防军三师，西北军三混成旅，又第九第十三两师。段以宿将段芝贵为前敌总司令，守中路，此乃重大失策。以徐树铮指挥东路，在杨村一带抗奉军。以曲同丰指挥西路，在长辛店一带拒吴佩孚。此皆战略错误，轻重倒置。诚以张景惠之奉军最弱，若以皖系最强之徐树铮力战直系最强之吴佩孚，双方皆发炮，则胜负之数未可预卜。结果徐无用武之地，西北军之重炮尽落奉军之手。

奉直联军进驻南苑

双方接触之后，徐树铮在东路节节胜利，据廊坊、占杨村。西路则吴佩孚抱速战速决之心，将山炮密布第一线，曲同丰在涿州高碑店之间被围，吴大醉，冲进司令部，生擒其师曲同丰。于是皖系主帅段芝贵未赴前方即逃走，奉直联军进驻南苑，最后徐亦不支，皖系全亡。后之冯玉祥所率官兵即为西北边防军之化身，所以乙丑年我在廊坊被囚，冯部非但未下毒手，反而处处加以回护。

战事结束，靳云鹏踌躇满志，复任国务总理。徐树铮逃入日本使馆，旋赴上海进行“孙段张”三角同盟以倒曹、吴，恩恩怨怨，可称徐树铮毕生之杰作。至民十四年底，徐氏同观澜至北京吉兆胡同晋谒段执政，段徐密谈三日，徐双目尽赤。今且回溯直皖之战结束后，段祺瑞仍居团河，不肯逃走，硬是好汉。曹、张既得胜利，遂举行天津会议，国务总理靳云鹏与两湖巡阅使王占元亦并加入会议，张作霖神气十足，他在开会前手指吴佩孚而问曹锟曰：“这是何人？”此时直奉双方正在分赃，已有化友为敌之意，能无令人咋舌乎！

天津演出“群英会”

吴佩孚瞪大眼睛，以战胜者自居，好像《华容道》一剧之关羽，他主张迁段于汤山而优礼之，段寻赴津。张作霖则发言最多，精神抖擞，以举足轻重自况，活似《辕门射戟》之吕布。于是苦了曹锟，忙对双方作揖打躬，正如《黄鹤楼》之刘备。张作霖气极了，他说：“没有我，叫吴子玉跟徐树铮比比看！”他对记者说：“吴是区区师长，全国有百十个，我只能与曹商谈大事。”张作霖又对日本记者说：“吴佩孚主张召集国民大会，我不能让他胡闹。”最后奉张攒眉不快，对曹锟说：“三哥！子玉今天一个建议，明天一个主张，你要约束他少开口，少出锋头为妙。”曹锟唯唯，私下关照吴佩孚镇静些。当日报端载称天津会议为群英会，毫无疑问地这是一出好戏。但奉张是主角，曹锟配角，王占元扫边老生，吴佩孚耳子武生，靳云鹏是蒋干，因彼亲奉，被直隶省长曹锐辱骂一场。他本属皖系，结果则院系大受其累。又按张作霖之女嫁与曹锐之子，这是一出《探亲相骂》。不久靳母做寿，靳点第一须生余叔岩演《打鼓骂曹》，直系分子大表不满。厥后王占元因武昌兵变而被逐，吴佩孚继任两湖巡阅使，就此打破直奉两系之均势。至吴佩孚反对奉张所支持之梁士诒内阁，则直奉之战箭在弦上矣。

靳云鹏一生受知袁世凯

安可仰

靳云鹏是山东济宁人，右眼外斜，时人以“斜眼”呼之而不名。星相家说这是大贵之格。他是袁世凯小站练兵的时候，在山东招募的一个“备补兵”。靳氏有屋漏不欺的精神；又碰着了个喜欢观人于微的长官，既无幸进，也无越级，一步一步的，登峰造极，官至国务总理，为近代历史上，绝无而仅有的一个例子。其恒毅坚忍的本色，可作行伍楷模；愚忠戆孝的故事，更是传为佳话。

四口的家庭安贫知命

在当年“募兵”制度的时候，有句谚语是：“好男不当兵。”什么是“好男”呢？就是那些有地位的、有饭吃的、和不受人卑视的、不受人欺压的人……。反之，不识字的、无恒产的、贫苦的，自然是受人卑视、受人欺压、凌辱的了……，而这些也都是属于可当兵之列。没有投军以前的靳云鹏，也就是不折不扣地属于可当兵之列的。

清末，平均地权，虽经国父手创，那时候却并未实施，始终是耕者无其田，而有其田者不能耕。贫无立锥的“坏”人，就是有其田者的奴工。他们胼手胝足，辛辛苦苦，常年小心谨慎，祝祷着不要遭到辞退或解雇。每日、每年、或终身所求者，唯有一饱。世袭贫穷，归于天命。

靳云鹏，世贫、少孤，老母、幼弟、弱妹，四口人的家庭，两个人吃闲饭。幼弟云鹗，就是后来官拜上将、屡膺封疆的靳荐帅（云鹗字荐青），幼时有膂力，推小车沿街卖水及代人搬运货物，一天劳力，一天果腹。云鹏学的是染布匠，有很少的资本，简单的设备，除了个人温饱外，还可以事母赡妹。知命安贫，相依为命，本可以平平静静地活下去，但是他们一家人，乐善好友，来往的人，都是穷朋友，吃吃喝喝，借借补补，经常不断。当染匠哪有余钱呢？就把代人加工的布卖了，帮助了朋友。这已经是无可挽救的纰漏；谁知福无双至，祸不单行，二弟云鹗的小车，载着两大木桶水，走在那坎坷的石头路上，振动喷溅出来的水，打湿了过路人的衣衫。这人是谁呢？是当地缙绅孙尚书的儿子，穿的是冠纱长衫，手执羽扇，随行健仆两人，看见主人衣衫被污，不由分说，将云鹗拳打脚踢，揍了一顿，并且说："小心你的狗命！"说完扬长而去。云鹏正在为自己的纰漏发愁，再看见弟弟受此侮辱，乃决定三十六计，走为上计。

在烟台制煎饼卖豆腐

兄弟俩用小车载着母、妹，力大无穷的两个壮汉，披星戴月地潜至济南县，决定重操旧业，求个温饱。老大各处张罗，代人加工染布；老二仍就原有小车推水，本可以维持生活。想不到，老二在济宁被长衫的权绅打了一顿以后，刺激过深，余悸犹存，第一天推着小车出街，就看见了很多穿长衫的人（省会所在地，穿长衫，就是常礼服），都是昂头阔步，威风凛凛，认为随时都有招祸挨打的可能，吓得掉头就跑。回到家里，誓不再作卖水生意。同时，云鹏也犯了神经衰弱的病。因他在济宁，就有"斜眼染匠"的雅号，到了济南，顾主们仍均以"斜眼染匠"呼之。叫者无意，听者有心，本是有卷逃前科在案的人，忽然间有人喊他，禁不住毛骨悚然。于是再作计议，仍以迁地为良。家庭会议决定，到关外（山东人叫下关东）卖苦力求生。

徒步走或是坐风船下关东的，烟台是必经之地。他们母子一行四人，到了烟台，找了个鸡茅店住下，靳老太太看了看烟台的情形，居然变更计划，不再前进，就拿出她的看家本领，自制小米煎饼、黄豆豆腐出售，竟然大发利市，供不应求，除温饱外，且有余钱。靳老太太豁达慈祥，街坊邻居，一致称赞，在隔壁旅店里，驻着个招兵委员，最爱吃她的煎饼和豆腐，看到靳氏兄弟，孔武有力。就说："为什么不去投军，可能博个一官半职，也免得被人欺侮。"这就是靳氏兄弟投军的动机。

勉强准以备补兵入伍

受尽了肮脏气的靳氏兄弟，蓄意投军，原非一日，但以老母幼妹的生活问题为虑，现既受到鼓励，乃决定报名投军。隔壁旅店的招兵委员，自然准予报名。可是到了"总招募"点名复核时，给靳的批谕是："五官不正，着即除名。"靳在懊丧之下，恳求原来委员帮忙，极力再保称："靳除眼斜外，体力品格都好，且督帅（袁世凯）对于山东新兵，特别好感，拟请一并带至小站一试。"

当时的袁世凯，对于新兵，必得一一过目。当点名点至靳云鹏时，对他的籍贯、体格均表满意，唯对眼斜，似有惋惜。再三咨嗟之下，决定准以"备补兵"入伍。备补兵是不出操、不上讲堂的，但马厩、厕所的扫除，移污抬重的负荷，都是他的专责；残羹剩饭，是他的享受。当一辈子备补兵，最好的不过补个伙夫；能成正式兵者很少。

云鹏当了备补兵后，他就老老实实地执行他的勤务，直属长官及有关同事，都称道他勤朴不伪。那一个专喜窥察隐密、观人于微的北洋大臣（袁世凯），每有暗巡，不论任何笨重肮脏的事，靳总是从容踏实、毫无厌烦地去做。稍有休息，就手捧《孟子》一本，反复默诵。经年暗巡，经年皆然，袁已大起注意，而靳不觉也。

百发百中成了神枪手

有一天，靳云鹏的棚头（现在的班长）跑来，拍着他的膀子说："老靳，给你道喜呀！大帅的手令，已下达营部，提升你为正式三等兵……"

从正式兵当起，每日的操场、讲堂，靳都有很好的表现，这是意料中事；最惊人的事，每次打靶，百发百中。因为瞄准时，必然瞑左目，睁右目，以求中心；大多数的人，对于一瞑一静的动作，往往失去平衡，毫厘之差，也就移动了中心的目标。而靳却得天独厚，不瞑而瞑的左眼，不睁而睁的右眼，气平心静，一触即发，一发即中，竟成了神枪手焉。因此，由三等兵而升二等、而一等、而副目，不转瞬而掌正目。他又有《四书》底子，对人治事，一本正经，不到半年，竟官拜准尉司务长。

这时候的靳云鹗，也去当了兵，家眷仅有母妹两人，把她们接到小站附近的一个村子里，公余、假期，回到家里团聚，享天伦之乐。每月余剩饷银，足可养活母妹。且她们都是受过贫苦，不愿安闲，仍然要做老生意：摊煎饼、卖豆腐，倒也有赚无赔，生活过得安定愉快。

公共母亲公共姑奶奶

云鹏做的是起码官，也有他的一群好朋友，更有些阿兵哥的部下。于是除了煎饼、豆腐的顾主外，还有些经常的座上客，不但吃了不拿钱，隔几天还要想办法敲云鹏个竹杠，老太太自家的鸡蛋、豆腐为基本菜外，还得添卤菜、高粱酒。他们都对老太太喊大娘，对靳妹，喊妹子，衣服破了找她们缝，袜子破了，穿在脚上，跷起腿来，就让她们补。有一次老太太说："孩子，要常洗洗脚呀，我给你补袜子，好臭呀！"这些人到底是谁呢？当时是靳的同事或部下，也就是后来的督军、大帅：如王占元、张怀芝、张怀斌、齐燮元、卢永祥、田中玉等。

招募制度的时候，本来是"坏人"才当兵的，但是像靳云鹏这样，他有骨肉的依靠，有家庭的温暖，又有老太太的慈祥豁达，虽然不是富而好礼，但豆浆、油条、缝衣、补袜的人力物力，尚不成问题。于是其他的光杆儿们谁不来亲近呢。由是，靳的家，就成了他们的家；靳的母亲，也就是他们的母亲了。

他们这一帮人，对靳老太太的崇敬和依附，不独在当兵的时候是如此，就是以后离开小站，有了成就以后，也莫不如此。无论个人或团体，遇有纠纷或争论，到了不能解决的时候，就得到靳老太太跟前去理论，一经评断，无不服服帖帖，绝无异议。老太太或有缺席，靳大妹（众人的靳大姑奶奶）马上就代理执行职务，决断能力，更胜于母，恩威有加，两造无不折服。“公共母亲”“公共姑奶奶”也好，这是在云鹏关系圈子内，人们所送的两个雅号。云鹏一天一天地发展，关系圈子一天一天地扩大，这两个雅号在小站范围内，是没有人不知道的了。

我们先要知道，靳老太太和靳大姑奶奶都是不识字的，也没有任何凭仗，不骄横、不泼辣，而竟能感动折服众人，就是由于有个品学兼优的好儿子、好哥哥，做着外在的配合，才提高了妈妈妹妹的地位和荣誉。反之，靳的四平八稳，有功无过的前进，也是因为有个好母亲、好家庭，而造成表里相符的事实。

坚定了袁世凯的信心

靳云鹏由准尉司务长，不旋踵而少尉、中尉、上尉。接着保送保定武备学堂，当学生期间，学术与操行向无出其右者。以第一名毕业后，即以管带（现在的营长）仍派小站服务。这时，虽然改变了环境，老太太和妹妹还是照作煎饼和豆腐生意。靳曾动母亲说：“儿做的官，虽不算大，衣食总没问题；你老人家，不必再做小生意，一是辛苦了一辈子，应该享点清福；一是再做穷生意，显的儿子不孝，也不好看，怎么当首长带人呢？”

老太太一听之下，勃然大怒，哼哼一声冷笑，云鹏就扑通跪下了，俯首静听老太太教训。老太太说："当了管带，忘了染匠，就是光想好看，忘了难看；教我享点福，不做穷生意，就是装着孝，实在是不孝。你这些想法，当不了好首长，做不了长远的官，少不了难看，这就是装着孝，其实是大不孝。"

云鹏大磕响头，痛哭流涕地说："儿记住了，知道了，再不敢忘了！"

袁世凯对靳家母子的纯洁正大，早已有深刻的印象，又听到了这一段感人的磨坊训子消息，更为感动，于是改扮成了一个副官模样，戴着墨晶眼镜，装成过路姿态，进了靳家煎饼铺，吃了一顿煎饼卷豆腐，谈了些直鲁豫的家乡话。他母女那副朴实无华的动作，绝不像有个管带的门户。问她有没有儿子，儿子做什么事，回答说："有，当兵呀！"

靳受袁的"知遇"，已经有年，再加这次私访考验，就坚定了他一生的信心，更知道"忠臣出于孝子之门"实在是的论。不几日，袁就将靳提升标统（相当现在的团长、中上校阶级），调营务处（参谋处）办公。靳既虔心于旧学自修，文事和韬略，都很有成就，更加上老太太的严格教训，泯除了一切的幻想欲念，唯有埋头苦干。这时候他承办的公文，大半已是北洋机要案件，袁之能知人善任，由此可见。

平平庸庸一生唯谨慎

"天下无难事，只怕专心人。"云鹏做事，竟专心到连堂堂乎的靳大姑奶奶，他的妹妹出嫁，小站的大小官员连袁世凯都知道了，而他竟不知道。其实袁世凯早就谕饬总务处，已有包办式的安排，连老太太也不让她过问。妆奁的考究，已够华贵了；所有受过吃喝缝补之恩的关系人物，应该怎么办呢？都是精心设计应用的实物，琳琅满目，自不待言。结果是，把新郎家的四合套房子，闹了个满坑满谷，仍然是容纳不下。老太太怎么表示呢？她自己做的绣花荷包一对，每个里面装上"光绪通宝"银圆一枚，作为陪嫁。后来在天津有个灯谜谚语是："靳老太太的陪送（两荷包）。"

云鹏又是什么表示呢？就是站在老太太身边，执行大舅子任务而已。

靳云鹏做一辈子官，受到袁世凯三十多年坚定不移的信任，由最低而至最高，循级而上，一步不缺，没有受过处分，没有间断起伏，以至国务总理，可以说是史无前例的人物。但他一生的事业，充其量只有说平平庸庸，按部就班而已。说得好一点，是“一生唯谨慎”罢了。他一生的伟大表现，就是段祺瑞做第二路总统官的时候，靳任总参议（即参谋长），段依为左右手。促请清朝逊位第一个通电，是段的领衔，幕后完全是靳的运用与操刀，这是他一生历史上，最辉煌的一页。再就是日寇盘踞华北的时候，他的分量和利用价值，不在吴佩孚以下，敌伪的威吓利诱，不能动其心；殷勤献媚，又难摇其志。并贴“闭门谢客”四个大字于门额，使汉奸更觉羞惭；敌人益加敬重。

四色礼物袁亲自点收

他的太夫人不识字，口头交代：“一辈子不要忘了是穷人出身；再阔了也不能娶两个老婆。”他就制成母训：“贫穷不能忘；富贵不能淫。”高悬中堂，奉行不违。这位了不起的老太太，对于“贫穷”二字，一辈子永矢不忘。袁世凯每逢请她吃饭，她必然带着四色礼物，并用礼单晋呈那是：

鸡蛋十个。豆腐四块。
煎饼六斤。卤菜一罐。

这写礼单的秘书却有妙笔，把它写成了：

吉子十个。都福赐快。
坚兵禄金，贤才一贯。

世凯亲自点收，即席大嚼，贤主嘉宾，至为感人。

靳太夫人一生不忘贫穷，固然是她的美德，但凡是与她有关系的人，不论贵到什么地位，也得一律不忘贫贱。袁世凯不是因为她能教育好儿子而崇敬她，是因为她能影响上上下下的一切人等而崇敬她。当年给靳当兵的或一同当兵的那些好朋友，虽然是日渐高贵，吃小馆打牙祭，老人家并不限制；倘或浪费，就会与靳云鹏同样地挨一顿骂。

是太穷人不是太富人

张怀斌是个很爱虚荣的，高升了旅长之后，带着护兵马弁，拿着贵重礼物，来看大娘。老太太一概谢绝，并且说："你留着这些钱，差事垮了的时候用吧；或是寄一点给你老妈妈、丑老婆花。"把个新贵旅长骂了个头晕目眩，只说："大娘！记住啦，不敢啦。"

凡是当年的穷朋友，无论高贵到什么地位，来看大娘，必然穿上粗布衣服，携带实用礼物，于是得到一句："你这孩子有出息。"

物质方面是如此，精神方面亦如此。陌生人相见，容气的称呼、行礼如仪无所谓；若是熟人相见，喊她一声"太夫人"，她就说："你以前喊我大娘，是两个字，为什么多浪费一个字喊我太夫人？浪费是小事？俺是个太穷人，乍听见一声太富人，好像挨骂。"就是连袁克定兄弟们，也是照喊大娘不误。北洋系督军团那些人物，固然都是云鹏的一把穷朋友，可是位极权高的时候，不受长官约束，不顾法令制裁，而就是怕这位目不识丁的老太太教训，这其中的道理是绝不简单的。

望阳格局乃极贵之相

靳老太太晚年，在天津定居，每年必回济宁一趟祭祖，山东境内的官吏，都是接送如仪。尤以田中玉在山东督军任内，靳老太太路过济南的场面，更是热烈和伟大。老人家到济南来，旧地重游，要到各处玩玩，最想念的是估衣市街江家池。她说："那是当年一家四口潜来济南的故居。为什么要住这个地方呢？就是江家池的水甜，利于我出豆腐，也利于云鹏染布，更利于云鹗推水卖。当初计划是很好的，可是济南市面上，穿长衫的人又太多，就把云鹗吓坏了，这才跑到烟台去了。"江家池两间小房，虽然另有人住，湫隘如昔，老人家唏嘘徘徊，不胜今昔之感！

靳云鹏到晚年，家住天津，经常芒鞋竹杖，优游于山水园林之间。有一天，和一个清癯道装的人相逢，这人自我介绍："我是个日本道士，名叫青木中吉，对人相有精确的研究？愿奉一相，不索酬。"靳即敬颔。那道士的开场白是："你先生出身寒微，位极人臣，福德相全，善始善终。中国学说，是独具'只眼'；日本相箴，为难得'望阳'。"靳的斜眼，日本相书上的专门名词是"望阳"格局，就是北面天皇的时候，不必转瞬，就可看见太阳，乃是极贵之相。青木由吉是日本的名相士大哲学家，说完相评以后，问及姓氏，才知道是靳云鹏。靳固一笑置之。而凡是研究命相的人，到今天，仍然津津乐道，斜眼是大贵之格，有例证可考。

民国一怪“冯玉祥”

薛大可

北方军阀的末期，出了两个怪物：一个是关岳自命的吴佩孚，一个是倒戈将军冯玉祥。那位吴关岳是山东一个村秀才出身，生长在孔子的故乡，读了一点五经四书，原应当以孔子自命才对；但是他在半途里做了军人，便以关羽岳飞自命，一时有关岳将军的雅号，彼亦居之不疑。可惜他那位老上司曹锟，庸碌无能到了万分，哪里比得上刘先主呢！

况且这位吴关岳，自经一战而打倒了腐坏不堪的段祺瑞以后，便虎据洛阳，高视阔步，目空一切，又招来了二次奉直战争，被倒戈将军暗中一箭，杀得片甲不留。从此以后，他便以岳飞自命，声言不投降、不走外国、不入租界。这便是他在失败以后所采的三不主义。后来，日本人占领了华北，他依旧住在北京，也不走动，也不投降，想在日本人的铁蹄之下，做一个南山射虎的故将军，终于为日人所忌，借医治牙疾的机会，暗令日本医生，注射毒针，将他送上西天。他一生作风，可称笨伯，但是硬骨头硬到底，也算是难得的了。

接见部下有特别仪式

至于提到这位倒戈将军冯玉祥，那就怪而又怪了。综其一生行径，他的坚忍刻苦，好似卧薪尝胆的越王勾践；他的倒戈反复，好似三姓家奴吕布；他的伪装伪善，好似未得志的王莽；他的阴险诡诈，好似曹操司马懿；他的“左倾”形式，好似斯大林；他的“右倾”形式，又好似希特勒。不但其一生行径，怪特之至，即其临死的一幕，亦复异常惊险，令世人发生了不少的怀疑与揣测，真不失为传奇式的怪物！

我初次与冯玉祥见面，是在他舅父陆建章宅中。我与友人顾巨六，正和陆建章谈话的时候，见一位粗眉大眼身着灰色粗布武装的大兵，昂然而入。陆建章躺在坑上，抽他的大烟，全不理会。唯顾巨六则起立招呼，并介绍云：这是冯旅长。余亦只照例点头而已。及与顾巨六同车返寓，乃语余云：这个大汉子，叫作冯玉祥，现任混成旅长，驻扎廊坊，他是陆建章的外甥，其人虽为粗鲁武夫，而肯与兵士同甘共苦，好似有作为的军人。由是，这冯玉祥三个字，稍稍引起了我的注意。其后冯玉祥驻兵南苑，张绍曾任北政府总理，冯以部属，常到张宅，我亦以新闻业务，偶至张宅，数数与冯晤谈，因此对于这个怪汉的为人，渐渐认识清楚，并听得曾与冯玉祥共事的吕钧、蔡达生，言其轶事甚详，留在后面，细细叙述。今先将冯氏舅父陆建章的为人，略说一点：

俗语云：“外甥多似舅。”冯玉祥虽不完全似陆建章，但其同为怪人，则是一模一样。陆为淮系军人，出身行伍，前清末年，曾任山东曹州镇总兵官。曹州为《水浒传》梁山泊所在的地方，向有盗薮之称，时袁世凯为山东巡抚，委陆以治盗之权，陆于是大施屠伯手段，数年之间，强盗是杀完了，但是良民百姓，也不知被杀了几万几千！由是大为袁世凯所赏，后来袁氏做了总统，便挑选陆建章做了军政执法处处长。袁氏所用的特务头子，实为赵秉钧，陆建章则为其爪牙，一时有杀人魔王之称，可见冯玉祥的怪模怪样，其来有自。

北方军阀的师旅长，无不以暗减兵数，为发财妙计，名曰“吃缺”。独冯玉祥任混成旅长时，其作风即与一般旅长大大不同。按照当时编制，混成旅称为独立旅，不受师长管辖，兵额不过四千人。而冯玉祥则私自扩充，至有六七千人之多，足见其作旅长时，即抱有非常的野心。其统率军队，利用耶稣教为麻醉工具，在其部下的将官士兵，一律强迫入耶稣教，冯玉祥在军中，便取得主将兼主教的双重资格。冯氏接见部下，有一种特别仪式，部属进谒时，先行立正，冯氏则叫口令云："你有几个父亲？"部属则答云："有三个。"冯又问云："哪三个？"部属则又答云："上帝、大帅、生身父母。"必先举行这种仪式，方可说到别的事情。这种浅薄口号，虽似乎可发一笑，然对于未受教育的愚昧士兵，亦不无几分效果。当时冯的士兵，确乎风气特别，非常服从，所到的地方，绝不骚扰百姓，与普通北军部队不可同日而语。

冯李结合两个大媒婆

冯玉祥一生披挂伪装，作伪到底，尤其出身行伍，胸无点墨，以为天下英雄，皆是小巧小伪做成的，固不足道。唯冯氏以伪装手段，施之于下级兵士之中，表示其同艰共苦之作风，往往有古名将所不及的地方。冯时常一人亲至兵士帐中，视之如家人父子，见兵士们方坐地而食，便告兵士云："好极了，我正饿了。"即加入饭团，粗饭青菜，吃一个饱，兵士们皆以为大帅果与我们同艰共苦！又有时同兵士出外，见马方拉尿，他便呼渴极了，即以两手捧马尿而饮，连声呼曰："佳佳。"兵士见之，皆以为大帅真能吃我们所不能吃的苦啊！这等方法，为冯氏对于兵士们惯用的小诈术，久假不归，冯氏一生，遂化成一个完全的伪装人。

古昔时代，不知有近代的国家观念，将军队视作私人所有物，遂有杨家军岳家军等称号。冯玉祥出身行伍，虽抱有一种出风头的野心，哪里知道什么国家、什么主义。其组织军队，完全视作一种私有物，可以沿用古来的名称，称之曰冯家军，亦无不可。冯氏自以由行伍出身，他的部属将官，非行伍出身的人，不肯录用；并且非出身冯家军的人，莫肯重用。至于由学校出身的军人，至多不过任以参谋等职的虚名，决不假以兵柄，其意必须随我多年，饱经冯家军的训练，方能放心。故冯军的高级将官，如韩复榘、石友三、宋哲元辈，莫不是在冯军当过士兵的人，但到了后来，韩、石之流，羽翼已成，莫不各据一方，不再听冯玉祥的号令，冯玉祥只好闲居泰山，书空咄咄。盖因他的部下，既未受高深教育，不知什么叫作道德信义，他们看见他的大帅，倒来倒去，心习已成，一旦羽毛丰满，皆欲仿效他的那套本事，出出风头，又谁肯服从到底呢?

后来向共产党靠拢的女政客李德全，是冯玉祥的配偶，在未与冯玉祥结合以前，原充北京青年会女干事。这个妇人，虽是一个极喜活动羡慕虚荣的女流，未必便看上了这个粗眉大眼的老兵，他们两个的婚姻结合，实有两个大媒婆，为之撮合做成的，这两个大媒婆，就是黄郛与王正廷。这两位先生，往年在北方军阀末期中，大为活动，一位做外交总长，一位做督办，皆是以拉拢军阀，做他们的做官资本。那个时候，冯玉祥统率五六万军队，驻扎北京城外的南苑，声势赫赫，炙手可热，冯为清教徒，有基督将军之称，王正廷亦为清教徒之一，黄郛虽非教徒，而其夫人，却是信仰耶稣教的，由是黄王二氏，便利用宗教关系，从中撮合，完成了冯李的婚姻大事。黄王二氏因此能在北方军阀末期中，活跃一时。

驱逐溥仪发了大洋财

北方军阀的末期，军事失去重心，政治没有组织，简直成了一群昏小子的胡闹世界。这个时候，有演全武行的，则为张作霖吴佩孚一流；有演丑角戏的，则为冯玉祥一流。张吴一班军阀，是硬扎硬打，在战场上见过胜负。冯玉祥则一生从未打过硬仗，总是倒来倒去，争取便宜。据说倒戈次数，大大小小，不下五六次，而其中最紧张的，要算是明附直系暗通奉系一幕最为精彩。当奉军发动报复战争，向关内进攻，吴佩孚出马抵挡，自当山海关一面的正路，而以冯玉祥抵挡热河一面。冯玉祥在路上迟迟乎行，沿途修筑车路，异常认真，盖冯氏与奉系早经联络好了，所以修路者，特以准备倒戈时，军行迅速，马上可以夺取北京耳。

而曹锟、吴佩孚，睡在鼓中，毫无感觉。冯玉祥准备完成以后，便率领所部，于夜间潜回北京，将一个贿选总统曹锟，包围于睡梦之中。而奉军同时数路向关内进攻，由是吴佩孚遂陷于前后被攻的苦境，杀得片甲不留！这个关岳自命的吴佩孚，被冯玉祥暗中一箭，半世英名，收拾得干干净净，军阀们的斗争，固无顺逆之分，而冯玉祥的倒来倒去，未免过于阴险了！

冯玉祥在带兵的时期，穿粗布衣，吃糙米饭，兵士的实际数额，远远地超过规定额数以上，所领军饷，全数发给于部队，未闻有贪污名声。后来据外国报章所载，中国人在美国银行存款最多的，共有九名，而冯玉祥的大名，居然高高列在第二位，岂非奇闻怪闻么！不知这种记载，自有其来由的：你们记得冯玉祥在北京曾演过一次驱逐溥仪出宫的迫宫戏剧么，哪里知道这一举动，并不是为了要铲除清朝皇室的根株，而另有一种目的，换一句话说，这一举动，不是政治目的，而是经济目的。因为清朝皇室，宰制中国三百年，皇宫中所积存的古董玩器，周鼎殷盘，历代名人字画，以及名贵珍宝，不知其数。会有几位想发古董财的政客，对冯加以怂恿，冯遂凭借武力，将溥仪驱逐出宫，溥仪只得单身逃避交民巷的日本使馆，所遗下的古董，除将少数中下品，放在古物保存所外，其余珍贵名品，则全为冯氏所得，那几位事先怂恿的政客们，亦分给了一小部分。后来这些古董，均运往美国及英法诸国出售，由是冯玉祥便由军事家，一变而为古董商了。美国报章并曾给冯玉祥加上古董商的雅号。后来那几位政客所得的一部分古董，由萧某运法国出售，经过某小国，并曾被扣留一次，报章亦有记载，不过年代久了，今日详知其事的，想已无多人了。冯玉祥后来因部下各干各的，虽已消减完了，但在美国的资产，确实不少，冯氏曾一度前往美国，闻亦由于要安置此项财产之故。后来冯氏死在苏联轮船之中，这笔大财产，不知落在何人手里。

李德全密谋拆散鸳鸯

冯玉祥为一个清教徒，应当遵守一夫一妻制才对，他抗战时在重庆的时候，曾发生一次反宗教的恋爱史，足见他的宗教信仰，并不坚强，更足以证明他平日的装模作样，全为伪托。缘他的旧部韩复榘，有甥女某女士，到重庆想谋点职业，不断地出入冯氏之门，冯以六十老翁，一见倾心，发生恋爱，经其妻李德全的严厉反对，不能挽回冯氏的痴念头。李氏乃哭诉于在重庆的冯氏旧部，诸旧部乃共向冯氏提出抗议，谓大帅如此行为，显然违反宗教信条，将遭世人唾骂，我系将不能在军政界立足了。

冯氏闻之，怒曰：“我不要做官。”部下诸人，亦怒曰：“你老不要做官，我们却要吃饭，你老不要以一个女子，来牺牲多数部下。”冯氏虽经部下集体抗议，然痴心犹未改移。由是李德全乃与部下密谋，以威力胁迫那女子离开重庆。那女子到了湖北的老河口，又为冯氏派人接回，后来李德全与部下，不知用了何种方法，那女子竟不能在重庆立足，一对老少鸳鸯，终于被拆散了。白香山诗云：“天长地久有时尽，此恨绵绵无尽期。”假令冯玉祥懂点文学，读到这两句诗，当发生无限的感慨！

冯玉祥对于部下进谒时，有三个父亲口号仪式，业已写在前面，他对于自己的儿子，亦有一种特别口号仪式，早晚看见儿子必问他云：

“你的祖父是做什么的？”

儿子则答曰：“做瓦匠。”

再问儿子云：“你的父亲，是做什么的？”

儿子则答曰：“当大兵。”

再问儿子云：“你要做什么事？”

儿子则答云：“我要做瓦匠，当大兵。”

观此等口语，与其平日布衣粗食的作风，似乎近乎“左倾”一流。其实并不如是。他自以为出身工人家庭，要极力做一个出头人物，以泄其幼年贫困之愤。察其平生个性，与其谓为模仿斯大林，毋宁谓其为模仿希特勒。总之，冯氏是一个毕生不满现状的人，他在北方，不满于北方的同袍；他到了重庆，又不满于重庆的当局。见了势力比他大点的人总是对他不满的，抗战中在重庆的时候，有时白昼提了灯笼，在街上行走，有人问他："白昼提了灯笼做什么？"他则答云："我在黑暗中求光明。"当时重庆当局，对他这些做作，只好视而不见，听而不闻而已。

我所见的冯玉祥

刘汝曾

世称倒戈将军又称基督将军的冯玉祥（焕章），一生矫揉造作的怪异行径，实在多之又多，屈指难数。笔者在抗战前只知道他是一个雄踞中国西北部河南、甘肃、陕西、绥远、宁夏一带的所谓国民军的统帅，民国十五六年左右，坊间有种大张印刷精美的“国民要人玉照”罗列了百数十位各省督军、督办、省长、总司令、内阁总理、总长等各色人物的相片出售，其中，就有冯玉祥，穿的陆军大礼服，胸前褂上不少勋章，手握指挥刀、头戴鹤顶帽，胖胖的好威风。我那时还是少年，看到这些叱咤风云的人物，曾想进一步了解他们的是非功过，但是苦无适当的介绍他们的书籍可供阅读。

抗战军兴，我首先参加了“八一三”上海之战，那时淞沪战区称为东战场，三个月后，才改称第三战区，由顾祝同上将任司令长官，当日东战场的司令长官则是由委员长蒋公自兼，而由冯玉祥副委员长代理。

我有一天在上海郊区战地上，初次见到这位高大肥胖的冯老总（国民军对他的通称），那天，他穿着一身灰布军服，脚捆布绑腿、腰间束条士兵小皮带，没有佩阶级也没有任何证章符号，如果不是我早已看熟了他的相片的话，一定认为他是个乡巴佬儿，或者是个大蠢人！

由于战局的变化，国军逐步作战略上的转移，政府也由武汉迁到四川重庆来了，我也辗转来到陪都，于役军事委员会政治部，该部设于重庆的两路口，有天早晨，我和同事张克生少校前往就近街上吃豆浆，我们在行进中，迎面有辆矮而小的脚踏车，疾驶而来，上面坐的是一位大胖子当时正是冬天，坐在脚踏车上的人，又穿了一件类似女装的斜襟大棉袍，腰间还系着一条布腰带，骤看之下，真是硕大无朋，活似一位巨无霸，而又偏偏骑辆像玩具般的小型单车，模样之怪，见者捧腹，原来，这位怪模怪样的骑士，竟是鼎鼎大名的四星上将冯玉祥呀！

冯玉祥在重庆，是住在两路口的什么新村里（已忘记），中央组织部也在里面，我因为时常去组织部探望张厉生（少武）部长，因而常常看见这位冯老总，最初只不过是彼此望望，没打招呼，无巧不成书，有一次，我拿着两罐九九九香烟去组织部送给秘书饶振常先生，当我正穿过花园走道途中，恰恰和冯老总遇个正着，他停步注视我手里的香烟，向我发问：你这是什么？我说是英国三个九香烟。我乘机补上一句：副委员长要不要？他说：我不吸烟，谢了。就此再没说下去，我向他敬个礼，各自走了，在迩后的日子里，彼此见到面便聊了起来，问我姓甚名谁，在哪里做事，什么阶级，来这里找谁，我的普通话，素来说得不好，冯老总一听就猜我是广东人，从此他见到我总是叫我“广东刘先生”！

大约是民国二十八年的夏天某日，是上午八时半，我去重庆美丰银行领取汇款，这时银行虽然还没到上班时间，因为人们怕中午有空袭警报，所以很早就挤来好多人，有的是存钱的，有的是取款的，熙熙攘攘好不热闹，在人群中，我赫然发现冯老总也杂在那里，他看见我，很机警地眼手并用，示意我不要和他打招呼，当时，我下意识以为在人潮中他不要我说出他的身份，免得处境尴尬而已。之后，由于他做出一件惊人的事，才否定我的估计是错误了！

原来，这天美丰银行，有位职员奉调要到外县分行去工作，他就利用那尚有若干时间才上班的空闲拿出一本纪念册，在柜台里要各同事题些词句或是留下通讯地址。冯老总看在眼里，一到适当的时机，出声了，要那位调职的人，把纪念册拿给他（现场那些人，好似都不认得他是冯玉祥），登时就题了“前程远大、努力去做”八个字，上款写着 ×× 同志，下款直书冯玉祥，还押年月日，这样一来，大家便知道他是大人物了，于是全银行的大小职员，甚至还有顾客，都拿簿册纸张，一窝蜂地涌上前来，要他题字。冯玉祥不嫌麻烦地问清姓名，逐一照题无误，写好了的，有人想顺手拿走，但冯老总都不予放行，频呼“慢着，等会儿自然会给你。”

经过一阵忙乱之后，银行上班的时间到了，没有人再求墨宝了，这时冯老总提高着嗓门儿，向一位女职员说：“请你拿个算盘来”，并指示她，把各人要他写的字，计计大字几个，小字几个，当这位女职员按照他的吩咐计算好了，冯老总又大声说：“你要求我冯玉祥写这写那，我都一一办好了，现在我临时定下我卖字的价钱来，大字每个算两元，小字每个减收一元，你快拿出钱来，把字取去，免得耽误上班时间。”如此一来，直使他（她）们面面相觑，啼笑皆非，即使想不要那幅写好的字还不行呢！一会“钱收齐了，冯玉祥却把它交给银行，叮嘱汇交全国慰劳总会，以作慰劳前方将士之用。事后，我跟着冯玉祥出来，他在大门口还问我：“这样做对不对？”我报以会心的微笑说：“对。”

听说还有一次冯玉祥在重庆邻县什么地方（好似系江津县）正是市缠热闹的当儿，他突然叫军警把一条街市，将前后拦住，暂时不让人走动，他就将市民手指上戴的金戒指和仕女们手腕上的金玉手镯，一律恳求大家取下来，写张收条，签上经收人冯玉祥的单据，将之收下统交慰劳团体，慰劳前方将士去了。但这件事我未亲见，只是传说得活龙活现，但以冯玉祥言行来判断，十不离九是真有其事。

我有次问过冯玉祥：“您为什么乘小单车？”他却反诘我：“你觉得不对劲吗？”我说：“你这么高大，而单车却那么小，看起来不太调和。”他说：“我血压高，骑大的单车生怕跌跤，而且骑上去，马上就有点心跳，觉得不舒服。”我又说：“怎不坐汽车呢？”他带点教训似地说：

“你知道现在一滴汽油一滴血吗？”

记得，有回在武昌珞珈山，由于冯玉祥的神神经经，而害惨了一位善良纯朴的乡下人。事情是这样的：那时（大约民国二十七年冬）陈辞公（诚）和我们都在珞珈山武汉大学办公（武汉大学已他迁），有次在这里召集重要会议，由委员长亲自主持，冯玉祥也参加，会议之后即在会场晚餐，当时剩下很多菜饭，开会的军政要人都分别离去了，冯玉祥竟一时心血来潮，到街上叫了一位乡民来，请他吃饭，这位乡民进来时，是由冯玉祥亲自带领的，虽戒备森严，竟也顺利通过，可是这位乡民正在饭桌大吃大喝之际，冯玉祥却因事离开了。等到乡民吃饱之后，举步出门要回家时，却被守门的卫兵截住了，转解卫兵司令室，严加审问：问他是怎样进来的，私自潜入高级军事机关来干什么，是哪里派来偷窃情报的。一连串的问话，弄得这位乡民头昏脑涨巴巴结结地一句话也回答不来，惊慌失措之余，只在喃喃地说："一个大胖子带我进来的，他请我到里面吃菜吃饭呀！"卫兵司令问他："那个大胖字是谁，叫什么名字？"乡民还是答不上来，卫兵司令认为事态严重。乃将这位来历不明的乡民加以扣押，这件事情，直到第三天，才弄清楚，原来是冯玉祥的杰作。

冯玉祥杀害徐树铮的原因和经过

江　平

近阅徐道邻教授为其先君又铮（树铮）先生所述年谱，其中第三二四页，对又铮遇难经过，虽然力求详尽，终因缺乏完整数据，以致对又铮的被害原因，既缺乏有力佐证，也就无法做到正确判断。这样写来，不但会给世人一种扑朔迷离之感，甚且给后世留下“烛影斧声”之疑。笔者于民国八九年间，曾在先生麾下的西北军中任遇一段初级干部，当时对他的学问才识，备极敬仰。后来他在廊坊遇难之时，我又适在张之江（子岷）的部队里担任军职，故对他的遇难经过，颇有所知。唯所知者，仅限于局部片段之事，无法作有系统的具体叙述。及民国三十年，在一偶然的机会中，得遇当年张之江的参谋长张秉干（钺）先生，从他的叙述中，不但说明这件惨案的前后经过，更说明了徐氏被害的动机与原因。特为录出，聊供道邻先生参证。

冯张交恶中的徐树铮

要知道又铮先生被害原因，必先了解当时国内纷争情形和各方的恩怨因果。远在民国十三年，直（以吴佩孚为首）奉（以张作霖为首）两系开战以前，段祺瑞（芝泉）、冯玉祥（焕章）、张作霖（雨亭）即秘密成立一个三角联盟，其主要目的为合力倒吴，并约定：“事成之后，拥段为临时执政，张作霖所辖的奉军仍旧退回山海关以外，不再过问关内之事。国家大政，均由执政主持，军人不得干预。”不料吴败后，奉军长驱入关。张作霖首命李景林（芳辰）为直隶督办，同时命张宗昌在天津四郊收集直系溃兵，大事扩军。冯玉祥睹此情形，大为气愤，在天津会议席上，面责张作霖不应背约寒盟。张不但不予接受，且反唇相讥曰：“直军之败，全是奉军力战之功，裂土酬庸，乃理之当然。你冯某只是投机取巧，因人成事耳。于今能分得一杯残羹，即应知足，何得多事哓哓！”为了此事，双方闹得剑拔弩张，大有兵戎相见之势。

实则此时的冯玉祥，羽毛未丰，外强中干，只是虚张声势，想达到讨价还价之目的而已。但甫经上台的段执政，却误以为真，甚恐双方果真打了起来，则自己刚到手的临时执政，势非随着垮台不可。乃极力从中调停，答允任冯为西北边防督办，使其部下得向西北各省发展。同时也允许张作霖的奉军，得沿津浦路线向南发展。这样一来，使得双方各奔前程，才获得暂时相安。于是冯玉祥就命其心腹鹿钟麟为京畿卫戍总司令，控制住华北的政治中心——北京，布下一个挟天子令诸侯的政治局面。同时命其所辖国民第二军胡景翼南据河南，其国民第三军孙岳则占据河北省的保定以南和大名一带。紧接着又派他嫡系大将张之江、李鸣钟、马福祥、刘郁芬及孙连仲等，分据察、绥、宁、甘等四个省区。张作霖自也不肯甘居人后，即命张宗昌、杨宇霆、姜登选等分兵南下，占领了山东、江苏、安徽三省。这是十三年十一月后至十四年八月以前的军事形态，也就是冯、张争雄所布的棋局。

自杨宇霆和姜登选进入苏、皖后，因其所率的奉军，多属骄兵悍将，与当地人民处得感情很坏。浙江督军孙传芳认为有机可乘，乃号召马联甲、白宝山、马玉仁、陈调元等一般苏、皖宿将，以驱逐客军为名，向杨、姜二部进攻。不料杨、姜率领的七八万大军，丝毫不曾抵抗，即偃旗息鼓而退。不到两月工夫，孙传芳即掩有苏、皖两省之地。于是他联结苏、皖、赣、闽、浙五省，自称五省联军总司令，开府南京，兼领江苏督办，俨然成为东南最大的军事势力。按说杨、姜所部奉军，虽然纪律较差，却皆是久战劲旅，若认真与孙军一决雌雄，虽不能稳操胜算，也绝不至一触即退，让孙传芳白捡偌大便宜。细究起来，其中却有一段内幕。

原来在七八月间，孙传芳尚未举兵攻苏之前，冯玉祥即以联欢为名，邀请奉军骁将郭松龄到北京观操，暗中互相勾结，合力倒张。当时约定："假如江、浙发生战事，冯即出兵冀、鲁，截断姜、杨两军归路，将之聚歼于江淮之间；同时郭松龄挥师出关，一举而占领东北三省。"他们此一阴谋倘得如愿实现，则冯玉祥必将称雄一时，无人与竞。不巧他的计划，竟被张作霖料破，当即密电杨姜二将："倘孙军大举来犯，即刻全师北归，切勿与之力战！"因有张作霖这一道密令，孙传芳乃得兵不血刃，不战而胜。

也是事有凑巧，正当孙传芳酝酿攻苏之前（是年八月），又铮忽从国外发回一道："反对杨宇霆督苏"通电。及至杨、姜两部不战而退，就有人附会着说：杨、姜之退，多半是受到又铮那一通电的影响（又铮年谱三二六页，第七行也说，又铮这一个通电，等于三个师的兵力）。其实杨、姜二人，乃是奉命而退，又铮的电报，只是适逢其会耳。如果又铮一道通电竟有如许力量，则他不但帮了孙传芳一次大忙，而且也挽救了张作霖和整个奉军一次厄运。因为奉军若不及早撤退，而在大江之滨与孙军力战不休，则冯、郭二人的阴谋，势必同时爆发，那时，不但南下的奉军，会遭到全体崩溃的绝境，就是张作霖的"东北王"宝座，也非易主不可。

冯玉祥眼见苏、皖两省的奉军安然北返，自己与郭松龄原定的计划全部落空，一方暗自焦急，认为良机难再；一方感到惊奇，探索奉军为何撤退？想来想去，想到徐树铮的反杨通电上面，即刻拿出那一通电，反复研究。细察电文措辞，不但没有对杨贬斥嗔责之语，且含有忠告讽示之意。尤以："悬军远戍，得不偿失；变生肘腋，噬脐何及。"等句，哪里是在反对，分明是在向杨宇霆提示警告，要他及早回军哩。于是越看越疑，越疑越恨，就暗暗蓄下杀徐之意。此外他又想起七年以前（民国七年）徐树铮任奉宁副总司令时，正是杨宇霆以奉军总参议身份，代张监其军，及徐、张之间因军饷发生龃龉时，幸赖杨宇霆从中疏解，才得无事。徐、杨既有这段关系，足证徐的通电纯是对杨一番善意。因此杀徐之心益坚。但此时又铮身在国外，只好日后再说。眼前的张作霖，既对自己存有戒心，却需及早图之。乃趁杨、姜北撤之际，又和郭松龄商定了第二步倒张计划。双方约定："于杨、姜二督，回经滦州时，由郭松龄乘机图之，而并其军，然后倒戈出关，实行倒张。冯之国民第二军岳维峻部，则进驻豫东一带，对山东取监视态势，使张宗昌不敢妄动。驻在保定、河间一带的孙岳部队，则对天津李景林取监视态势，以减免郭军后顾之忧。冯之主力部队，则控制于京郊附近，为各方策应，必要时，即别以一军进占热河，以便东趋沈阳为郭声援。"计议已定，即分头准备。

未几，杨、姜两部奉军已陆续开抵冀东，杨宇霆为人机警，在奉军之中素有小诸葛之称，他早就对郭松龄存有戒心。及至行经滦州（郭军防地），郭亲到车站欢迎，两人晤谈之际，见郭形色诡异，愈觉可疑，郭一离去，他就下令开车，仓皇逸去，因此得以幸免于难。姜登选没想到郭松龄的突变，放心大胆的乘专车到达滦州，郭松龄鉴于杨宇霆的逃走，这回不敢大意，将姜登选提下车来，当场枪毙，并收其余众加以编并。接着发出通电，数说张作霖的罪状，声称克日挥军出关讨张。不过他新并的杨、姜部众，加上他原有的军队，为数不下十万人，想要应敌作战，却非指顾间所能臧事。就在此时，原驻保定之孙岳，因垂涎直隶这一大好地盘，今见奉军自相分裂，认是天赐良机，未及征得冯玉祥同意，就发动所部向附近李景林的驻军进袭。依孙岳的估计：李景林全部兵力，只不过四个师，而他自己则有七万多，夺取天津如反掌耳。不料李军虽少，战力却极坚强，孙岳几次总攻，皆遭击败，窘迫之下，只得急电冯玉祥乞援。冯以郭松龄尚未开始行动，本不想在此时与李景林开衅，而为维系个人在国民军的领导地位，却不能对孙岳坐视不救。乃勉强命察哈尔都统张之江兼前敌总司令，指挥京畿驻军，与李景林大战于京津中间的杨村一带。战争的开始，约为十二月十三日左右。由于李军的坚强抵抗，冯军急切不能获胜。

郭松龄虽已发动倒张的军事行动，冯玉祥却抽不出兵力予以援助。及郭军被阻于沈阳西郊无法前进时，冯玉祥始于十二月二十一日从绥远调来宋哲元一军骑兵，经多伦、锥子山直趋承德。他虽然军行甚速，三天就占了承德，但同月二十四日，郭松龄即败死于沈阳附近之白旗铺。这时张之江仍与李景林相持于杨村附近，胜负未决。又铮是二十三日抵达天津，以铁路交通为战火所阻，只得向英国领事借了一辆汽车，绕越战线，入京复命。就在又铮晋京后第三天（十二月二十六日），张之江已攻克天津，李景林带着部分残军往山东投靠张宗昌而去。由于郭松龄之死，张作霖很快就敉平关外的乱局，后陈兵榆关，作进窥中原之计。

冯玉祥费了半月时间，动用了近五万人的兵力，才将李景林赶走，而以大势逆转，不得不将直隶总督一职，忍痛让给孙岳。一面收编郭松龄的旧部魏益三为国民第四军，暂时守住榆关。同时命张之江回驻廊坊，指挥前方各军，紧急后撤，准备将来在南口一带，作最后的挣扎。这一段由胜而败，由攻变守的错乱局面，直把冯玉祥闹得神魂颠倒，心烦意乱。于是从新恨旧仇中，联想到新晋京的徐树铮。他认为徐树铮前番一道电报，提醒张作霖，使之放弃苏、皖，全师北归，于今来到北京，不定又会搞些什么名堂。越想越气，乃把张之江、鹿钟麟两名心腹大将找到跟前，授以杀徐机宜。他为了掩人耳目计，于布下罗网后，就从北京返回张家口，暗中提调指挥。

廊坊遇难的徐树铮

张之江和鹿钟麟，都是冯玉祥的心腹干部，不过两人的性格大不相同，张是个忠实基督教徒，对事对人都极端诚恳。鹿则机警细密，处事谨慎，且善于体贴冯的心理，先意承旨，极得冯的信任。他此时正担任北京卫戍总司令职务，故冯玉祥特别指定他为杀徐第一号“刽子手”。不过他随冯多年，深知冯是“宁作伪君子，不作真小人”的。所以他受命之后，十分谨慎，不敢冒昧从事，怕万一杀徐之后，使冯落上“主谋杀人”的嫌疑，则不唯无功可言，甚至还要受到斥责。因此他曾在电话中与冯往返磋商，始终未获得个“不落痕迹”的绝妙办法。

就在这段时间里，风声已经传到又铮耳内。初时，又铮犹以为风闻之言，未予深信。及至二十九日，消息愈来愈恶，乃不得不作离京打算。当天下午，就命人通知津浦路局代备专车，准备晚间九时离京赴津。当时有人认为这样走法不甚妥当，不如借乘英国使馆汽车悄悄出京为佳。又铮笑道：“北京四周，到处都是仇家爪牙，随时随地都可致我于死命。我之所以犹能安然无恙者，徒以鬼蜮伎俩，不敢在光天化日之下公然露其真面目耳。我若藏藏躲躲，岂非正中其计！”于是乃无异言。唯有宋子扬对于此行，仍觉不甚放心，乃背着又铮，私自向英国使馆，借来一班武装士兵，随车保护。他固知仅凭这十几名英兵，并不足却敌脱险，只为符合又铮的见解，故作炫耀，使又铮的行径，更为公开而已。晚间九时，又铮带着十余从人，登车东发，孰料“壮士一去不复还”矣。

北京到天津，仅有二百四十华里，以普通快车的速度，三小时即可到达。又铮乘的是特备专车，依常理推算，应该两小时即可到达。不料沿路被冯军西行兵车所阻，每到一站都要停留数十分钟，将近子夜时分，犹未抵达杨村。又铮一行，皆以事前听到很多坏消息，故人人心内焦急，于是不断有人下车向车站催促，因为大家心情烦躁，言辞之间，难免微有过激之处。而此时因为军运关系，各车站均由冯军的运输司令部派一些联络参谋，专司车辆调度事宜。这些参谋们听说是徐专使的专车，既怕耽误专车的行程受到处分，实际上又无法让开路线，放专车速行，在无可奈何的情形之下，只得在电话里向他们的司令请示如何应付，他们的运输司令许祥云，原是冯部下一个撤职师长。他对这位比冯玉祥还早七年的西北军总司令（又铮于民国八年以西北筹边使兼任西北军总司令）早就有所耳闻，故于接到部下电话时，也感到难于应付。情急之下，就想出个推卸责任的主意；急忙跑去见张之江，请求张给尚在途中的徐专使打一电话，说明沿路兵车拥挤的情形，请徐多加原谅。不料就由许这一报告，竟意外地毁了又铮一条性命。原来冯、鹿之间，因商量不出个杀人不着痕迹的妙法，乃有意暂从缓图。而张之江只知道冯有杀徐之意，并已授意于鹿，在京图之。却不知道冯、鹿二人因种种顾虑而改变计划。于今突闻徐某出京的报告，当即一愣，接着对许说："嗯，此事鹿总司令怎么未来电话通知我呢？待我问问看罢！"待他叫通电话，将又铮出京情形对鹿述说后。鹿钟麟并未感到惊奇，只徐徐地回道："小徐出京，我已知道，只是还未向督办报告呢。请你先转饬各车站，尽量设法延迟小徐的专车，待我和督办通过电话，看他有什么指示，再向你转达。"张之江应了声"好吧！"就将电话挂断，吩咐许祥云照鹿的意思转令各站而去。

此后又铮的专车，当然开的更缓慢了。夜间十二点过后，张之江才接到鹿钟麟从北京转来冯玉祥的命令说："督办要我转告你，如果小徐的专车到达廊坊，要你即刻把他枪毙。并请你连夜派人去天津把陆承武接到你的司令部。天亮以后，督办将会派专人到廊坊和你商办一切善后的！"张之江听了，双眉紧蹙，一直摇头，嘴对话筒，嗫嚅了半天才说："这样处置法，似乎不妥当吧？小徐现在还是国家的特任官哪！"鹿答说："这是督办的意思，又有什么办法呢？"张又道："既是督办的意思，我们当然服从。不过，督办既要派人前来，最好请他下一道手令交来人带来，就叫来人主持办理，我当尽力协助于他。"鹿钟麟知道这位张善人不肯担当这个杀人凶手，也就不再多说，只简单答道："你就先把他扣住好了，以后的事情，再另说吧。"张答了声："好吧！"就这样几次往来电话，决定了又铮的命运。

三十日凌晨一时左右，又铮的专车始蠕蠕开进廊坊车站。斯时车站四周，早已布满岗哨，站外的路轨也被拆去数节。火车一停，即有张之江的参谋长张钺登上又铮的卧车，推开车门，向又铮恭恭敬敬行了个军礼，双手捧上张之江一张名片说："我们都统现在很忙，未能来迎接专使，特命我来请专使下车，到司令部休息一下，待天亮再走。"又铮原是斜躺在卧铺之上，这时忙坐了起来，向张点头为礼，笑颜相答说："天太晚了，我不下去打搅啦！请你替我谢谢你们都统吧！"张钺答了声是即鞠躬退出。张刚下车，跟着又上来一名少校军法官，推开车门毫无礼貌地向又铮说："我们都统有要事和你商谈，请即刻随我下车，同到司令部走一趟！"又铮察言观色，料知事情有变，即傲然答道："你先回去告诉张都统，请他再仔细看一看冯先生的电报，是否尚有错误？"那军法官见事情真相已被又铮说穿，乃不再分说，回转身躯向车外招了招手，实时拥进十数名士兵，不由分说，将又铮拖下卧铺，架起就走。又铮要求加穿件外衣，亦未被许可，身上只披一件睡衣，在雪地寒夜中，就被送上一辆卡车，疾驶而去。接着由另批士兵将又铮一班随员押上另一辆卡车驶离车站。车上的十七名英国士兵亦同被解除武装，暂时软禁于原车厢内，直到天亮，才挂在一列东行客车的尾端，带往天津。

这时又铮被单独幽禁在张之江司令部（英美烟公司）旁边一所仓库里面，其随员则幽禁于附近一处马厩之内。上午八时左右，陆承武自天津乘着张之江派去迎接他的卡车匆匆而来，跳下汽车后，由那个去天津接他的副官引导着进了张之江的司令部，刚进到院内，就涨红一副大麻子脸叫嚣着问："小徐押在什么地方？"连嚷了两三声没人接腔。张之江已经听到，即刻掀帘而出，将他拉进屋去，一面安抚他坐下，一面说："你先不必着急，这回朗公（陆建章字朗斋，故张以此称之）的仇，一定可以报的。小徐已经押在我的司令部内，反正跑不了他。"陆承武仍吵着说："我现在就去宰了这小子，请你派人领我去！"张之江又拦住说："冯先生已答应要派人来解决此事，大约快来到了。现在跟小徐同行的几个人，正在会议室内，请你先去向他们说几句话，少时冯先生派的人来到，再去办小徐的问题。"于是陆承武就被引进会议室，对褚其祥等一班徐的随员，发了一顿牢骚。直至下午四点钟，冯玉祥所派的一个徐军法官（此人名字已不记得，只记得他是民国十年前后，一个颇有名气的"左倾"文人徐谦的侄子）才乘火车从张家口赶来。他见到张之江后，先把冯玉祥的手令交张看过，然后由张把陆承武叫来。三人密谈片刻，张即吩咐一名副官带着四名枪兵，陪同陆、徐二人，去到又铮被囚之处，结果了又铮的性命。陆承武当晚即返回天津。翌日天津各报就刊出《陆承武替父报仇杀死徐树铮》的巨幅新闻。这段公案直压了近二十年的漫长时间，至三十四年八月，我对日抗战胜利后，经又铮的哲嗣道邻提出控告，此事真相，才得大白于世。

冯杀徐的真正原因

在《徐树铮年谱》第 326 页中，道邻先生对“冯玉祥之要杀害先生”这一问题之下，作了三种推测：一、又铮访问意大利时，和墨索里尼订有一项军火借款，他曾把这消息向段执政、冯玉祥、孙传芳三人透露过，冯怕他有了这批资本，如虎生翼，乃杀之以除后患。二、是依据段执政为又铮撰的神道碑，及曾宗鉴先生读《徐树铮廊坊遇难记》书后，两项说法，认为又铮于抵京后，不但对人表示过他的反共态度，且曾向段执政建议，要段下令讨赤。因彼时冯已与共产党结盟，故触冯之忌而杀徐。三、又铮于民国七年，在天津杀死陆建章，陆是冯玉祥的舅父，故冯之杀徐，可能有替舅报仇的成分在内。

笔者对道邻先生上面这三种推测，都有不同的看法。理由是：一、自辛亥以来，虽有很多军人仰赖着外国军火，互争雄长，但对于国内舆论，多少总还有些顾忌。尤其对于他们的政敌，更是讳莫如深。盖恐一经宣扬出去，就会遭到无谓的攻讦和阻挠。如果又铮真与墨索里尼之间有那么一笔军火交易，当然也会有以上的顾虑。段执政是又铮的知己长官，自当别论。他与孙传芳之间，也因为八月间反对杨宇霆督苏的一个电报给孙帮过一次忙，后来又铮回到上海，孙传芳特自南京专程相访，两人才有了较密的关系，因此他将军火机密告之于孙，也或有可能。唯有对于冯玉祥，他们之间非但素无瓜葛，而且冯于民国六七年间，受其舅父陆建章的嗾使，屡次与皖系作对（如六年四月抗命不交，七年一月在浦口按兵不进，及武穴独立等皆是），又铮是皖系中坚分子，对这些往事怎会忘记？何况冯玉祥的舅父陆建章又是死于又铮之手，可见他们两人之间，只有仇恨，并无友谊。虽然徐年谱第326页第四行，说："先生在这半年中，一直是联络冯玉祥的。……他在国外时，冯常常有电报，称他'钧座'，自称'职'，口口声声要他回来'领导''主持'等。"笔者认为，当时冯在北方，是一个极大势力，段执政又被控制在他的势力圈内，又铮向他联络，乃势所必然。以又铮的机智，绝不至仅凭半年的电文往还，就能"化敌为友"；更不会因冯几句"钧座"，就被叫得神魂颠倒，竟忘既往嫌隙，将一件重要机密，倾心相告的。故道邻先生第一项推测，无法成立。二、当民国十四年时，冯玉祥确有联共嫌疑，由那时他的军队中有许多武器是苏俄制品，可以证明。当时的北京四周，都在冯的军力控制之下，而此时的又铮手下没有半点武力，即使他有反共之心，也不会在这种环境中，作无补事实的反共空论。至于说他曾向段执政建议，请下令讨赤，那也只是从段在神道碑有"一言不谨，遂及于祸"两句话演绎而来的。或者两人在私下谈话时，又铮曾经有过这种表示，但绝不会在公众场合里，或在文字上，有这种建议。因为当时的段执政只是一具空架子而已，无一兵可遣，无一将可调，这时要他下令讨赤，试问这个"令"，将叫谁去执行呢？不错，张作霖曾是拥段上台的一根支柱，但此时张本人适被郭松龄搅的梁摧栋折，几乎不能自保，哪有余力为段效命？此时此地而言讨赤，难道叫段下令给冯玉祥的部下去讨呢？抑是叫段老头子亲自执铤以挞冯玉祥的坚甲利兵呢？以又铮之智，绝不至见不及此罢！故道邻先生的第二项推测，也是难以成立的。三说冯玉祥为替舅父陆建章报仇而杀死又铮，按常情常理是说得通的；但冯玉祥并不是一个正常的人，用这种常理去衡量他，似乎有点"拟人不如其伦"。因为在他一生的历史中所表现的，多半都是离开常理的行径。如先拥吴而后又倒吴（十一年助吴佩孚打张作霖；十三年倒戈叛吴），先拥曹，而后则囚曹（十二年十月拥曹锟为总统；十三年十月囚曹于延庆楼），先联张，后复倒张（十三年联张作霖推倒吴佩孚；十四年又复联合郭松龄倒张)。此类举动，皆越出常理之外，也是常人所不肯为与不忍为者，冯皆悍然为之，可知其人，是只论利害，不顾道义的。他对别人如此，对陆建章又何能例外？况此时的陆建章，早已死去多年，毫无利用价值，他岂肯为一个已无利用价值的远房死舅舅，甘冒杀人的罪名呢？假定他真是替陆报仇而杀害又铮，以他当时的权势地位，尽可于杀徐之后，挺身自承，昭告于国人之前曰：“玉祥母舅故将军府将军陆建章，于 × 年 × 月，因公道经天津，被当时伪奉军副司令（又铮当时的官职，是张作霖私委的，并非政府合法任命）徐树铮挟嫌杀害，迄已沉冤七载，未得昭雪，长此下去，则个人之生命无所保障，尊严之法律失去效用。玉祥为维护国家纪网计，并为母舅伸冤计，爰不惜身冒显戮，于徐犯路经廊坊时，要而杀之。恕我罪我，悉听公裁。”他若真的如此一来，不但当时的执法者无奈他何，甚至还会受到部分人士的同声赞许。而他自己，也用不着掩掩饰饰，不敢向人提及此事。他之所以不如此做者，并非他知不及此，实因他在杀徐之前，根本就没想到替陆报仇一事，一心一意，只想着又铮那个反对杨宇霆督苏电报，提醒了张作霖，使张撤回苏、皖两省大军，破坏他与郭松龄千载难逢的良机。及至临到杀徐的刹那间，才想起找陆承武来承当冒名凶手。故道邻先生这第三项推测，也颇有问题。不过说冯此举，绝无一点替陆报仇的成分，笔者却不敢那样武断，只能说这种成分少之又少耳。

然则冯玉祥究竟为什么杀害徐树铮呢？这里可提出下面几个原因：一、十四年八月，又铮从国外发出那个反对杨宇霆督苏通电后，紧接着张作霖就撤回苏、皖两省驻军，打破了冯玉祥、郭松龄的倒张计划。冯乃疑心又铮那个电报，实具有促使张作霖“回师防变”作用，因此种下杀徐决心。二、冯玉祥自始就想利用那位业已无兵无枪的段执政，作为玩弄政治的傀儡。傀儡是应该听从艺人的拨弄，绝不能自己有所主动。如果傀儡自身有了灵魂，他不但不会再听艺人玩弄，甚至还将作怪生事，绝非艺人所能容许。当民国十年前后，人皆称又铮是段祺瑞的灵魂，这时冯正想以段为傀儡，而这个傀儡有了附体的灵魂，从此以后，将不再听受摆弄，甚至还要暗中作怪，这时以艺人自居的冯玉祥，怎得不设法消灭这个碍手碍脚的灵魂呢？这是冯杀徐第二原因。三、徐年谱第 322 页第三行说：五省联军总司令孙传芳，悉专使返国，忽忽自宁来沪，专程相迎。……专使晤孙后，倾谈甚久，翌日遂联袂至南通访张季直氏。徐、孙的接近，在疑忌成性的冯玉祥心中，自也会有点酸溜溜的，却不至因此生出杀机。但到郭松龄败死，张作霖势力重振，冯玉祥从优势变为劣势的时候，他对徐、孙的关系，可能另具一种想法；他可能认为又铮在京与段执政有了默契，然后出京，以拥段为名，北结奉张，南联宁孙，共同对付自己。到那时候，不但断了逐鹿中原的希望，即连广漠无垠的西北原野，怕也难得立足之地矣。因此，这也可能成为冯玉祥杀徐的附带因素。

从徐树铮被刺谈冯玉祥与张之江

王悟明

民国十四年秋间，徐树铮在廊坊被刺身死，当时国之大老南通状元张謇曾挽之以联云：

语谶无端，听大江东去歌残，忽然感流不尽英雄血；

边才正亟，叹蒲海西顾事大，从何处更得此龙虎人。

另一大老清末维新运动的领导者，南海康有为亦挽之以词云：

其雄略足以横一世，其霸气足以隘九州岛，其才兼乎文武，其识通于新旧；既营内而拓外，翳杜断而房谋；又扬历乎域外，增学识于四洲；其喑呜废千人，其洞视无全牛；其飞动高歌擅昆曲，其妩媚清词追柳周。大盗竟杀猛士兮！天人起邦家殄瘁之愁；假生百命之前，为人龙而寡俦。衰世乱而内争兮！碎明月于九幽。

张康两老均未仕于北洋政府，且对当时武人素不轻许，而独对徐氏推崇备至，称为“猛士”，为“龙虎人”，足见徐氏才兼文武，可与房、杜、韩、岳相伯仲。以如许一代风云名将，竟惨死于“大盗”冯玉祥之手，诚如段芝泉（祺瑞）为徐氏所亲撰之行状所云：“一言之不慎，遂及于祸”；修短荣辱，冥冥中固有定数，但冯之杀徐，其中大有政治阴谋在。笔者曩昔曾参冯戎幕，杀徐之役，适在张之江军中，目睹其事，爰将这一民初大政治谋杀案的经过情形缕述如下。

在没有叙述本案之前，不妨先谈谈杀徐之主角冯玉祥与配角张之江二人之生平行径与其意识形态。冯原籍安徽巢县，因少时投军，长居保定，故满口操保定土音；性阴鸷，不学有术，治军却有其独特的手法，在北洋政府时代，他曾窃负时誉于一时。所部军风纪尚佳，差胜同时代的军阀。按理，治军严明，这原是军人分所应为，但在“八表同昏”的当时，他能做到不嫖不赌，而专心于治军，总算胜人一筹。冯的练兵要诀有三：第一，他的兵源，是专门挑选直、鲁、豫三省的壮丁，燕赵古多慷慨悲歌之士，而且体力亦较胜于南人，朴质无华，易于统驭；第二，兵丁入伍后，每人教以识字两百，不多不少，这样，既不能多读书籍，以致胡思乱想，而对冯所下达的粗浅命令或训话，却能融会贯通，收到实效；第三，特重技能训练，如射击、大刀、木马、铁杠等操作。冯自己平日的服装，也和士兵一样，穿的是二等兵的军服，亦不挂将级领章。经常每日黎明就到操场，先和幕僚们竞赛跳越障碍物，接着便集合全体官兵跑步，以及器械操等。约莫一小时后，他便登坛训话了，有时他还扮演着牧师的角色，军前说教，开口万能上帝，闭口耶稣基督，说得头头是道。他的音带微有雌音，尖锐高亢，而口若悬河，在不知不觉间，全军被麻醉了。朝会的压轴戏，必定要呼口号，那是最机械，最疯狂不过的了；这也许是冯氏研究《孙子兵法》“第十四篇”有独到之处，才会使用这一套妙法。方式是：一番半真半假的问答，明明是在冰天雪地的气候下，冯偏要拉着喉咙问道：“同志们，冷不冷？”全体官兵必高声答道：“不冷！”冯又问：“我训话是什么，你们懂不懂？”老实说，农村子弟，原不识之无，仅靠入伍后所读的两百大字，对于基督的大道理，大半是听不入耳的，于是全体官兵对冯的这一问，多直率地答道：“不懂。”初时，笔者在旁听闻此一回答，心里一怔，以为冯对这答案一定不满，可能大发雷霆；哪知他并不着恼，更不申斥，反而怡然自得，会心一笑了之。诚然，练兵能够练到“说东就东，说西就西”，唯命是听，莫敢支吾，可算练到火候，实现了“兵随将转”的目的。所以，这一方面来说，冯确有制造“机器人”的本领。

冯虽善于将兵，但却不善于将将。他有个很坏的习惯，为着要表示自己切实掌握着无上的权威，每于大庭广众中，全军的士兵众目睽睽之下，严厉处罚他的属下高级将领。某次朝会时，笔者曾亲眼看到冯在督率全军晨操后，登坛骂将，他突然变成像一个恶魔似的，大发雷霆，声色俱厉。这时，他自己的职务是西北边防督办，将国民军总司令原职，已交予鹿钟麟，但他却在全军士兵面前，指责鹿不扎皮带抢险永定河，有违风纪，且不与士兵同甘苦，罪无可逭，应即罚跪。他的严令一下，鹿的两腿毫不犹豫立即当众下跪不误。甘肃督办刘郁芬，也是冯手下大将之一，因为乘头等火车，冯当众斥责他怀有优越感，并被罚跪。察哈尔都统张之江，因宠幸姬妾，而元配夫人终日以萝卜下饭，被冯侦知，亦于朝会罚跪。以上三员，均官拜上将，而冯视之若奴隶，颐指气使，为所欲为，官跪兵前，竟成常例，终导致民十九年中原大战时，冯落得个众叛亲离，全军瓦解。追原祸始，这都由于冯拙于将将所造成的恶果。

治军之道，贵在诚信相孚，恩威并济，而权术、催眠术这些戏法，极不宜渗入于精神教育中。但冯氏一生不知诚信二字为何物，徒以权术、催眠术取快于一时。他虽然规定每名士兵只准认两百个字，而对西北军的高级将领们却规定必须读线装书，平时要以朱红圈点句读，然后由他本人举行定期口试，以考试成绩的优劣，作为升迁的标准。刘郁芬善于逢迎，凡书中警句，除以朱红圈点外，还特加红线标记，以示有所心得，并借此以献媚于冯。果然，他的升官较其他将领为快，以至戚而兼冯之入门弟子。某次，笔者和其他幕友们借到刘手批的《古文辞类纂》一书，讵料不读便罢，读了反而使人啼笑皆非；最妙的，他把《展禽论祀爰居》的文末“是岁也，海多大风，冬暖”的这几句赘语，竟视为奇文，加以浓圈密点，又注：暖（煖）应读为软，荚（策）应读为夹。又注“柳下季不知是何人？”按柳下季即柳下惠，亦即展禽，刘对此竟懵然不知，且加注其义，可见其对读书全是一知半解，与冯玉祥同出一辙；至其狡诈多变，更是深得冯之炉火薪传，难怪其在抗战期中，竟投靠南京伪组织，“荣任”汪伪政权下之开封绥靖主任。

综冯玉祥之生平，好标奇立异，徒斤斤于小节，而不能容人纳物，人世间的一切都抱否定的态度，对任何人也都存疑，甚至视为敌人，至亲好友，亦不例外。他自称信奉基督，其实，世界上哪有这样的基督徒呢？

说到基督徒，张之江可称是西北军中第一人。他在行刺徐树铮前，自费精印新旧约圣经一万部，分赠军中同志，冯玉祥称他为大主教。张曾修造大教堂一所，每逢礼拜日，宣道其中，实行“军教主义”，并自称为“真救世军”。西北军的臂章，并以“真”字当头，上面写着“真救国，真爱民”，“国民军”之称，似滥觞于此。

张之江所印圣经，封面自题：“此天下之大经也”，金字辉煌，并亲署其名于上。初印本且有张亲撰的序文，不知所云，嗣经王正廷之劝告，始行删去。

驱除直系后的西北军，真是三教九流，无所不包。除基督教外，尚有回教，以马鸿达为首，嗣后有宁夏青海的发展。另有喇嘛教，故宋哲元始能就任热河都统，并与外蒙哲布尊丹巴暗中勾结。实则西北军本身之基督教活动亦有政治性的作用。绥远河套一带，原系天主教的势力范围，归绥一英国人所办的和记牧场，即包括新旧两教派系。自西北军占据绥远后，将新旧两派同时打倒，并悉数没收其财产。冯军牧师余心清，直到民卅八年北平沦陷前，才发觉乃一不折不扣的匪谍。另一牧师朴化人，乃冯之御用特务，民十四年徐树铮北上遇难，即朴化人由上海发予冯的情报种其因。

冯军的组织表面上看起来很单纯，实则相当复杂，除上述回教、喇嘛教及基督教外，尚有帮会分子掺杂其中，为首的是冯玉祥的大哥冯基道。此“千面人”，集美以美会长老，青帮通字辈，及红帮大哥于一身。冯浑名“马二先生”，外人每误解马二为“冯”字，殊不知他原有二爷和二先生之别称，亦即由帮会分子冯基道大哥排下来的。西北军进据张家口后，这位冯大哥经营汽车交易，侦悉张家口与库伦之间若以汽车载运私货，可获暴利，乃向“冯二爷”进言，于是冯王祥便在张家口自设一“西北汽车公司”，以现尚在香港开设玩具和制罐工厂的项康元为总经理，以留法回国的曾向午为厂长，强将原有民营之道奇卡车四十多辆，悉数没收，以充冯走私之用。厥后苏俄援冯的军火，亦即利用这批车队为运输工具。冯基道所领导下的帮会，对冯玉祥私人势力的发展帮助甚大这一秘密，非冯军之核心分子，难知其详，笔者容后再谈。

按张之江在帮会组织中，辈分原亦高过冯玉祥，他的年龄长冯一岁，算来在西北军中除了居客卿地位的前江苏省长王铁珊和司法总长徐季龙外，应以张之江的年纪为最大。初期的冯系，除王金铭、施从云两人已于辛亥革命滦州起义之役殉难外，所余的只有冯、李鸣钟和张之江三个人。李鸣钟有福将之称，张之江则为战将，冯的天下有一半是他打来的。西北军据张家口时，张适主察政，已属方面大员，但冯仍以奴隶视之，连对姨太太的小事，冯都要加以管束。

其实，西北军将领拥有小老婆的，也只有张之江一个人。冯素以家长自居，任何高级将领的住宅，他都可以不经通报随意进出，以便视察管教。某日傍晚，冯又贼头贼脑地往张的姨太太住宅后门窥探，瞥见垃圾箱里，堆满了西瓜皮、苹果皮、葡萄蔓、燕窝毛和鸡毛之类的废物；良以是时适逢岁尽冬寒，冰雪载途，瓜果在北方其名贵有如黄金珠宝，西北军素以俭朴著称，竟有这样阔气的姨太太，如此豪奢享受，冯自是赫然震怒。接着，他连步又去张之江的元配夫人的住处侦察，却见四徒萧然，一灯如豆，冯用手电筒环墙一照，只看到所挂的尽是萝卜皮，烂菜叶子，两相对比，更使冯气冲牛斗，当即快步转回公署。西北边防督办公署原有“内防处”之设，职司侦查所属官兵之生活行动，这一机构，是直接属冯个人秘密指挥的，副官长张允荣暗兼处长。冯以其对张之江的荒唐生活，竟隐匿不报，立饬罚跪终宵；第二天，便演出了张都统本人罚跪大操场的那出活剧！

张之江是惯于被罚跪的，当其任西北军第七旅旅长驻军通州时，黄膺白先生曾告诉笔者说：某日，冯玉祥邀其向第七旅讲演，他早到旅部约一小时，驱车径入营房，至正厅门外，瞥见张之江跪在电话机前，他大感惊讶，便问张道："子姜兄，这是怎么回事呀?!"张一语不发，且仍不敢起迎。黄急忙打电话至南苑陆军检阅使署，向冯质询究竟，冯在电话中令张起迎，张始敢起立。事后，黄侦知原来冯张两人在电话中商讨某项问题，一言不合，冯便喝令跪下，张早已被训练成一"机器人"，且习于奴性，便不知不觉地两腿一弯，入地三尺了。据说，这一次张已被罚跪了四五个小时，但嘴里还一再声明这不能算久呢！

上文缕述了杀徐树铮的主角冯玉祥和配角张之江的生平行径与其意识形态后，我们可以了解了康南海所指的"大盗"究竟是怎么样的人。兹再将徐案的始末，及其遭害经过略述于后。

要了解徐案的起因，先要了解当时我国的政治局势。按自民十三年冯玉祥由热河回师北京，禁锢曹锟，使得直系政权土崩瓦解，他和张作霖联合拥戴段祺瑞为北京临时政府执政。冯遂自请将其所属部队改编为国民军，而自任"西北边防督办"，掌握甘、宁、青数省的军政大权。这时，国民军有三个番号，第一军军长冯自兼，所部近十万，进据察哈尔和绥远，联兵宁夏、青海，南伸至甘肃；其统辖地区，均系西北重镇，故称西北军。第二军军长胡景翼占据河南及陕西一部。第三军军长孙岳，守住河北大门。并以张璧为京师警察总监，控制北京的治安，而冯部的主力，实际仍留北平附近地区，以鹿钟麟为京城卫戍总司令。东北军与西北军的"楚河汉界"，便是平津铁路线上的廊坊，也就是徐树铮的被害处。徐案之发，即在冯与张作霖行将直接发生军事冲突之前，亦即冯将唆使郭松龄倒张的前一阶段。其原因是相当错综复杂的。

段祺瑞于民九直皖战争失败后，息影津门，不问世事，及冯玉祥倒吴成功后，请其入主中枢；是时，段手下除了卢永祥仍负隅于浙江一省外，几无一兵一卒。在北洋军阀时代，没有枪杆，便没有发言权，所以民十三年奉系与西北军联合拥戴这位北洋元老出任名义上的国家元首时，段的智囊团多不表赞成，料其结局必致凶终隙末，故皖系第一流人物如徐树铮、曾毓隽、曹汝霖等均不入阁，暂抱观望态度，于是才轮到像梁鸿志这样二三流的人物出任执政府秘书长。但段与徐关系特深，倚畀甚殷，自己既然有了相当局面，自不能令其长期投闲置散，于是由执政府畀以特使名义，出洋考察，访问英、德、法、义、美、俄各国，随员中有袁世凯之婿薛观澜等多人。薛系逊清出使英法各国大臣薛福成之孙，留美出身，曾任北洋政府驻津外交特派员，故徐在访问欧美各国期中，洋文工作多由薛担任。徐虽系一个武夫，但对国学造诣颇深，下笔万言，倚马可待，且擅昆曲，对国乐亦甚有研究。当其在英访问时，英人曾请其发表演讲，徐以“中国之音乐”为题，对国乐力加阐扬，深入浅出，议论精辟，听者为之动容，初不意中国军人，竟有如此高深之文化修养。当然，段之派徐出国访问，是有其深远的意义的，他要培养徐的国际声望，以备大用；徐亦深体段意，所以他在周旋各国政要之间，处处也表示政治家的风度。

冯拥段上台，一开始便怀着“利用”的目的，企图以段为缓冲他和奉系之间矛盾的调停人。段对冯的反复无常，以倒戈为看家本领的作风，素无好感；益以段的属下对奉系人员多有私交，所以在段主政时期，如遇到奉军和西北军发生利害冲突，而须由他出面调停时，段难免有袒奉之处。这么一来，冯对段由腻而厌，由厌而怨，由怨而恨，恶感日深；尤以当时北京的治安大权，操在冯手，段处身危城，如坐针毡。这一切情形，身在国外访问的徐氏是知之甚谂的。他平时事段如事父，段的苦恼，也就是他的苦恼；段的困难，也就是他的困难，现在他获悉段在北京简直就像“烤鸭”似的在那里受活罪，哪有袖手旁观坐视不救之理。于是专程返国，决意设法对付冯玉祥。但他本人也是光棍儿一名，手无寸铁，哪有力量来制裁拥有重兵的倒戈将军呢？思维再三，唯有联合各拥数十万大军的奉系首领张作霖与坐镇东南半壁河山的孙传芳，结成段、张、孙三角同盟，以实力对付实力，才有倒冯的可能。哪知他这一切计划，在他返国后一一进行时，却被冯派在上海负责情报的朴化人所侦悉，一五一十地向冯玉祥密报了。

徐树铮于民国十四年夏间由美返沪后，即电段拟晋京拜候起居，段以其本人在京已危如累卵，何能保护徐之安全，故回电力阻其来京。但徐氏胆豪心壮，平时对其本身的安全，素不重视，今谒段心切，自不能因一纸危害，而改变其初衷，于是对老长官的善意劝告，置之不顾，决计晋京。但他在北上之前，先赴南通访晤张季直先生，盘桓数日，寄情山水，引吭高歌，弹唱昆曲，并和这位在野的元老，说出他收拾时局的抱负，大获“状元公”的赞许；所以张氏在挽徐联中，才有“听大江东去歌残”这句话，实不胜其悼惜之感！徐于结束南通之行后，又赴金陵访晤孙馨远（传芳），谈妥了制冯的计划，然后才乘专车北上。到京后，即赴执政府晋谒，他一见段，口称“老师”，便两膝跪地行个大礼，段并下跪答礼，触景生情，师弟两人相拥而泣。一阵悲伤过后，徐究竟是年轻气盛，他告诉段道：用不着悲观，制裁冯玉祥的办法，他已和张作霖孙传芳商量妥了，短期内即可采取行动。段一听之下，心里虽感欣喜，但仍面嘱徐氏应小心谨慎，勿以轻率为敌所乘。徐为人赋性豪爽，他向段告辞后，一到外间办公室，即向段的秘书长梁鸿志说道：“你可即草拟讨伐令，咱们要马上对付冯玉祥了！”要知，当时北京政局是极端错综复杂的，明争暗斗，尔诈我虞；冯工于心计，段的左右，难免布置有他的奸细，徐所说的“草拟讨伐令”一语，不移时即传到冯的耳朵里，于是，徐之难逃一死，已经是注定了。

当徐氏离京返沪之日，突有人在段的办公桌上留一纸条，上面写着：“又铮万不可去，去必死……”，段急忙派人将这一纸条送徐，但这时他所乘的专车，已升火待发，且徐夙以豪壮自负，认为这一张纸条无足轻重，一笑置之。其左右曾劝徐改乘汽车循公路前往天津，俾可避敌耳目。徐以其身系政府大员，一举一动皆应堂堂正正，岂可舍正路而不由。于是仍然乘火车启程。讵料此行竟果然演出廊坊一幕惨剧。

原来在徐氏到京的前一个月间，冯玉祥接到朴化人自沪发出的密报后，杀徐的计细即已开始布置了。而担任这一项布置工作的乃是冯的副官长张允荣。至于自认为徐案凶手的陆承武，只是被利用为“替罪的羔羊”而已。陆的官职仅为西北边防督办公署的挂名参事，但他和冯有中表之亲，其父陆建章于民国七年因煽动军队反段，在津为徐所处决，冤冤相报，今利用其子出面为父报仇，正是师出有名，至少在“作案”的掩护上，也可自圆其说了。

陆承武平时原住居于天津，但为了参加布置这一谋杀工作及出面认罪的法律问题起见，曾数度前往张家口，寄宿于督办公署的军法处，与该处处长张庆荣协同研究。杀徐另一应行顾虑的问题，即当时的平津路上驻有英国使馆所属的卫队，前次冯由热河回师北平途经丰台车站时，即曾与驻防该地的英军发生冲突，前车可鉴，不能不未雨绸缪。况驻京的英法使馆，素倾向于段，常暗中牵制西北军队的行动。再则，当时天津的日本驻屯军，经常派兵逡巡于京津道上，冯夙以排日自命，日方对之自极为厌恶，且当时的驻津总领事，即最近逝世的日本故首相吉田茂，乃一反冯健将；另二次大战时，在日军占领下出任香港总督的酒井隆，维时任职于天津日本宪兵队，亦视冯为眼中钉。冯对徐采取行动时，若英日两国军队路见不平，拔刀援徐，则对冯将极为不利。这些有关“洋务”上的问题，陆承武来到张家口时，曾求计于北京政府驻察哈尔的外交特派员素有西北军谋士之称的包志拯；故事发之日，张庆荣和包志拯两人均先到廊坊听候差遣，以备万一。冯且另派督办公署的外交处长唐悦良，及京畿卫戍总司令鹿钟麟坐镇北京应变。这样严密的布置，几等于西北军为了杀徐树铮一人而实行全体总动员了。

案发的当日，徐的专车驶至廊坊时，冯方的对付办法是先礼后兵。开始，先以张之江名义，请徐下车，表示欢迎。徐对来人告称，公要羁身，无暇下车，如张督办有事相商，不妨上车面谈。软计不售，继以硬功，俄而陆承武突然出现徐之座前，手里散发着“报仇雪恨”的传单，嘴里大喊

“杀人犯！杀人犯！军警快来……”，这时张之江已化装成二等兵模样，混在普通军士中，挥挥手做一个暗号，兵士们便把徐树铮强行拉下车，推至离车站以东一百多公尺处，亦即廊坊北角的台阶上，只听砰然一响，徐氏即应声而倒。一代人豪，竟不克展其长才而死于非命，宁不令人叹息？！

陆建章与冯玉祥

关山月

冯玉祥杀徐树铮这件事，是民国初期的大疑案之一。

杀的动机，一般都相信：是为了要替被徐杀掉的陆建章报仇。但也有不少人，反对这种看法。他们认为：冯徐在政治上的利害冲突，才是主要的原因。这个问题，断断续续地争辩了四五十年，至今也还没有得到一个定论。

放在这篇东西面前的任务，并不是要在冯的动机上有所探讨，而只是要根据一些历史资料，尤其从冯自己撰写的回忆录中，来加以考察：冯陆之间的关系，究竟亲密到什么程度？使每个对冯杀徐的动机问题感兴趣的人，可以用这些材料做参考，来自己下一个判断，建立在那种关系上的冯陆友谊，是不是会使冯在陆死后把“报仇”当作义务和责任？

陆建章这个人，在民国初期，是位鼎鼎大名、人见人怕的“活阎王”，也是袁世凯身边最可靠和最嗜血的一条猎狗。名义上，他是“军政执法处处长”，后来又兼了京师警备副总司令，实际上就是袁家天下的“天字第一号”刽子手，全国的特务头头。杀人如麻，血债重重。前前后后，被他公开杀掉的政坛人物，就有辛亥革命的“首义元勋”之一、武汉军政府军务司副司长张振武，湖北将校团团长方维，社会党党魁陈翼龙，国会议员伍汉持、徐镜心、段世恒、徐秀钧……反对帝制的国学大师章太炎，虽然身为“吉林筹边使”，也被他不客气地在北京软禁了两年！

后来袁大总统又加封他为“咸武将军”，让他到陕西去“开府建衙”，并且晋爵为“洪宪皇朝”的“一等伯”，俨然成为袁家天下在西北的“擎天玉柱”。直到蔡锷起义以后，他还不断唆使冯玉祥在四川挥军力战，堵住“护国军”的攻势。

因此，无论从历史的、政治的，以至于做人的观点来看：这位袁世凯手下的“杀人王”，都是一个蟊贼和罪人，实在值不得加以谅解，当然更值不得加以辩护和颂赞。

根据目前能够搜集到的野史、笔记、官方文件和私家著作，当时朝野方面对他的口碑，似乎很有点近于“国人皆曰可杀”的程度。就连一些置身于政治旋涡之外，而又身历其时的记者与作家之流，也都对他充满了反感。

他们或是把这位“杀人王”，上了一个“著名酷吏”的尊号。

或是就这样地介绍他：

> 陆建章也非善类，专好杀人。……他秉承袁氏意旨，派遣私人，一味侦查反对党，……往往有挟嫌谎报……便即信为真情，妄加捕戳。后来复经他人入告，说是侦报未确，……他又召到原谍，邀他同食，食时尚谈笑甚欢，及食毕后，忽提前事，不容分辩，即命推出处死。或且并不提及，欢送出门，突从他背后，发一手枪，击毙了事。
>
> 所居院落，辄陈尸累累，故都人见他请客的红柬，多有戒心，号为“阎王票子”。且因他杀人甚众，如屠猪犬一般，因复赠一号，叫作“屠夫”。

立场比较超然的人，像“政学系”的首脑吴鼎昌之流，也都说过：

> 戊午夏时，余判估度支，奉命随国务总理赴汉劳军。……其督暴建章扰鲁状，请示处分。总理大怒，……因传军令，饬各军协拿，就地正法，且申言曰：“朗斋（陆建章字）老同袍，不如是，将法曲于清，众连称奉命。

字里行间，说得很清楚：陆的作为，是犯了众怒的。

身为“安福系”要角曹汝霖，也在自己的回忆录中写道：

> 北京……茶馆饭店都贴有莫谈国事字条，……捕获即交军政执法处。……处长陆建章，残忍成性，真是杀人不眨眼之人。邻近住家，于午夜常闻鬼哭神号之声，皆是刑逼口供，恐枉死之人不计其数，即于院场枪毙。……有一日，余见项城……乘机进言：外间对于暗探，谈虎色变……此是大失人心之事。……总统听了，亦觉出于意外，云当令陆处长慎重办案。

曹和陆的派虽然不同，但他指摘的都是一般性的劣迹，如果不是当时人所共知的东西，他是不敢公开地笔之于书的。

一九一八年，这位“杀人王”被段祺瑞的智囊徐树铮，不经法庭审判，用计诱来枪决以后引起了社会上很大的波动。而在“全国和平联合会”声讨徐树铮弄权擅政的通电中，只是提到：

> 陆建章以专阃大员，……果有法外举动，罪无可逭，亦应先宣罪状，后正军法。乃徐树铮立谈之倾，率尔枪决，徐逆之草菅人命，弁髦法律也。

就是在直皖两系军阀兵戎相见的时候，曹锟，张作霖，李纯联名打了一个“宣布徐树铮罪状”的通电，也只说道：

> 陆建章……无论其有无不赦之罪，既为陆军上将，特任命官，总以请命中枢，提交军法会议，方为公允，……新进后生，擅杀大员，欺蔑前辈，藐视王章，专擅恣睢，莫此为甚。

这些通电的人，当时的立场，是和徐树铮完全敌对的。而他们所公开指责的，也只不过是说徐不应该把一个“专阃大员”，现任的“将军”，如此草率，如此不合手续地杀掉，却并没有说陆是不该杀的。——由此可见：陆这人的恶劣到可杀，大概在当时已经成了一种公论。

那么，为什么那位一向自命为非常重视“民意”，非常重视“公论”的冯玉祥，居然会冒天下之大“不韪”，来替陆建章报仇和洗刷呢？

冯陆之间的亲密，到底是基于“舅甥”关系？“老长官关系”？还是“丫姑爷关系”？

在民国史料中，这几种说法，都有人言之凿凿。而在冯的自传中，却绝口没有提过陆是他的母舅这回事，只说陆是他的“老长官”。

到了《刘汝明回忆录》出版，才弄清楚这段关系，原来冯玉祥夫人是陆建章夫人的侄女，是河北省盐山县尚家宅的人，陆夫人还有个妹妹嫁了阎相文，冯夫人还有个妹妹嫁了石敬亭，四人均曾任陕西督军，当时传为佳话。

只要翻过一遍冯玉祥这本自传的人，就至少可以发现三个很有趣的地方：

一、陆建章死得太早，所以只能在《自传》的前半部出现。

但是，在前半部中提到他的地方竟有二十五处之多。

二、凡是提到他的地方，不是称之为“陆朗斋将军”，就是“陆将军”，绝不像称呼别人一样地直呼其名，或是干脆呼之为“老袁”“老段”“蒋”……

三、从头至尾，在二十五处中，没有过一字的贬评，也没有过一字的讽嘲。

这些现象，在冯的自传中那种“惜墨如金”“论人唯严”“宁缺毋滥”“宁骂毋捧”的笔法下，简直成了个唯一的奇迹。由此可见：陆冯之间的关系，绝对不比寻常！

从另一方面来看：冯写这本《自传》的时候，是正在七七以前，在南京当光杆的“军事委员会副委员长”的韬光养晦阶段。那时，他只要放眼看一下当日的“西北军”旧部，哪一个不是他从丘八提拔起来的？哪一个今天又不比他这位“老长官”更飞黄腾达？宋哲元成了华北王，韩复榘是山东的土皇帝，鹿钟麟和曹浩森都是军政部的次长，就连当年的伙夫冯治安，马弁赵登禹，也都各为师长，一声令下，万人呼诺。但是，又有哪一个还把他这位“老长官”真真正正看在眼里？这位不得意的“英雄”，在感慨之余，就索性笔之于书：让他们看看，我冯玉祥是如何对待我的老长官陆建章的？

当然，这只是一种假想性的推断而已。

冯和陆是什么时候，在什么条件下，开始发生关系的？到现在为止，还缺乏可靠的参考资料。根据冯在《自传》中提供的一些片断东西：他和陆之间，大概是在一九〇五年（光绪三十一年）前后，开始发生接触的。那时，他们同属于北洋新军第六镇。不过，陆已经是那一镇的协统，等于是旅长。而冯却只不过是一个小小的司务长而已。按照北洋军的编制，最多才是个“准尉”。

陆在那个时候，已经深得袁世凯的赏识，不大把段祺瑞一流人物放在眼里。所以，在北洋新军举行“彰德秋操”的时候，他为了在两中行军，应当徒步还是坐火车的问题，和指挥官段祺瑞大闹了一场，居然敢“置演习于不顾”，一怒而告了病假，独自回到保定去了。

冯在《自传》中叙述到这个故事的时候，谁也看得出来：这位一向主张吃苦，而且拼命在不必要吃苦的情况下，以吃苦来哗众取宠的人，居然也认为应当让：“队伍改坐火车……免得官兵衣服淋湿，到时不便演习。”而并不觉得段祺瑞所说的“难道下雨的时候就不打仗吗”，正和他多年来的主张很有点相似了。

一九〇七年以后，冯当了“第一混成协”的第三营后队队官，但他却不远千里地从驻防的东北新民府，到山东省的曹州。

顺便去见陆朗斋将军，谈了些关于军事方面的问题。临别，他送了我一本彭刚直公的奏稿。他说这本书，很有意思，叫我拿回仔细读一读。

老实说，这段记载的确很具有点幽默意味。因为不管是送礼的人也好，收礼的人也好，谁也既不刚，而更不直，简直活生生地向“刚直”二字，开了一个最大的玩笑。

冯平生最大的“革命资本”之一，就是“滦州起义”。这一役的“首脑”有四个：北洋军政府大都督王金铭，总司令施从云，参谋总长冯玉祥，参谋长白雅雨。结果，都几乎全部落了通永镇守使王怀庆的圈套，当场打死。只有这位冯玉祥参谋总长落了个“押解”回籍。

谁知一到北京，既不“刚”又不“直”的陆建章，就站出来替那位既不刚，又不直的冯玉祥来保镖了。据冯自己写道：

> 陆将军就叫喜奎把我留在他这里，不必向保定押送了。……陆将军说：……什么是叛徒？现在许多人都以为革命的就是叛徒，过几天谁都要革命，谁都要做叛徒了。这个时势，谁也说不定的。到了那天，现在这些杀革命，拿叛徒的，保不定自己要干革命，也要做叛徒了。……
>
> 我刚刚从广东潮州府回来，我并不是反对革命才回来的。我在那里，人地生疏，言语不通，我想革命，也号召不起来，我说我革命，谁也不相信我。……一会儿，大家都要革命了。

结果是：冯当然被留下来，而终于没有步王金铭、施从云、白雅雨之后，成为先烈。而这位在冯玉祥眼中救其革命的“陆将军”，也从此就成了袁世凯大总统手下的天字第一号特务，像切西瓜一样地大杀其革命党。张振武和那些国会议员，都是在他大赞其“革命”和“叛徒”之后，才纷纷成了枪下之鬼的。那时的冯玉祥，不知是对革命忽然失掉了兴趣，还是事后完全记不起来了陆建章屠杀反袁人士的劣迹，所以在他的自传中，居然连一个字都没有提。

恰恰与此相反，一向被史家们认为是由袁世凯自己导演出来的“北京兵变”，在冯玉祥的笔下，却有很详尽的描写。而陆建章也成了其中唯一的英雄人物。冯的原文，是这样的：

兵变，最初是从东城铁狮子胡同总统府爆发……陆将军得到消息，和大家说：“段芝贵这个人真该杀！前几天商谈，大家都说士兵生活很苦，不能减饷，他却偏要把出征的饷银减去了一两。……现在好了！激起了兵变来了！……”

陆将军看见事变扩大，情形紧迫，把营务处的一队骑兵同两队步兵，统统调集到西单头条的公署前面讲话。……态度从容不迫。嬉笑着脸向士兵问道：“你们知道那边枪响是干什么的吗？”

大家回答道：“不知道。”

“大概是兵变。”陆将军亲切地笑着说：“依你们看，他们在北京抢了人家的东西，发了财，能回到山东河南的老家去享福吗？”

大家回答说：“不能够。”

“自然不行。溜到半路上就要给人家捉住砍头的。可是他们现在那里抢的热闹，我们却什么也摸不着。依大家的意思，怎么办才好呢？”

“不知道，全听营务处主张。”

“若是这样的乱抢一阵，大家就能发财，那我早就领着大家去抢了。我比你们年纪大些，见的比你们多些。依我的主意，咱们暂时不要动手，等会儿，看着能抢的时候，咱们再大伙儿动手。……但要紧的是不要让他们抢过了界，不然抢光了，就没咱们的份儿了。现在大家快到西交民巷口去防堵，若是那边有变兵往这边冲，你们就告诉他们，就说西城留着咱们自己抢，不要让他们闯过来！”

那时事变蔓延，人心浮动……如瘟疫之传播，如大火之燎原，谁也没有能力阻止。这样的时候，陆将军却能不慌不忙，从容应变，实在是难能可贵的。当时他讲这番说话时，我就在旁边，他那种镇静自然的神情，使我非常的敬佩。……

从这一段的记事中，可以发现两件很有趣的事情。第一，冯对陆的确有超乎寻常的好感，所以从他那一向喜欢对别人吹毛求疵的嘴里，居然会不绝口地说出："难能可贵"和"非常敬佩"一类的赞语来。

第二，冯在大军阀中，一向以善于讲演著称。而他最喜欢使用的方式，就是和士兵们一问一答。许多人都认为这种方式，是他的一个发明，他也对之颇为自得。所以，在《自传》中，他还特别引证过几次他对士兵们这样讲演的经过。一次是在邠州的"军民大会上"：

我……向民众发问道："军阀祸国殃民，应不应该打倒？"

答道："应该打倒！"

"帝国主义者侵略我们……应该打倒吗？"

"应该打倒！"

"军阀和帝国主义必须打倒，究竟谁去打呢？"

答道："主要还靠军队。"

"军队没饭呢，没衣穿，没有粮草马匹，可以打仗吗？"

答道："不能！"

这样的问答数次，又经详细地讲解，大家才恍然大悟似地明白了过来。

另一次是在潼关，向官兵们讲话：

我说：一个兵身高四尺，另一个兵身高五尺，是否应当截长补短以求平等？（有些兵们不明白意思，答曰：应当！）骑兵骑马，步兵步行，辎重兵还要担挑东西，你说怎么办？是不是应该把马卖了，一律步行？或是大家都该骑马以求平等？（兵们也答道：对的！）……革命不是作乱，不可以平等之类名词挑拨感情，不然，什么也不要想干！

仔细地参考一个他的《自传》以后，就可以得到一个结论，这种一问一答的演讲方式，并不是他首创的。在这方面，他有两个老师，其中一个是苏联。据他说：

到上乌金斯克的第二天，正值五一劳动节。……会毕开始游行与操演，女工在前，男工在后，工人过完是军队……每逢走过参观台的时候，台上检阅委员就向他们发问："你们预备好了没有？"

"我们已经预备好了，我们联合全世界弱小民族，打倒帝国主义！"大家如雷似地答应着。

这样一问一答的过去，空气非常的热烈和紧张。

另一个老师，启发这样一问一答地讲演的人，不是别个，正是那位"杀人王"陆建章。

在冯的自传中，详细地叙述过陆在兵变声中，向士兵们"训话"的情形以后，又接着写到陆冒险去探望袁世凯：

袁看见陆将军来了，喜出望外，哭丧着脸对陆将军说道：

"到了这样时候，什么人都躲光了，你怎么反倒来了？"

陆将军说："平常时候我可以不来，现在我却不能不来。说话我不大会，赶到做实事的时候，我也许可以凑付的。……这事请总统不要管，……交给我和姜桂题去办好了。"……陆将军退出来，已是天光破晓的时候了。

在这一段文字中的陆建章，非但不成其为一个人人憎恶的魔王，而且简直是个真正"临危受命，见义勇为"的大仁大勇之人了。

据冯的自述：过了不久，袁世凯又练了一批新的队伍，名为“备补军”，由陆建章担任其中的左路统领，底下有五营部队。陆自己兼任中营营长，由他的儿子陆承武，担任后营营长，却把正在当“中校副官”的冯玉祥，派去当前营营长。这位大刽子手，对冯的特别提携和信任，由此就可见一斑了。

帝制运动春云初展的时候，袁世凯软禁章太炎的事件，因为是由陆一手包办的，所以到了冯的笔下，就极其轻描淡写地说：

> 袁世凯这时躲在家里，气也不敢哼。到后实在受不住了，就找陆将军把太炎先生劝到石虎胡同住下，每天三顿丰盛的酒席款待着。……可是太炎先生仍然气愤填膺，骂不绝口。

但是，如果把这段记载和章太炎夫妇当时写给袁的信，拿来对照一下，就大有毛病了。在章的信（一九一三年二月）中写道：

> 大总统执事：
>
> 幽居京都，派兵相守者三月矣！欲出居青岛，……抵书警备副司令陆君，以喻意，七日以来，终无报命，如何隐忍，以导出疆。……

章的夫人汤国黎，在一九一四年六月，上书给袁时说道：

> 项接外子电称：汇款适足偿债，我仍忍饥，六日二粥而已。……旧仆被摈，通信又难。……

这些“派兵相守”“七日终无报命”“汇款偿债，六日二粥”的情形，似乎和冯所说的“劝到石虎胡同住下……丰盛的酒席款待着”那种“优礼”，颇有一些距离。

最妙的是：冯在自传中，接着就大发议论：

> 袁世凯……横暴恣肆，简直是一个杀人不眨眼的活阎王。无故失踪的人每天都有。……

他却忘记提到了一点：这位“活阎王”手下最忠实最可怕的一个刽子手，就是他认为“难能可贵”“非常敬佩”的那位“陆将军”。

冯因为被陆一手提拔，几年之间，从一个小小的司务长，爬到了“备补军”的“左翼第二团长”，所以对陆是绝对服从，凡事都要应命而行的。据冯自己回忆：有一天，他团里的一个新兵，指头上得了血中毒。同仁医院的医生主张马上开刀，可是，冯却说：“我不敢做这个主，请等我的回话，再做定夺。”当即把此事去报告了陆统领，……陆将军说：“这万万不可姑息，毒气到了那里，就齐那里锯掉”。……我回头即通知医生，照他的话行了手术。

连一个士兵在指头上动手术，他都要遵陆之命而行；国家大事和政治立场上，陆的意见自然也就是他的意见了。这一点，是极其显而易见的。

因此，过了不久，陆当了“剿匪督办”，去替袁世凯打“白狼”的时候，奉命随征的冯玉祥，又升为警卫军左翼第一旅的旅长，离他“奉命押解回籍”的厄运阶段，还不过两年光景。

陆建章以威武将军的资格督陕以后，更成了冯玉祥的英雄得意之秋。他那一旅人，居然扩充成了“中央直辖”的“第十六混成旅”。这一点，对冯以后的兴风作浪，关系很大，他自己也说：

> 有了这个独立团体的存在，使我能够很自由的……同恶势力积极奋斗。十余年中，十六混成旅所以始终能在北洋军阀的重重包围之下，久历艰苦，毫不妥协，一直奋斗到底者，皆得力于这时候的改编。

可惜的是：这位冯先生忘记了一点：当时最大的“恶势力”，就是袁陆这一批人。而他从没有忘记的，却是他的能有“这个独立团体”，“皆得力于”陆的大力栽培。

袁世凯在正式登基的前夕，把他的亲信陈宧派到四川去当“西南柱石”。而且把冯也调到川北去“负责清乡”，所辖二十余县。

蔡锷的“护国军”入川以后，冯的表现，尽管在他的《自传》中说得天花乱坠，什么“绝对不能站在帝制的这一边，去和护国军为敌”，什么“坚决地站在革命的立场，为国奋斗”。事实上，他们却“时决定固守泸州”，一切“待后再说”，换句话：也就是不准护国军通过。

其中最主要的原因，就是像冯自己说的：

> 北京统率办事处和参谋部，成都陈将军，陕西陆将军，重庆曹总司令，各方面都不断地给我命令。……陆将军那里，先来一电，要我守泸州，待一会儿，再来一个加急电，说：着该旅长迅速收复叙府。稍停，又来一个十万火急电，却要我星夜率队到自流井。……

在他的《自传》中，冯的说法是：自动撤出泸州，退往南溪。而根据当时的“云南都督府总参谋长”庾恩旸的记载，却完全两样了。他说：

> 袁逆闻耗大震……命冯玉祥率所部由州方面进攻叙东。……战于白沙场，敌军据龙题山，用炮数尊并机关枪十数挺集中注射，我军第四连长杨盛民战殁，第一连长凌邦亦受重创，其余官兵伤亡亦众。……鏖战三昼夜之久，毙敌营长一人，连长三人，敌兵数百人。敌旅长冯玉祥亦负重创，纵火烧民舍，向南溪溃退。……夺获炝炮子弹无算，俘虏敌兵百余人，冯军退至江安……高悬白旗，口称愿降。……

这一仗，据冯在《自传》中写道：是“约定彼此不打，万一不得已只放朝天枪”。如果真是这样的话，又何至于双方的伤亡如此之大？

后来，据冯自己说：“陕西陆将军……连电催促，非要我进攻叙府不可……势已无可拖延……于是前进，一面放着朝天枪。”

然而，据蔡锷那时的电报，却口口声声地：

“此三星期之剧战，实吾国有枪炮后之第一战也。”

由此可见：那时的“冯旅长”，在“陆将军”的激励之下，非仅没有大放“空枪”，而且拼得十分出力。因此，当别人在蔡锷面前大打败仗的时候，能够攻入纳溪重地，被袁世凯破例升作洪宪皇朝的“男爵”，而且命令说他：“忠勇奋发，极堪嘉奖”。这其实都是那位“陆将军”平时提拔的功劳。

至于冯在四川是否也真相他在《自传》中那样的爱民如子呢？据蔡锷当时的电报：

> 纳溪附郭各处，焚烧民居殆近千家。有时发现伪示：尚谓滇军纵火，贻害百姓，乞请筹款赈恤等语。横暴之极，济以贪骗，人民亲身目睹，衔之刺骨。

这地区正是冯部队当时所在，按道理说，大概不能由别的“北军”部队来负其咎的。

后来，冯又替袁攻占了叙府，但却正像他自己说的：

> 接得陆将军急电，说西安被围，令我星夜率队往援。我即不顾一切，将队伍撤向自流井……走了两天，在路上又接到陕西的电报……知道陆将军已让出西安，叫我停止赴援。
>
> 北进既不必要，便将部队统统集中自流井。

这一次，是因为陕西镇守使陈树藩，活捉了陆建章的儿子，第一旅长陆承武，要挟陆“所部缴械，退出陕境”由陈来出任陕西省的“护国军都督”。由于“救主心切”，于是“革命”也好，“护国”也好，“封爵”也好，就都顾不得了。

谁知时局变动得太快，袁世凯一死，连累得那位“陆将军”也成了个没有人要的“弃妇”。而身为这个袁朝鹰犬最亲信的人——冯玉祥，也就开始走了下坡。所以他才在自己传中说：

> 那时段总理兼任陆军部长，徐树铮与傅良佐分任次长之职。傅等把我们队伍看着和陆将军有亲密关系，而他们不满于陆将军，因而亦歧视我，要以对陆将军的办法对我。……一心要用功夫来把我们消灭。

这位冯先生究竟是个旧式军人，说起话来不大讲求逻辑。所以，紧接着就谈到了当时的陆军部下令把他调任为“正定府第六路巡防营统领”，闹得他的全旅官兵通电抗命。据他自己的记载：

> 西方闹成僵局，傅良佐和徐树铮没有办法，去找陆将军出来调处。陆将军到了廊坊，先和我说了一回，又召集全体官长说了一回，大意是：“他们歧视我们，蓄意消灭我们，只是妄想。但我们此时不能反抗。一反抗，反倒变成我们不是了。我们此时正好养精蓄锐，谁也别想消灭得掉。看他们这样胡闹，必定有大乱子出来。那时我们自然有办法出来。”
>
> 官长们经此开说，都表示接受其意思，我即将交代办好。

这一段记载，说得再明白也没有：堂堂陆军部的命令，解决不了的事情，只要这位“陆将军”来讲几句话，就成了功。而且他在谈话中，屡次提到“歧视我们”“消灭我们”“我们养精蓄锐”“我们自然有办法”的话，都是以证明他们之间的确存在着血肉关联的派系关系。

在这一段时期，陆和冯都实际上变成了光杆的将军，手里没枪杆子，非常不得意。巡防营一共有四营人马，分驻于十八个县份，地广兵稀，毫不能起什么作用。所以，冯就装病上了天台山去看佛经，习打坐。直到张勋在北京正式复辟的时候。

> 陆将军的表示很是冷静沉着，说这次的事是段先生一手作弄出来的。因为他出了北京，就不容易回去，于是把张勋这傻子弄出来，再把他打下去。一面取三造共和之名，一面就好回北京。解铃还须系铃人，让他们自己去闹，我们只可帮帮忙，不必过于认真。
>
> 听陆将军的说话，当时已知内幕。……当即匆匆辞别，到车站赶晚车回廊坊。……把讨伐张勋的意义和十六混成旅的官兵使命，反复说明，一面通电昭告国人，誓以铁血卫护民国。

这里，冯也说得很清楚：他的“讨伐张勋”，并不是“拍案而起”，“不假思索”的行动；而是事先到天津去向陆将军“请示”过的。换句话说：如果陆那时已经被张勋高官厚爵地封赠了一通，因而对复辟的态度大有不同的话，那么，冯这一支部队还会不会在廊坊参加“讨逆军”，也许就会大成问题了。

段祺瑞重新上台以后，曾经“居高临下”地劝过冯玉祥，不要太和那位“陆将军”打成一片。在冯的《自传》中，经过是这样的：

> 段先生说……将调我增援福建，为我增加一团人……共二千七百人，以后国民军后起将领多归德府人，就多是此次招募而来。……叫我和陆朗斋将军不要常常来往。……我回答道：“……他是我的老长官，和总理也是老朋友，同辈。我今天就是打个通电，说我和陆无关，哪个肯信？现在国家大难当前，还希望总理与陆将军多多谈谈，

陆将军有胆有识，愿总理对陆将军亲之信之，一定与大局有益。你们和和气气，共谋国是，我们后辈小子看着也学个榜样。……”

冯玉祥带着他的部队离开了北方以后，实际上还是一支“陆家军”，当时深悉内幕的人的记载：

> 冯旅由浦口开到湖北，又在武穴停留下来，陆建章仍然留在冯玉祥军中，……叫冯玉祥在武穴发出这个主和通电，以打乱主战派对湖南进攻的步骤……。同时，陆建章还布置了一个突击安徽的计划，打算把主战派极端顽固分子倪嗣冲赶走。……如果这个问题解决了，不但陆建章取得个人地位，而且长江三督打成一片，津浦南段全在掌握，主和派就更有力量对付主战派了。与冯玉祥发表寒电的同时，鄂皖边境……出现了安徽讨逆军……公推陆建章为讨逆军总司令。……冯旅主和，引起了主战阵营的极度慌乱。

陆和冯的这些作为，就成了徐树铮后来在天津诱杀陆的主要原因。冯在《自传》中，向来对于自己难于自圆其说的事情，避而不谈，或是轻轻地一笔带过。在陆建章和徐树铮这一对冤家的下场上，他都故意没有提陆。只是轻描淡写地把陆的死，说是段祺瑞和徐树铮二人单方面的责任，认为他们：

“排除异己，一意孤行。”

“凡稍碍他们眼的人，必除之而后甘心。……捕杀陆朗斋将军，并不免其职，亦不宣布其罪状，糊里糊涂即把他处死。这种做法，狰狞猖狂，咄咄逼人。”冯玉祥自己笔下写出来的这些材料，从头到尾，提供了一幅相当完整而清晰的画面：对冯来说，陆建章并不是像一般人所深恶痛绝的那样一个“杀人王”；对陆来说，冯也不是一般人所不齿的那样一个朝三暮四，刻薄寡恩的小人。因此，他们才会互相欣赏到那么深挚的程度！

我与冯玉祥的一段渊源

金典戎

编者按：世人多知冯玉祥生平以倒戈起家，以矫揉造作而欺世盗名，唯冯氏居常待人接物之一言一动究如何？彼于处逆境时之心情又如何？过去虽不乏记述，但多人云亦云，终未能刻画入微，揭其隐秘。

金典戎将军之于冯氏，具有一段不寻常之渊源，尤其冯氏当年在张家口号召抗日以及在泰山养晦两时期，金氏与冯，日夕聚首，俨若家人，冯虽善变善做，而金氏固洞若观火也。此文内容为将冯在张家口与泰山两时期，外间所不及知之一切秘闻异事，据实书而出之，以飨读者。

※　　　　※　　　　※

先生请吃饭，席设三阳观；
白水泡煎饼，上下两身汗。

上面这首打油诗，是我同冯玉祥先生一起住在泰山的时候，在某一次的聚餐中，我信口胡诌的东西。当时在座的人，有孙哲生、戴季陶、王瑚、老冯和我。

我现在还清楚地记得，我从黑龙江抗日归来之后，就住在北平西城羊肉胡同路南的一所小四合院里面。房子虽然不怎样多，可是，在那个小院落里，有藤萝架，有石榴树，有荷花池，有金鱼缸，颇得小桥流水、花木扶疏之胜！

有一天，正当夕阳西下，我泡了一壶茶，一个人坐在藤萝架下，正在静静地悠然出神，忽然，我的老仆人走来告诉我，说外面有一位李先生要见我。我一看名片是“李连海”，在我记忆里，说什么也想不起来在什么地方认识过他。但彼时北方的习惯，与目下香港的情形不同，凡是来访的客人，无论识与不识，都不能拒而不见。我稍微踌躇了一下，便说道：“请进来！”并亲自踱到门口去迎接他。

这位客人进来之后，我一打量，见他穿着一身藏青色的中山装，戴着一顶灰色的呢帽，高高的个子，瘦瘦的面庞，两眼精光焕发，人显得很英武的样子。一口地道的保定府口音，笑嘻嘻地对我“自我介绍”说：“兄弟是李连海，你是金先生吧？”

“是的，是的！请坐，请坐！”我一面答复他的问话，一面很殷勤地招呼着他。

客人坐下之后，立刻把手中提着的两个纸盒，放在我的面前，很郑重地对我说：“冯先生很景仰金先生的抗日精神，称赞你是民族英雄，特意派兄弟带两盒张家口的口蘑来，送给金先生，千里送鹅毛，乃表示他对金先生的敬意。”

他表达来意之后，看见我面部的表情，似乎依然看出来很错愕的样子，于是他又悄悄地对我说：“李德全女士是我家姐，金先生有什么话同我讲，是没有关系的。”来客似乎是在说明他的身份，以免除我对他的怀疑。

“谢谢冯先生！谢谢李先生！承蒙冯先生看得起我，和劳动李先生光临寒舍，实在不敢当。”我因为没法证明来客，是不是冯先生派来的，和他本人是不是真的是李某其人，对他只好随便敷衍一番。

来客好像看出了我的用意，这时从怀中掏出一封信来，递给我说：“这是冯先生的亲笔问候信，请金先生过目。”

我一看信，真是冯先生的亲笔字，我这才对李连海说：“劳动李先生远道而来，不知道对兄弟有什么指教的地方？”

李却摆出一副很诚恳的样子对我说：“先生的意思，如果金先生有空的话，先生希望金先生到张家口去谈谈。”（后来我才知道，“先生”两个字，是冯左右的人对他一种尊称。）

大家把底牌摊出来之后，这才畅所欲言地谈论起来。李在谈话中，对于“何梅协议”表示极端的不满！他认为这是中央签订“卖国条约”的佐证。李连海显然是一个善于辞令的人，他当时掌握了我坚决抗日的心理，凭其三寸不烂之舌，一再对我强调“抗日”的重要性如何如何，说到激昂时，甚至“声泪俱下”，终于使我受到了极大的激动，结果，我是答应了他，和他一同到张家口去同冯先生见面。

后来我才知道，冯先生派李连海到北平找我的原因，是基于下列的一个因素：当一九三二年日本军队在一夜之间，占领了东三省各重要城市之后，我们驻在关外的军队，奉到“北平军分会”的命令，是保存实力，把军队撤回平津附近，以等待反攻的机会（军分会的委员长是张学良，后来又换了何应钦）。

我那时担任的职务，是兴安区屯垦督办公署的参谋长，屯垦督办是邹作华先生（现居台湾），那时邹先生正在访问欧西各国，由我在屯恳区里替他负责，我们一共指挥有五个团的军队——三团步兵，一团炮兵，一团骑兵。后来在江桥抵抗日本侵略的主力部队，就是我们这五团人马，以及马占山所统率的骑兵旅，和程志远所统率的步兵旅，再就是黑龙江省的警卫团，和一些地方部队。

江桥战役结束后，日本军队便像蚕食桑叶一样，再派一支军队，来攻打万里长城，在喜峰口一带同西北军宋哲元所部，打得相当激烈。张自忠和赵登禹所率的大刀队，就是在那次大战中出了名的（张赵那时皆任师长）。以后中央军的黄杰第二师，和关麟征的第二十五师，开到增援，才把日本军队打退。上面所提到的“何梅协定”，就是在那次战役后所签订的。

这时，冯玉祥先生，正住在张家口“土儿沟”，在表面上他虽然是韬光养晦，在那专读书，但在骨子里，他暗中进行“反蒋”的活动。我那时只是一个二十几岁的青年军人，于是就在热血沸腾的情况下，加入了冯先生的抗日阵营。

冯先生在未发动抗日同盟军以前，各方面的代表，到张家口去宣传的人很多。最主要的人物，有李宗仁派去的代表，和李济深、刘湘、阎锡山派去的代表等。这些都属于政治性的，另外还有一批军事性的代表，计有庞炳勋派去的，有孙殿英、韩复榘、石友三派去的。但这些人也不过是“暗送秋波”，派人去对冯先生表示一下好感罢了。如果要叫他们揭起“抗日反蒋”的旗帜，他们都要看一看风头，谁也不肯首先表明态度。此时，很凑巧地有一批从东北退回来的义勇军，在无依无靠的情形下，都投奔到冯先生那里，冯既满怀野心，自然是来者不拒。这些人里面，有战韬，有冯占海，有邓文，有檀目新等，七拼八凑的，合起来也有一二十万人。其中，战韬是我的学生，邓文是我的旧部（在江桥作战时，邓是我指挥下的一个骑兵圃长），其余那些人，不是我的老朋友，就是我的同乡，在江桥作战时，都与我有过袍泽的情分，和同生共死的密切关系。

这些人在张家口见了面，谈到了冯先生的为人，他们震于外面的种种传说，都对他心怀戒心，大家会商的结果，就一致地同意把我拖出来，做他们和老冯中间的一个桥梁（我后来知道是战韬和邓文的提议，其余的人附和，战韬那时的名义是东北忠勇救国军总指挥）。

当他们把这个意思透露给老冯之后，冯也非常同意，并且立刻派李连海到北平去找我（我住的地方也是战韬告诉李连海的）。

我同李连海到了张家口，头一天，是住在靠近土儿沟的一家旅馆里。在当天下午冯先生就派李连海带一位勤务兵来，把我的行李搬到土儿沟他住的地方去，意思是叫我在张家口多盘桓几天（这个时候，抗日同盟军，虽在暗中不断地酝酿，但对外尚未到公开阶段，所以我可以在北平张家口之间，来往自如）。

我搬到冯先生那里之后，遇见的人既多，更想不到会碰上那么多的陆大同学。期别最高的，有邱斌先生（今年才病殁于沙田），其余都是后期同学，有王贯章、宋聿修、崔员琛等。这些同学们，都是西北军的老人，始终追随在冯先生的左右，论起他们同老冯的关系来，都可以替他们加上“亲信”两个字。我虽是外人，但因为他们深切地清楚我个人的历史，且知道我追随过郭松龄将军，同西北军有一段合作的渊源，所以什么事也不避讳我。

尤其是那位邱斌老大哥，为人极其豪爽，更拿我当自己小兄弟一样看待，因此凡是来会见冯先生的朋友，我也有份参加他们的秘密谈话，尤其在每天吃饭的时候，我们都被邀同冯先生坐在一起，那时有资格坐上座的人，一位是王瑚（铁珊）老先生（早年曾任江苏省长，他的趣闻轶事外面流传得很多，冯先生尊称他为铁老），另一位就是邱斌老大哥。邱在冯任十六混成旅旅长的时代是旅部参谋长，后来声名显赫的宗哲元、韩复榘、孙连仲等人，在那个时期，都不过是一个大兵的地位，就是鹿钟麟、张之江、熊斌等人，也不过是一个排连长，或一个小小的参谋。

在每次吃饭的时候，不是由王老先生，就是由邱老大哥讲一番笑话，再不然便由冯先生即席说一个有趣的故事，每次都是谈笑风生的，一点也不觉着拘束。

有一天我们聚餐桌上，忽然多了一位客人，除了我以外，旁人对他都好像很熟的样子。此时冯先生特别同我介绍说：“他是李忻先生，过去做过宪兵司令，现在从北平来看我的。”因为冯先生介绍的措辞很特别，李对我苦笑了一下，我也勉强地对李敷衍了几句。这一次吃饭，大家的情绪，似乎没有以往那样轻松。

大家僵了一会儿，还是由李忻开口对冯说：“先生！现在日本的军队，占领了多伦、沽源、康庄，距离张家口已不远了，说来到马上就可以来，先生又没有守土之责，为什么要在这里住着，这实在太危险了！我替先生想，南京请你开会，可以到南京去；不然就到上海去，或者仍回峪道河去。只要你一答应，马上就会预备专车送你登程。”

李忻说完这段话之后，很不自然地自己又打了一个哈哈说：“这里实在不安全得很！”

冯坐在一旁静静地听着，脸上一丝笑容也没有，气氛弄得非常沉闷。我这个外人，此时更不便插口，只好闷坐在那里，屏神敛气，等待事件的发展。

冯先生等李忻说完了话，立刻用很沉重的语调并板起很严肃的面孔对李说：“谢谢你的好意，但我要告诉你，由于你平时不肯读书，所以直到现在，你还不认识真理。请你想一想，从“九一八”事变以来，我每天都说雪我国耻，和收复失地，今天日本人离我们近了，倘若我就借着出席会议为名溜走了，这是多么聪明的办法！不替我自己想，就是替你们想想，我这样走了，你们以后怎样见人呢？”

冯说到这里，略停了一下，继续又说：“李先生，我常说的话，是君子爱人以德，小人爱人以姑息，你想想看，劝我溜走，这是爱我以德呢？还是爱我以姑息呢？我告诉你一句实话，我是决心要抗日的，我能动三十万兵，就抗三十万的；能动二十万兵，就抗二十万的。就是一个兵也弄不动，我一个人爬到屋顶上，拿着两杆手枪，打死一个日本兵够本，打死两个就赚了一个。谁叫你来的，你回去就对他说，我姓冯的愿意死在日本人手里，不愿意做一个软骨头的亡国奴。”

老冯先生表示得这样坚决，不但是李忻显得非常尴尬，就是我们这些同桌吃饭的人，大家也都低头无语，觉得怪不好意思。

此时，这个桌子上只有王铁珊先生有说话的资格，他趁势打圆场说：“冯先生和李先生说得都对，李先生跟过你二十多年，他对于你应当这样说。你是创造中华民国的，中国兴亡，你是有责任的，你也应当这样答复他，都说得对，都不要难过。”这样，才算把这尴尬场面敷衍了过去。

又有一天，我同邱老先生坐在冯先生屋里闲谈，传令兵忽然领一个红面孔的大汉进来，这位先生可以说是相当的鲁莽，他一进屋子里来，也不问青红皂白，跪在地下就哭了起来，而且还一面哭一面说：“我实在没有脸面见先生，你交给我几十万军队，都叫我弄光了，我还有什么脸面来见你呢！”

老冯这时一面拉他起来，一面也老泪纵横地说：“这话快不要说了，自从一九一三年以来，你跟我当兵，那时候我们只有一千五百人，后来发展到一百多万，这还不是你们弄来的吗？你们弄光了，不是应该的吗？有什么值得难过！”那个大汉又说：“我这次来见先生，就是想要以身报国，以死报效先生，我愿意死在日本人手上。”冯说：“这已经够了，你不必再说了！”

我这时觉得夹在中间，很不好意思，于是向邱老先生使了一个眼色，就乘冯同那位大汉说话的时候，悄悄地退了出来。我问邱说：“这位大汉是什么人哪？”邱说：“你不认识他吗？他就是大名鼎鼎的吉鸿昌。”

在午间吃饭的时候，冯才介绍我同吉鸿昌认识，吉怕我不明白姓名的写法，于是对我做了一个解释说：“吉是十一口，鸿是鸿运的意思，昌是昌大的意思。”

我只好笑着点头，但王铁老在一旁就笑话了，他说：“不对，吉是士口吉，因为士是读书人，从士口中说出来的话，都是吉祥的。”此语一出，逗得老冯也呵呵大笑起来，大家一面吃、一面说笑，早晨那又跪又哭的一幕，似乎已一扫而空。

冯在张家口竖起抗日大纛，满以为借着这块响亮招牌，可以重振旗鼓，在华北另创一番局面。不料宋哲元、韩复榘等，拥兵不动，中枢更施以种种压力，请他离开土儿沟，结果只热闹了半月光景，便收拾一切，黯然奔上泰山，读书去也！

我在张家口住了一个多礼拜，除了在冯先生那里会见了各方面来的“三山五岳”的好汉们外，便是同邱斌先生计划树立抗日大纛的事，这时我们统计了一下各方面投奔到张家口来的游杂部队，人数倒是不少，有二十万人左右，其中大部分的军队，是枪马齐全，就是服装不怎样整齐而已。

依照冯先生的意思，是暂时把他们编成为五个军，每个军是三万人到五万人。内定由邱斌担任冯的参谋长；方振武任第一军军长，兼前敌总司令；我任第二军军长，兼训练委员会主任委员；佟麟阁任第三军军长，兼察哈尔主席；吉鸿昌任第四军军长；邓文任第五军军长。

人枪都有了，剩下来的就是钱的问题，这时朱子桥先生，在北平城组织了一个“东北抗日军后援会”，他在上海各地募集了许多款子，专为帮助东北抗日军队之用。他听说许多东北游击义勇军开入了察哈尔境内，特意派杨慕时先生到张家口来慰劳他们，并带来十万现洋交给冯先生作为抗日用途。冯先生知道我同朱子桥先生的私交很好，就派我回北平去答谢朱先生的好意，并向他报告张家口方面筹划“抗日同盟军”的实际情形。

等到我再由北平返回张家口的时候，冯先生已经揭起“民众抗日同盟军”的大旗了，并按照事前拟定的名单，发表了“人事命令”。

这些军队因为都是临时七拼八凑编在一起的，除了高级军官外，中下级军官及士兵们，对于冯先生可以说一点认识也没有。冯先生这时候想出来一个临时训练方法，把我们一班陆大同学召集在一起，组织了一个“训练委员会”，由他亲自率领我们，到各部队去施行短期训练。冯先生有时候自己拿着一支步枪，亲自现身说法，教导那些官兵们练习“站射”“跪射”“卧射”的方法。

他为了使士兵们懂得爱民的道理，亲自写出来十条简单的问答，叫官兵们在每天早晨点名后，按着这个词句问答一番。

第一问：我们的父母是什么人？

答：是老百姓。

第二问：我们的兄弟、姐妹、亲戚、朋友是什么人？

答：是老百姓。

第三问：我们原来是什么人？

答：也是老百姓。

第四问：将来我们打完仗，退了伍去做什么？

答：还是做老百姓。

第五问：我们吃的东西是从哪里来的？

答：是老百姓给我们的。

第六问：我们穿的衣服是从哪里来的？

答：也是老百姓给我们的。

第七问：老百姓吃的穿的怎么样？

答：老百姓吃得坏、穿得坏，把省下来的钱都给我们了。

第八问：既是这样，若还欺压老百姓，对不对呢？

答：不对，欺压老百姓，就同欺压自己的父母、兄弟、姐妹、亲戚、朋友一样，那就是丧尽天良，不算是人了。

第九问：那么，我们对待老百姓应该怎么样呢？

答：应该爱护他们，敬重他们，处处帮助他们。

第十问：我们能都这样做，有什么好处？

答：老百姓也一定爱护我们、敬重我们、帮助我们，我们军民大家同心协力，就一定可以很快把日本鬼子赶了出去，把民族复兴起来。

此外，他还编了几首《士兵救国爱民歌》，教给士兵们唱，那些歌的词句是：

我们的父母是百姓，
我们的兄弟也是百姓，
亲戚和朋友，都是老百姓。
我们也曾把地种，
我们也曾把田耕。
打了胜仗回家乡，
仍愿拔草，做工去谋生。
我们吃的哪里来？

百姓血汗来供应。
我们穿戴衣帽和鞋袜，
哪件不是百姓辛苦所做成。
他们忍着饥饿和痛苦，
无非是希望我们：拿枪、杀敌、保生命。
爱护老百姓，
保我好河山。
立个大志愿，
要做英雄汉。
打仗拼命打，
不打仗时勤训练。
有空就帮忙老百姓：
插秧、割麦、灌地、盖房样样干，
不白吃百姓一顿饭。
大家人人都如此，
就是英雄和好汉。

因为受了时间的限制，这些部队只受了一个星期的训练，就奉命离开张家口，向沽源前进。我们不要小看这短短一个星期的训练，在精神方面，倒真是使士兵们把爱民的道理深深地印入他们脑海里去，他们从此以后，倒真正的严守纪律，不入民房，不骚扰老百姓了。

那些本地的老百姓，看见这些来往的军队，纪律突然变好了，都很奇怪，听士兵们的口音，大部分都还是东北人，有些老百姓就问他们："你们半个月前从这里过，还打人、骂人、抢人，不讲道理；现在从这里过，为什么这样守规矩，也不进民房了？"

以后有人从察北来，把些话告诉冯先生和我们听，大家听了都觉得很兴奋，很高兴。

这股军队，就凭着一鼓作气的士气，先打下沽源，后又打下了康保和保昌，最后进攻多伦时，很费了一些力气，死伤了两千多人，才把多伦拿下来。

那时，据守这四个地方的军队，除了少数日本军队外，大部分都是伪满军队，他们一看国军到了，只稍微抵抗一下就撤退出去。我们那时喊的一句口号，很收效果，那句口号是“弟兄们：中国人不打中国人，冯玉祥来了，缴枪过来吧！”

此时中枢是汪精卫担任行政院院长，他在南京发表谈话说：“何梅塘沽协议刚成功，老冯又在张家口闹事：多伦根本没有日本人，哪里会有仗可打呢？这分明是冯玉祥在那里造谣言。”

但在另外一方面，广西省听见我们在察东大捷的消息，立刻由李宗仁和白崇禧具名，来了一封致贺的电报，并汇来十万小洋劳军。

由上海来的一位朋友告诉冯先生说：有一天在上海有三四百人欢迎从欧洲转道回国的马占山将军，九十四岁的老人马相伯在欢迎席上斟满了一杯酒站起来说：“我第一杯酒是恭贺冯玉祥将军收复察东四县，并且盼望他能收复更多失地，第二杯酒是欢迎马占山将军。”

这个时期中央所决定的政策，是“安内而后攘外”。但冯先生偏要在张家口单独地树立起“抗日”旗帜来，所以敏感的人，都认为他是图以抗日为名，夺取地盘是实。据冯先生当时自己的估计，那时驻在华北的重兵，主要的是东北军，其次就是韩复榘和宋哲元所统率的西北军，只要这些个部队表明态度，拥护他的抗日政策，他确实可以在华北方面创造一个称霸的局面来。

殊不料冯在张家口树起抗日招牌之后，这些部队却是一点反应也没有，但冯已经骑上虎背，却背上了一二十万人的一个大包袱，这些人马，不用说薪饷无着落，就是每天给他们张罗吃的喝的，也就够受的了。察哈尔原是一个贫瘠的省份，每个月的政费，过去都是由中央拨款补助，叫它养一二十万的客军，简直是办不到的事。

勉强维持了半个月的时间，冯在表面上虽然还是非常镇静，可是在内心方面，已经逐渐地陷于苦闷的境界！这我们可从他的招待人客中，看了出来。在起初，凡是到张家口来的人，他都喜欢同他们见面，稍微重要一点的人，他还要请他们吃一两次便饭。后来，许多来会见他的人，他都批交参谋长代见，请客的事更是一天比一天地减少。

老实说，这时中央就是不使用什么压力，冯的抗日军本身在经济方面，已发生了严重危机，顶多再能苦撑一两个月，无论如何也维持不下去了。

有一天，我同冯先生、邱大哥三个人在谈收编东北游击队事宜，这时候由吉鸿昌带进来一位日本客人，经他给我介绍了一下，我才知道这位客人是日本特务机关长松室孝良大佐。我一看有外宾到访，就赶紧向冯先生告辞。

“没关系！大家一起坐下来谈一谈吧。”冯先生立刻对我做了如上的挽留。

这位日本来客，穿了一套又狭又小的咖啡色西装，戴了一顶黑色呢帽，说的倒是一口很流利的中国话。他一坐在那里，就对着冯先生打着哈哈说：“很好！很好！因为冯先生住在张家口，张家口就显得活跃得多了，可惜，这个地方很缺乏树木！”

我从侧面冷眼旁观，好像冯先生对于这位来客，并不十分欢迎。否则，来客既然请求见冯先生，说有很机密的事要和他谈判，他为什么还留我这个第三者在场，而使对方不能畅所欲言呢？我洞悉了冯先生的用心之后，便很坦然地坐在那里，准备看看这位日本大佐，究竟想玩一套什么把戏？

冯先生一开口，就给这位外宾一个橡皮钉子，冯先生回答说：“松室先生说得对极了，张家口最大的缺点，就是缺乏树木，我现在正在计划着发动植树运动。可惜松室先生太年轻，不知道贵国早年的情形，在你老祖宗那个年代，日本也同现在的张家口一样，大街上也是没有树木的呐。”

“哈哈！哈哈！哈哈！”冯先生说完这句话之后，他自己首先打了一个长哈哈！松室孝良也只好尴尬地跟着打哈哈！我们看看冯先生这么一脸孔道貌岸然的神气，再看看松室孝良那副面孔，也都只好跟着哈了半声。

空气沉闷了至少有五分钟，还是由松室孝良首先开口说：“敝国政府非常敬重冯先生，我昨天托吉鸿昌先生转交给冯先生的一份备忘录，不知道冯先生看到没有？”

“看到了。”就这么简单的三个字答复后，又没有下文了。

“先生的意思怎么样？”松室孝良又跟着追问了一句。

冯先生此时面孔板得紧紧的，反问松室孝良说：“贵国的意思，是不是叫我放弃抗日？使察哈尔局面特殊化？贵国援助我二百万银圆和二十万枪支？”

冯先生一面说，松室孝良一面点头。说到后来冯先生更郑重其事地指着松室孝良说：“我有没有力量抗日那是另外一回事，但我老冯绝不能利用抗日的旗号，做出卖国家民族的罪人！”冯先生说到这里，又指了指我和邱大哥说：“我叫我的部下留在这里的意思，就是请他们替我做一个见证人，我冯玉祥并未同日本人有什么秘密勾结。”

冯先生这次办外交，可说是办得大义凛然，但从此以后，冯在张家口抗日的局面，也就江河日下了。那时冯和中枢唱反调，坐在张家口大张旗鼓要抗日，若以冯一生搞风搞雨的秉性来说，其间自包藏着个人的野心，一方面他借着抗日之名，以争取当时敌忾同仇的民心；另一方面倘韩复榘宋哲元对他表示拥护，他在华北确实有可能再与中枢分庭抗礼而奈何他不得。虽然如此，但他在形格势禁之下，总算没有不择手段地接受日本方面的条件，这一点是值得一书的，否则中国的历史，又要重写了。

由于冯在张家口的硬干，当时确实使中枢伤透了脑筋，遂不得不使用压力，迫冯放弃他的一意孤行。中枢对冯的政治方面的压力是：下令宋哲元将军，回任察哈尔主席，迫使冯离开张家口；军事方面的压力是：调集关麟征、黄杰、刘戡各师部队，集结在平郊一带，准备于必要时，对张家口使用武力。

我们在张家口，过了没有多久时候，就很清楚地知道了中央对付张家口的各种计划，于是，冯先生便在“土儿沟”总部，召开了一个高级干部会议，叫大家共同研究一个应付的对策。

在那次会议中，冯提出来“抗日”“反蒋”两个大题目来，叫我们大家讨论。

冯在致辞中说：“敌人现在打到我们大门口来了，中央在政策方面，是抱定了不抵抗主义，说什么攘外必先安内，抗日必先剿共。表示他们对于抗日，根本不感兴趣！现在不但我们中国人自己相信中国军队不敢同日本军队作战，就是日本人也认为中国军队早已失去了抵抗的能力！我同你们各位的心情，都是一样，我们住在张家口这个地方，不能够眼睁睁看着敌人打了进来，一点表示也没有。因此，我们才树立起来抗日大旗，号召全国，可是，代表中央的北平军分会，却用种种的手段，来压迫我们，你们大家看，我们应该怎么办？”

冯说完话之后，接着方振武、吉鸿昌、战韬等，都先后发言，这些人都属于激烈分子，他们主张，不顾一切地硬干到底。冯对于这些激烈的言论，暂时地不置可否，看了看邱斌和我，他说：“金先生和邱先生，你们二位的意思怎么样呢？”

我一看会场的情绪，非常激动，这个时候要发言，着实相当困难，于是我便使用了一个手法，把目标移转到旁的地方去。

我说：“我们今天这个会议，应该把问题分作两方面来看：一方面我们固然是应该讨论一下同盟军的未来做法；另一方面我们也应该替先生想一想。”

我看一看大家的情绪，都好像急欲要知道我发言内容的样子，于是我接下去说：“不错，中央阻挠我们的抗日工作，是叫人非常愤慨的事，可是，就是中央不阻挠，我们，仅凭我们这一二十万人的抗日队伍，能把日本驱逐出国土以外吗？先生早就说过：我们的抵抗日本侵略，不过是为的唤起人心，叫日本人知道，中国军队不是不能打仗，现在我们既然已收复了察东四县，对于这件事总算是有了一个交代，依照我个人的拙鲁看法，我们应该利用这个机会，把抗日工作暂时告一个段落，善后的事，交给宋哲元替我们去处理，那是再好也没有的事。请大家仔细地想一想！”我停了一停，又接下去说：“至于先生个人，如果因为抗日不成，转而反蒋，那一定会予人以口实，这殊非我们做部下的替先生设想之道，不怕先生怪罪的话，我是赞同先生于解散同盟军之后，到泰山去读书一个时期，以待时机的。”

当时赞同我这个说法的人，有佟麟阁、邱斌、王贯章、崔贡琛、宋聿修、彭国政、魏凤楼等，在人数方面，我们这一派，显然是占了优势。冯先生想了一想说：“金先生说得也很对，在今天的情势下，我们就这样办吧！岘章兄（邱斌字）请你拟一个电报，请明轩（宋哲元字）到张家口来。”

会议开完了，冯先生叫他的舅老爷李连海在张垣新村筑了一个纪念塔，把抗日同盟军阵亡官兵的名字，都刻在石头上，塔上做了一个五尺多长的木头尖，斜指着东北，那是说不要忘了收复东北失地的意思。

过了没有几天，宋哲元应召来到张家口，第二天早晨，冯就在宋哲元的陪同下，乘专车经平绥路，转津浦路开往泰山，在随员中有邱斌、王贯章、宋聿修、崔贡琛和我，以及李连海等。另外还带有一团卫队，阵容倒不像是一个下野失意军人的样子。

冯氏抵泰山后，住在普照寺里韬光养晦，李德全随后也携着子女，从山西赶来相聚。山居时期，并在关帝庙成立了一个“军事学术讲习班”，又在普照寺组织了一个“读书会”，每天上课听讲，煞有介事，一混便是两年多。

有一天，老冯和笔者谈到石友三、宋哲元、孙连仲、韩复榘等先后都背离了他，言下感慨万端。笔者却举出刘邦用韩信故事以讽之，深山共话，相与黯然，旧事萦怀，恍同昨日！

一九三二年八月下旬，冯先生和我们一班追随他的朋友们，分乘两列专车，安然地抵达了山东泰山。

在这次南下的旅程中，我们的专车，除了在北平西直门车站停留的时间较长外，一路都是疾驶而行。因为我们那个时候的心情，都异常沉重，任何人也没有浏览沿途风景的情绪！

当专车抵达北平西直门车站时，何应钦将军、王纶将军、朱子桥先生，和抗日后援会的一些代表们，早已等候在那里。大家见了面之后，免不了是一套客气和周旋，这也用不着细说。

无孔不入的新闻记者们，当然是不会放弃这个探访新闻的好机会，于是，也一窝蜂地涌入了西直门站台之内。

那时，政府的政策，还在埋头准备期间，对于“抗日”问题，记者先生们，还不便作过度的描述。大家的探访目标，只好注重在对老冯这个人“特写”方面。

他们最感兴趣的，是冯玉祥那个异乎常人、特别高大的体格。有一位记者先生，在他的描述中说：“冯玉祥将军高大的个子，胖胖的身体，穿着一套蓝布做成的短袄和扎腿裤子，腰间系着一条蓝布的带子，带子两头，各有一条长长的穗子，连合着打了一个结，垂在一边。脚下穿着的，是一双布鞋。如果不是我们知道他是冯玉祥的话，一定会把他当作了从乡间来的一位老农。”

又一位记者先生，却特别注意冯的胸间口袋上，插着的那支淡黄色头号“派克”自来水笔。他认为这支笔插在蓝布棉袄上面，虽然显着很不调和，但因为是佩在冯的身上，就格外引人注目。

专车到了德州，再往南就进入了山东省境了。这时，山东省主席韩复榘，早在德州车站迎候，随车陪送而来的宋哲元，也只送到这里为止。在火车头加煤上水之际，韩复榘买来了好多西瓜（德州西瓜驰誉国内），送给我们解渴。在时间方面，阳历的八月月底，恰好是阴历的六七月之间，是吃西瓜的好季节。我在许多地方都吃过西瓜（包括台湾出产的西瓜在内），可以说任何地方的西瓜，都没有德州西瓜那样好吃，每一个都有二三十斤重，皮色多数是青黄，里面是黑子红瓤，因为它的形状是长长的，所以当地人都把它叫作“枕头西瓜”。

车过济南，我们只接受了韩复榘在省府招待的一次午餐，即继续行程。车抵泰山，该县县长周百锽，和当地的士绅及学生代表们，也早在车站上排队相迎。

在分配住所方面，冯先生住在普照寺，我和邱斌、王贯章、宋幸修、魏凤楼、崔贡琛等一班朋友，则住在关帝庙。

泰山是我国五岳之首，从泰山顶流下来的水，分成东溪西溪两大股主流。东溪那一带的名胜，有关帝庙、王母石、小红门、经石峪、斗姆宫等古迹；西溪从扇子岩、万寿桥、百丈岩、黑龙潭、到普照寺、三阳观，一路上也有一些古迹。东溪一带，古柏参天，关帝庙里有一颗柏树，上面挂了一个牌子，据说它已经有了一千二百多年的历史；西溪一带树木不多，这或者是因为东溪是逛泰山者的必经之路，所以前代的人，便在那条路上栽植了很多树木。泰安是管辖泰山的一个县份，泰安城里的大庙内，也有很多古老的大树。在每年夏季里，这里通常是当地人的纳凉之所，有一些会做生意的人，还在这里陈设了一些藤椅，供人休憩之用，和兼卖一些茶点之类。

从泰山顶南天门的东岳大殿，直到泰安城内的大庙，差不多都是“道人”的世界，但在半山腰中，有些庙是由和尚当家。另有斗姆宫一处，却是由尼姑主持。据说，当年在斗姆宫极盛时代，那里的艳事逸闻，流传在外面的很多。有一天，我同冯等数人还特地到那里观光一次，出来招待我们的，都是一些老态龙钟的尼姑，根本没有妙龄女尼，由此，可以想见外面的传说，十之八九是不可靠的。

看那光景，在当年道教盛行时代，泰山的周围，一定是庙宇栉比，香火鼎盛；但我们到泰山的时候，已经是破烂不堪，有的地方，庙宇虽已倾圮，可是根基还留在那里，有的地方，则是荒芜一片，连一点痕迹都看不出来了。

我们到了泰山，过了没有好久的时间，顾维钧先生，从南京打来一封电报，告诉冯先生说：国联调查团李顿爵士，为了调查“九一八”事变这件事，专车经过泰安的时候，他希望借着这个机会，瞻仰一下中国的名山，到泰山上面去看看，并且想要同冯先生见见面，请冯先生指定一个见面的地点。冯先生接到这封电报之后，立刻把邱斌老大哥请了去，请他回了顾维钧一封电报说：“‘九一八’事变，是人所共知的事，又有何调查的必要？李顿调查团做的是侮辱中国人的工作，我不愿见他。”

后来李顿一行人到了泰安，雇了二百多顶轿子，浩浩荡荡，到泰山顶逛了一次，在山上吃了一顿野餐，下山来到了泰安车站，李顿爵士忽然对顾维钧先生说，他的手杖丢了，那根手杖上有他妻子的像，和镶上去的宝石，非设法找回来不可。顾就找县长周百锽，周就找两个轿夫头子，那两个轿夫头子都是五六十岁的人，土头土脑，非常忠厚，听说丢了贵重东西，急得直流汗，只好遍问其他的轿夫，而大家都异口同声地说，没有看见。

李顿爵士在未寻获到这根心爱的手杖之前，硬不肯上车，周百锽急了，马上就把两个轿夫头子押了起来，并且警告他们说：“什么时候找到手杖，什么时候才能放你们出来。”

顾维钧是一位办外交的老手，一看闹得太不像话了，才再三地向李顿爵士提供保证，一定替他把手杖找了回来，这才算勉强地开了车。

过了两天，李顿的手杖，被一个道人在山顶干牛粪堆中找到，才算了结了这件公案。周百锽把这个消息告诉给冯，冯当时很感喟地对我们说：“我不明白中国官员为什么这样怕外国人！常言说得好，平时以礼相待，有事据理力争，外国人也是人，中国人也是人，中国人同外国人办交涉，万不能在心理方面，先有了自卑感，以为外国人说的话都是对的。因为外国人也有很多人是明白事理的，他看你越是卑躬屈节的，只会说是！是！是！他越是看不起你！”

冯因为受了这样的一个小小刺激，他对于李顿调查团的观感愈来愈坏，他叫我们替他搜集了一些“九一八”事变的材料，他便根据这些资料，写了一本书，书名叫作《反国联调查团》，把它印了出来之后，他立即分送各有关机关、法团及社会团体等，作为参考。

另外，他又叫我们编了一册《察哈尔抗日实录》。以后他同我们到胶东旅行了一次，回来后他又写了一本《胶东游记》，以广流传。由此可见，冯这个人，对于金钱虽不十分注意，可是对于权位和虚名，却一时一刻也放它不下。

我们在泰山安顿下来之后，冯的夫人李德全女士，也带领他们的子女，从山西峪道河来到了泰山，从此更可以证明，冯在泰山有了长期住下去的意思。

过了没有几天，冯先生就召集我们一班朋友，开了一次小规模的“座谈会”。参加的人有：王铁老（瑚）、邱斌、李德全、王贯章、宋聿修、崔贡琛和我。在那次座谈会中，我们商定了以下两件事：一、在关帝庙我们的住所那里，成立了一个“军事学术讲习班”，由我主持这件事。凡是住在泰山的军界朋友们，都得参加这个组织。在讲习课目方面有：“大军统帅学、战史、战术、古代兵法、参谋业务、后方勤务”这一类的功课。俨然是一个小规模的军事学校。在讲堂正中间，冯还亲笔写了一个匾额，题词是：救国不忘读书。二、除了这个讲习班之外，另在普照寺那边，组织了一个“读书会”。由冯先生自己讲“带兵、练兵、用兵的经验”，又指定我讲“古代兵法与现代战术对照之研究”，陈豹隐讲“哲学”和“经济学”，舒舍予（即老舍）讲“政治学”，李达讲“列宁哲学”，另外还请了几位北平大学的教授，讲“天文学、历史、地理、心理学、生物学、物理、化学”等类功课。有一位姓宋的朋友，新从美国得了博士回来，冯先生就请他主讲“一周时事分析”。那时泰山有一位宿儒范明枢老先生，已经是七十多岁的老人了，在泰安图书馆里做事，冯先生也把他请了来讲《春秋左传》。

这两个读书组织，在时间分配方面，每日的上午，从早晨六点到上午十点，我们都到普照寺去参加“读书会”的组织；下午由两点钟起，大家再到关帝庙来参加“军事学术讲习班”。这样一来，各位朋友虽然是在休闲期间，但一天到晚，也是忙得不得开交！尤其是我，除了听讲外，还得教书，除了做笔记外，还得准备功课。

就是这样的生活，我们在泰山一共过了两年多，现在回想起来，实在觉得这是一段最值得纪念的日子。

外面不明内情的人，每每以为冯玉祥是一个老粗，而他自己也常常以“大兵”自居。其实，他这个老粗的学术修养，并不在某些学者之下，你如果以为他是一个不学无术者，那你一定是上了他的当！

有一次，我同冯在普照寺门前散步，普照寺的近侧，有一处颇平坦的草坪，正有一些士兵在那里练习单刀和长枪的对打，那位武术教官看见冯在旁边看着，教得格外起劲。一会叫那些士兵练单刀，一会又叫士兵耍长枪，再一会儿，又是单刀长枪的对战，实在是热闹紧凑，好看煞人！

这时候我看了看冯，冯也看了看我，彼此同时做了一个会心的微笑。冯立即向我表示说：“在现代武器这样发达的情形之下，金先生你看长枪大刀还会有用吗？如果我们拿着这种落后的兵器，同敌人去作战，却还不是去送死！”在这种场面里，我能作什么表示？只好是对冯笑了笑说：“先生说的很对。”

冯又接着说：“可是，话又说回来啦，长枪大刀也不能说完全无用：第一，我们可以用它叫士兵锻炼体格；第二，如果我们缺乏现代武器，有了它总比赤手空拳好得多；第三，如果真的同敌人进行白刃战，或者是夜间去偷袭敌人，这还是一种可用的家伙。”

又有一次，正赶上星期天，我们那天照例是没有功课的。冯特意从普照寺到关帝庙来找我闲谈。我们两个人闲聊一阵之后，冯忽然很郑重地对我说：“金先生，我想请教你一件事，可以不可以？”

“先生！怎么这样客气起来啦？”我笑了一笑后答。

“不是的，这件事是我多少年来的疑团。我想金先生熟读战史，一定对这件事有一个高明的看法，所以我才特别利用今天这个闲暇无事的工夫，找你谈一谈，但希望你不要同第三者讲。”冯说这番话的时候，是一面孔的神秘表情，倒弄得我十分糊涂起来了。

“谨遵先生的吩咐，有什么话请先生说吧！”“金先生！”冯压低了嗓音，又向我打了一个招呼说，“你同我相处已经有了一段时间，一定可以看得出来，我们北方朋友，最大的长处，就是以诚意待人，不懂得什么弯子转子的。我始终不明白，像石友三、梁冠英、孙连仲、宋哲元、韩复榘这些位老弟兄们，他们忽然间会在利害紧急关头，一个跟着一个的，离开我投到蒋先生的阵营里去，这些人都是当兵出身，我一步一步地把他们提拔到边疆大吏的地位，难道说我还有什么对不住他们的地方吗？”冯对我说这些话的时候，态度上显得非常诚恳，可见他并没把我当作外人。

但无论如何，我还懂得疏不间亲的道理，冯虽然拿我当自己人看待，我也不会那样的不知好歹，随便讲任何人的闲话。但冯的问话，又不能不答，答得又不能离题太远，在万分无奈中，我反问了冯一句：“先生，你知道韩信兵权在握的时候，无论左右的人怎样地怂恿他，他为什么始终不反？”

“是哪！”冯只对我表示了一个疑问口吻。我又接着问：

“先生对方才所说的这几位朋友，都是从一个大兵的地位，逐步地提升他们当班长、排长、连长、营长、团长、旅长、师长、军长，直到总指挥、总司令、省主席。”

“对呀！”冯又这样简单地回答了我一句。我掌握到了谈话的中心后，立刻开门见山地说：“韩信是一位有才具、有抱负的人，但他在未遇到刘邦以前，只落得乞食漂母，受辱胯下。以后投奔到项羽帐下，授职也不过是一个执戟郎。什么人生酸甜苦辣的滋味，他都经历到了！他一旦见知于刘邦之后，刘邦便毫不迟疑地登坛拜将，授以上将军之职，和把兴汉灭楚的大任，交在他的手上。这时的韩信，便会从内心里面，对刘邦产生一种知遇之感。他后来当然不肯听信旁人的劝告，来反对刘邦了。”冯点了点头，似乎是很同意我的说法。我接着又说：

“先生用的人，情形就不同了。这些位朋友，受了先生提拔之后，他们认为只要他们好好地干，按部就班地升官，是一种很自然的事。他们固然是知道先生对他们好，但究竟好到什么程度，他们绝对地体验不出来。一旦遭受到外力的诱惑，他们甚至发生了一种错觉，而在心里想着：我们如果不跟着老冯，也许早就升到了这个地位。他们对你不但没有知遇之感，想左了反而会认为你妨碍了他们的前途。他们对你的反戈相向，这还有什么值得诧异的地方？”冯先生听了我这一番解释，立即显出很感慨的样子说：“可惜！我听这番话的时间是太迟了！否则，我一定不会犯过去那样重大的错误的！”

冯是一位非常风趣的人，我同他在泰山一共住了两年多，可记述的事实在太多了，以上所述，不过是一个小小引子罢了！

老冯和李德全的结合，说起来怪有趣，李德全原来身为介绍人，不料这位介绍人却移花接木地把她自己介绍成为冯夫人了。

冯在泰山读书时期，其牢骚苦闷，自不待言。有一次他居然假戏真做的，拿杀鸡来发泄胸中的闷气，今日追怀旧事，可笑亦复可怜！

在泰山普照寺的“读书会”组织中，李德全是唯一的一位女性。可是，以相貌来说，她倒很像是一个粗壮的汉子，连一点女人样子都没有，头发剪得短短的，穿一件粗布的旗袍，又肥又大，说起话来，也是粗声粗气的，大有冯先生的派头。

我同邱斌大哥谈起她来，有一次我曾开玩笑地说：“真正中国古语说得好：‘不是一家人，不进一家门。’这位粗线条的李德全女士，如果不是冯先生，谁配得上她呢？假如像你老哥这样瘦小枯干的个儿，吓也会把你吓倒了，更不要说什么唱随之乐了！”

邱说：“你说得不错，提起这位夫人来，我倒可以告诉你一件有趣味的移花接木的故事。”

邱大哥是一位很风趣的人，他还是前清时代的一位老举人，后来又考入了陆军大学第一期。从学识方面来说，可算得是一位文武兼备的人物。他和冯先生的关系，更是介乎师友之间，由他来讲冯先生家庭中的秘闻，不但精彩，而且可靠，所以我急于要听他的下文，反而不敢再同他开玩笑了！

邱说："冯先生任十六混成旅旅长的时候，先是在北京附近的廊坊驻防，后来又调到京城近郊的南苑。在训练军队之余，冯先生忽然兴起了家室之念，那时候我们的军队，同教会中的人很有来往，军中还有所谓查经班，和随军牧师的组织。李德全女士，是北京东城教会中的一位传教士，常常同我们见面，于是我就拜托她同冯先生介绍一位太太。那个时候的人，还不十分开通，不懂得什么交女朋友那一套，娶太太必须有人从中介绍。李这个人办事倒很热心，在很短的时间内，便给冯先生介绍了一位女士见面。而且每次见面，都由李德全陪同着她在一起。见了几面之后，冯先生固然兴致很高，谁知这位女士对于冯先生的印象不佳，根本无意谈婚嫁那回事。后来冯先生知道了这个消息，心里很不痛快。有一天对我（邱）说：'岘章兄！我看那位李女士倒不错，请你从旁问一问，如果她愿意，就是她吧！'"

邱大哥把话说到这里，稍微停了一停，对我做了一个滑稽表情，又接着说："冯先生同李德全的婚姻，说起来我还是一位现成的媒人呢。"

老冯的子女很多，那次随着冯夫妇住在泰山的有三女二男，他除了给他们请家庭教师，教他们读书以外，没事的时候，还请了一位武术先生，教他们打拳和舞剑。有一天，我同冯先生在普照寺前散步（散步是冯饭后的日常工作），看见冯的子女们，在草地上打拳的打拳（男孩子），舞剑的舞剑（女孩子）。这时，冯又借着题目，对我发起议论来了。

他说："我以为新式运动好是很好，只是一点不好，那就是所用的器械和用品，都是洋货。比如球类吧，球就是外国货，球鞋也多是舶来品。又如打网球，网、拍子，无一不是洋货。打球我不反对，我只反对人们疯狂地为外国人销货，如果后来中国人也能有这种出品就好了。就目前来说，那种运动实在是少爷小姐的运动！要练习身体，打拳不行吗？舞剑不行吗？中国的十八般兵器，哪一件不足以使我们出一身大汗，活动一下全身的筋骨？”他说完了这些话，还用手指了指他的子女给我看。

我听老冯讲到这里，微微地对他笑了一笑，表示颇同意他的说法。冯看我没有提出异议，又兴高采烈地接下去说：“如果有人说这个玩意儿太陈旧了，可不知道西洋一套田径赛运动，也是从希腊时代流传下来的。”

老冯只要一发议论，便要带点牢骚，不管怎说，一个血肉之躯的人，在情感方面，他总得有发泄的地方。像老冯翻手为云、覆手为雨，左右大局二三十年之久的人物，一旦叫他不问时事，闭门读书，那本来是一件十分强人所难的事。因此，有时候他也难免不在极端苦闷之中，流露出本性来。有一次我同邱大哥，从关帝庙到普照寺去看他，进门一看，院子里气氛相当紧张，老冯同李德全都在门前的板凳上，冷着面孔，一言不发。院中有许多传令兵在东奔西跑地捉鸡。弄得邱大哥同我，都莫名其妙起来！但我们知道冯在生气，只好呆呆地坐在一旁，一句话也不说地看着。

过一会儿，传令兵把鸡捉到了，老冯却命令赶快把它杀了。传令兵一面杀鸡，老冯一面自言自语，恨恨地说：“这个世界，众暴寡，强凌弱！实在是太可恨了。”

后来，我们悄悄地问舅老爷李连海，才知道这是怎么一回事，真叫人又好气又好笑。

原来，在我们没进来以前的几分钟，那只被杀的公鸡，跳到一只母鸡的身上去“踩蛋”，老冯一看大怒起来，说是那只公鸡欺负了那只母鸡，立即下令传令兵，叫他们把那只公鸡捉住杀了，替那只母鸡打抱不平。这真是天大的笑话！

我想，老冯是一位出自田间的人，未必他连“公鸡踩蛋”的常识也没有。这不过是他感情激动中一种发泄罢了，瞒得了那些传令兵，却瞒不了我和邱大哥。

又有一次，中枢来了几位大员，老冯在三阳观请他们吃饭，邀我和邱大哥作陪，我们为了找时间陪冯聊天儿，特别提前两个钟头到了普照寺。因为从普照寺到三阳观，还得爬一段山路，所以我们必须早一点到冯那里去，好一起同他爬山。

那天我穿了一套深蓝色带方格子的西装，脚上穿了一变黄色皮鞋，因为爬山的关系，手里还拿着一根手杖。凑巧邱大哥那天也穿了一套很整齐的西装，我们到了普照寺，冯一面同我们谈话，一面拿眼睛注意着我们穿的洋服。

我这时似乎很敏感地对冯笑着说："先生！是不是觉得我同岘章兄今天穿的衣服，有点太奢侈了吧？可是我同岘章兄，不能和先生相比，你高高的个子，伟大的名头，只要提起冯某某三个字，是无人不知，无人不晓。我们如果也穿上先生那套衣服，不用说办事接洽，恐怕是到了一个生地方，连进门都不容易，更不用说会见客人了！"

老冯听我这样一说，也好像有很深感触似的。

记得我在本文第一节，一开始便写了我当时在泰山胡诌的那几句打油诗，其中曾有"白水泡煎饼"的句子，但那不过是开玩笑的一句话。其实，老冯平常请客，虽然说不上山珍海味，但大鱼大肉、鸡鸭之类，还是非常丰盛的。由于冯个人生活习惯的关系，在那些好菜还没有端上来之前，他总是叫人先来一盘大饼或是端上一盘煎饼油条，请客人们尝尝新，生客人每每上当，以为他请客就是这些东西。及至一个大饼或是两卷煎饼一下肚，再有好菜上来，也吃不下去了。我和邱大哥都是喜欢吃肉的人，每次冯请客，先端上来的东西，我们绝不上当，等后来鸡鸭鱼肉上来，才大快朵颐。

我们在泰山平静地住了一年多，不料在一九三三年十一月二十日，这一天，霹雳一声，福建省成立了"人民政府"，谁都知道那是李济深、陈铭枢、蔡廷锴、蒋光鼐这一班人搞了起来的。但过了没有多久时间，也就烟消火灭了！泰山这一面，虽然也很热闹了一阵子，但在福建"人民政府"垮台之后，跟着也消沉下来，这时的冯玉祥由于没有什么题目好做，好像对于蒋先生的论调，也不似以往那样恶劣了。

就在这个时期，又有两个消息传到了泰山：一个消息是吉鸿昌被杀；另一个是那位在泰山讲春秋左传范明枢老先生被捕。

吉鸿昌在抗日同盟军结束之后，就化装逃到了天津法租界上居住，有一天他同几位朋友在国民饭店里打麻将，这时，突然从门外冲进来两个人，一个人在门口把守着，一个人对着吉打了两枪，看见吉倒在血泊之中，才扬长而去。谁知那次吉鸿昌受伤未死，后来又由宪兵第三团协同法租界的巡捕，在法国医院里，把吉加逮捕。就在那年十一月二十四日那天，以勾结福建“人民政府”、企图背叛国家的罪名，把吉在北平天桥枪决了。冯听见这个消息之后，还大哭了一场!

至于被捕的范明枢老先生，人很耿直，但是他却每天写日记痛骂中枢不抗日。以后这本日记落在特务手里，就当他回济南的时候，把他逮捕了，并以共产党的嫌疑，将他下狱。

老冯听见这个消息，立刻给韩复榘打电话说：“真不得了，山东省七十多岁的老人，都加入了共产党；这简直是血口喷人，请你赶快把他放出来。”

范老先生在狱中住了一个星期，就释出来了。他由济南回到泰山之后，还继续地给我们讲《春秋左传》。后来老冯自己还写了一本《续春秋左传札记》。据他的看法，《春秋左传》里，有很多新发明、新学说，都与新的科学有联系关系，说是一部必读的好书。

老冯不但拥有“基督将军”的绰号，而且还拥有一颗上镌“外国点心”四字的怪图章，关于这两件事，他曾向笔者讲述过大段的往事。

到了一九三五年，蒋先生打电报到泰山来，请冯赴南京开会，冯终于答应了，当时彼此电报往返，客气非常，读者只需读一下原电文，便知端的了。

老冯为人固然偏于矫揉造作，但亦不失为一个很风趣的人，没事的时候，他也很喜欢和左右的人，开一个小小玩笑。有一天他受了一点感冒，派传令兵向一位军医处长荆先生，要一点发散的药。第二天，他到关帝庙来看我，正赶上那位荆先生也坐在我这里。冯一见荆的面，即抱拳拱手地对他说："谢谢荆先生，真所谓药到病除，我现在已经好了！"那位荆先生，还以为冯说的是好话，便很郑重对冯说："先生！药吃了吗？"

冯这时看了看他，也看了看我，就哈哈大笑地说："没吃呀！你的药一送到，我吓了一身冷汗，药用不着吃，病已经好了！"

这时荆才知道老冯是开他的玩笑，一时弄得啼笑皆非！

那时候和我们在一起同住的，还有一位赵望云先生，赵是一位"民间艺术家"，他的画别具一格，很合老冯先生的胃口。有一天赵画了一幅画，背景是一个荒凉的农村，有一个乡间的小脚女人抱着一个小孩，手里还提着一个篮子，好像是到田地里送饭去的样子。老冯一看这幅画，很高兴地提起笔来便替他提上一首大兵诗，那首大兵诗由于太过通俗了，所以直到今天我还记得很清楚，原词是："一个女人里着脚，抱着小孩向地里跑，你说苦恼不苦恼！"另外老冯先生还盖上小小的一颗图章，当时我想这图章不是"冯玉祥印"四个字，一定是"基督将军"之类。及至仔细一看，却赫然为"外国点心"四个隶字，不由得不使我大感诧异起来！

老冯一看我的表情，知道我不明白这四个字的用意，于是又打开了话匣子，向我讲出来他使用这颗图章的一段历史。

他说："在我初次入伍当兵的时候，为了要早日接我父亲出来团聚，唯一的希望，就是每月能多挣几两银子。那时，军队中每哨（连）里面，全有一个喊口令的教习，专门代替官长喊操。

教习的待遇没有一定，需要看所能喊人数的多寡，定其待遇的高低。当时我一想这个事也许我能做得来，于是，在每天天还未亮的时候，便跑到大教场里去，放开喉咙，大喊一气。因为我声音特别大，操场离营房又不太远，那些营中好睡懒觉的士兵，就十分讨厌我，后来他们送给我一个外号，叫作'外国点心'。意思是我如此拼命，早晚要被外国人打死，外国兵来了，一定先用洋药丸崩死我。对于这个绰号，我是欣然接受。后来，我为的纪念这件事情，特意刻了这四个字的图章，我和人家写对联的时候，或题字的时候，就把它盖上，以作为我发愤图强的纪念哩。”

我们在泰山安稳的日子过久了，正在觉得无聊的时候，又发生了如下一件不愉快的事件：有一天冯和李德全、王铁老、邱斌以及我一班人，正坐在冯的书房里闲聊，传令兵进来告诉冯说：有一位姓江的医生，从济南来看他。原来这位江医生是常到泰山来的，所以和我们都很熟识，有什么话也用不着避讳我们。

江医生被请进来后，一见老冯就说：“无事不登三宝殿，我有一件为难的事，请先生帮帮我的忙吧！”

“有什么事？说吧！”冯很干脆地答应了他。

江说：“我有一位姓刘的朋友，从德国留学回来之后，在武汉‘剿匪’总司令部当机要秘书，他把总司令部‘剿匪’计划偷了出来，交给了共产党。后来被特务查了出来，在逮捕他的前一个钟头，他得到了消息，偷偷地跑到了太原，特务就追到了太原。他又逃到了西安，过了两天，特务又追到了西安。他实在没有办法了，才跑到济南来找我，先生，你替我想想，我有什么办法保护他呢？”

冯说：“好吧，只要他肯来，你请他到泰山来，并且请他来教我英文好了。”

既然一谈便妥，那位姓刘的果然上了泰山，但在泰山住了不到一个月，江医生却在济南被捕了。特务问他：“刘某人到了哪里去了？”起初还好，江医生说什么也不肯说出来，后来江医生的母亲，为了心疼他的儿子，就劝江说：“你说了吧！为什么自己受罪呢？”江于是就把姓刘的逃上泰山的经过，告诉了特务。特务马上调来了三四百人，把泰山包围了。

当时的泰安县县长周百锽，和一位驻军的团长，觉得这件事闹大了非常不好看，便由他们两个出头和那些特务人员说：“你们尽管把泰山围了，可不能到山上去，冯先生那里有手枪队，他们会开枪打你们的，若真打起来，我们这一团人，自然有保护冯先生的责任，这样，会搞得大家都无法下台的！”

为了这种关系，特务们才没有跑到山上来。周县长把这情形，很婉转地告诉了冯，老冯想了想：觉得就这样的僵持着，也不是一个了局。恰好，这天晚上的月亮很好，冯先生就叫两位传令兵连夜送那姓刘的从泰山后坡溜到了距泰安城九十里的一个村庄，并且寄住在老冯的一位老朋友梁先生家里。哪晓得，过了一个星期，那位梁先生跑上山来找冯，不迭地诉着苦说：“不成哪！乡间的情形，几百户人家，几百年来，老一辈的，小一辈的，都住在一起，谁家来了一个生人，很容易叫人家知道。有一家人家，看见我家里藏着一个生客，就逢人便说我家里藏有一个蛮子，搞得四邻皆知，一些爱管闲事的乡人到我家里来看蛮子，这样下去，恐怕不到几天，连泰安城里的人也会跑来光顾了，乡间怎能再住下去呢？”

“刘先生的意思怎样？”冯不等梁说完，就问了这么一句。

梁说：“刘先生的意思是想溜到日本去。”冯说：“很好！就设法这么办吧。”梁去后，冯立即就派舅老爷李连海送姓刘的走，先到了胶东潍县，再由潍县上汽车到烟台，然后由烟台搭船赴日本去了。

这个小风波过去以后，泰山又恢复了以往那样的宁静状态。

有一天，我看冯的兴致很好，便很幼稚地问了老冯一句话，我说：“我没有会见先生之前，外面的人，都称呼先生为‘基督将军’，这是怎么一回事？”

我想，一定我问的这句话，非常可笑，不然，为什么冯听见我这个问话，暂先不答，反而仰天大笑起来？但他毕竟还是回复了我的问话。

他说：

要讲这件事，必须由我十二岁时，刚刚入伍这个时候说起：那个时候，正赶上保定府闹瘟疫，我们留守的人，奉了命令，在满城大放空枪，说是驱逐瘟神。这时候的我，年幼无知，曾经和伙伴们在一起，用来福枪打过保定府的福音堂，把门匾打成一块一块的白痕。

后来，我闲着没事，亦常到福音堂去听讲，也不懂他们在讲些什么。有一次，我听得一位牧师讲：打你右脸，连左脸也给他打；脱你外衣，连内衣也脱给他的一段话。我和同去听讲的弟兄们，一起起哄，把教堂中的桌子抬着就走。牧师问我们干什么，我们就说，你不用问，我们抬桌子，你应当把椅子凳子，也叫我们抬走。

那时教会的情形，我总觉看不顺眼，时常跑去捣乱！到了光绪三十一年，我因腹部生了一个疮，跑到北京崇文门外一家医所去诊治，等到我病好了之后，我对两位外籍的医生说：谢谢你们！他们却说：不要谢我们，请你谢谢上帝。这句话从我耳中听来，觉得很奇怪！

到了民国元年，我在北平平则门旧火药库驻防，有一天邱斌约我到崇文门外一座耶稣堂去听讲，主讲的人，是一位新来中国的莫德博士，由王正廷先生任翻译，他那天讲了一番“博爱、利他”的道理，留给我一个很好的印象。从此，我一有空闲就同邱斌去听讲，渐渐地使我对基督的道理，发生了兴趣。为了进一步了解基督精神，我就开始读圣经，接着又在北京美以美会领了洗，这是我对基督教最热心的时期。

以后我又想，如果把基督教义，在军队中加以深入宣传，必可受到很大的益处，故乃规定“做礼拜”为军中精神教育课目之一。每逢礼拜日，即集合全体官兵，请一位牧师宣讲基督教义，以后我又组织了一个“车轮讲演团”，向士兵布道。

人们看我对基督教这样热心，便给我起了“基督将军”的绰号了。但我自信是一个科学的基督教徒，毫无迷信的观念在内。

老冯向我讲起上面这一大段话时，同时绘声绘影，我觉得怪有趣，且留有极深刻的印象。以前我曾经说过，当时在泰山和我们同住的那位王铁老，是一位道德高尚，饱读诗书的人。有一天陈豹隐先生主讲的那一堂功课，因为陈氏偶染感冒，不能上课，老冯就临时请了王铁老给我们讲了一个故事。由于铁老的话“微言大义，趣味无穷”，所以我至今还对这段故事，念念不忘，仍有值得一叙的必要。

铁老说：

在春秋战国时代，一位燕国的使者，到楚国去送文书，楚国的宰相，当夜就起稿作覆。侍者在一旁捧着蜡烛，因为蜡烛捧得太低了，楚相觉得有些不便，但又不愿意开口，于是便顺手写了“高举烛”三个字在纸条上，以示侍者。文稿既经草成，这个纸条也无意中夹了进去，封入文书之中。燕国使者携了文书回国，燕王打开文书，看见这个纸条，说什么也不懂这是什么意思。那时的燕国，是一个弱国，楚国则非常强大，燕王以为楚国既然有此三个字，必有用意，万万不可漠视，所以立刻召集群臣，从事研究，大家研究的结果，都认为必是因为燕国吏治太黑暗，内政不修明，楚国不便直说，故写了这三个字，以示讽喻，规劝我们扫除黑暗的意思。

于是，大家便群议所以改革之道，由大臣们先把弊病一一地列举出来，分门别类地分配专责和定出办法来，下令切实施行。三年而后，燕国大治。至此，燕国乃向楚国道谢指道的厚意，并送大批的金银财宝给楚相。楚相不明其故，暗使人去问燕使，及至燕使说出“高举烛”三字的纸条，楚相方忆及往事，并非常兴感地告诉人们说：这本是一件小事，但由于燕国君臣有从善之心，有革新之志，终因此而得到复兴的机会，假如燕国的君臣讳疾忌医，就不会有这个成就了。

铁老的这段故事，确有其深长的意义啊！

到了一九三五年九月，蒋先生有一封电报，约冯到南京去开会，冯拿着这封电报给我们看，并征求我们的意见。那封电报的原文是：

泰安探投冯委员焕章吾兄钧鉴：

×密，比来尊体如何？遥维康吉为颂。中央第六次全体会议举行在即，党国要计，亟待商讨，甚盼大驾早日惠临首都，共商一切。谨电速驾，不胜祷企！

弟中正叩皓侍密东

一班朋友都主张冯不应当对蒋先生的邀请，加以拒绝。其中以邱斌主张最力。冯便命他起稿，覆蒋先生一电曰：

急，南京军事委员会蒋委员长介石吾弟钧鉴：

皓电奉悉，年来吾弟席不暇暖，为国宣劳，至深敬佩！此次西蜀归来，承念及山中人，驰电垂问，义重情殷，尤深感激。国事如此，惨过于印度，耻甚于高丽，如不急谋挽救，来日之大难，实有不忍言者。……至于祥之行止，只求有利于国于民，任何牺牲，皆不顾惜也。

小兄玉祥梗叩

蒋先生接到冯的复电后，又有一电致冯，其电文如下：

衔略……弟返籍扫墓，昨始回京，奉读梗日复电，披沥见教，条分缕析，垂爱之切，谋国之周，倾佩无已！六中全会在即，中央同仁亟盼吾兄如期来京出席，弟尤切望把握，俾得亲承教训，而慰契阔之思。

弟中正叩

有了这样来往的电报，已经可以预料到我们的山居生活，是应当暂时地宣告结束了。

我因为不愿意随冯一同到南京去，便找了一个机会，向冯说我打算先到南京去看看，冯也答应了。在这里我必须一述我所以请求先到南京去的一个内在原因：原来，当我住在泰山的时候，山东省党部委员张苇村先生，曾经转达当局的意见，希望我到南京去任职，我因为不肯背弃冯待我的一番好意，在当时便拒绝了张先生的约请，并退回了当局所赠送给我一个数目字很可观的旅费。

迨到冯本人既然答应到南京去开会，我自然不便故作高蹈，所以才要求先走一步。我到南京后的第一件事，便是到军事委员会报到，那时蒋先生已经因事去了杭州，我又连夜搭车赶到杭州。当时，接待我的人是侍卫副官长项传远先生。我在杭州下榻的地方，是西湖“蝶来饭店”。到了晚间，那位军统首长戴雨农，奉命到我住的地方来看我，并转达蒋先生欢迎我来京的意思。那是我第一次会见这位蒋先生左右的第一红人，我当时觉得戴氏这个人，穿一套藏青色的中山装，彬彬儒雅，并没有使人望而生畏的神气。后来，我和他在工作上虽然没发生过联系，但却成为一个时常往还的朋友。

我谒见蒋先生时，他非常客气地问长问短，毫没有追问我过去参加“反蒋集团”的半句。那时我也只好见机而作，请求到陆军大学去教书。从此重新展开了我在军中服务的生活。这些事现在回忆起来，一转眼已经二三十年的时间了，人生如白驹过隙，抚今思昔，如梦如幻，实不禁感慨系之！

我所知道的孙传芳与徐树铮

薛观澜

窃按孙传芳在北洋直系中，本属后起之秀，其首露圭角，在于一纸通电。民十二，孙氏以师长任长江上游总司令，适值第一次直奉战后，因孙氏一电而旧国会得以恢复，黎元洪再任总统。不久而孙督闽之令遂下，孙固曹吴之嫡系也。值江浙战起，孙乃击溃卢永祥，晋位闽浙巡阅使，吴佩孚视之，俨同部属，孙不甘心。俄而吴失败，孙窃喜，不予援助，识者早知孙吴之间不复有合作可能矣。厥后革命军攻逼武汉，吴被困于汀泗桥，孙乃袖手旁观，且与革命军暗中妥协焉。

孙传芳恭迎徐树铮

第二次直奉战后，杨宇霆督江苏，孙氏出其不意，攻其无备，遂攫得苏皖两省地盘，晋任苏浙皖闽赣五省联军总司令。旋以浙省兵权委诸本省人夏超与陈仪，殊不知夏陈二人皆狙诈，阴与革命军通款，孙之失败即胚胎于此。当是时，奉军奔沮，止于山东，冯玉祥认为机不可失，约孙传芳夹击张宗昌，孙不应，冯为大失所望。

孙既坐镇金陵，始感兵力不足以布防五省，财力亦不足以支持。外则国民革命军势力已壮，内尝开罪于段祺瑞、张作霖、吴佩孚、冯玉祥诸人。愈觉位益崇高，势益羁单，是故徐树铮在国外，孙即驰电联络，实欲借徐氏之力以与各方徐图转圜也。而徐氏之意，亦正欲联合各方，以便一致对付害群之“二马”（指冯玉祥）。故二人修好，一拍即合。

延至民十四年十二月中旬，徐树铮海外考察竣事，由日返抵沪，孙传芳行色匆匆，特自南京赶至上海，端诚以迎徐专使也。上海各团体乃在商会开会，隆重欢迎徐专使与孙联帅，首席推徐，孙居其次，徐亦当仁不让，吾辈则与陈陶遗、丁文江、卢香亭、孟昭月、陈仪等同列贵宾之席。足征徐氏物望之隆，亦见孙氏谦抑为怀也。

时则皖系之中坚，仍属徐树铮，海外考察归国，徐将入京组阁，为众所周知之事实，孙任五省联军总司令，北迣徐州，南徂厦门，东南半壁，悉入掌握，声威赫奕，雄视全国。是以两雄相遇，可比丰彤对蔚，使好我者劝，恶我者惧，日后徐氏在廊坊被狙，祸梯即伏于此。

翌日，孙与江苏省长陈陶遗联名设宴，为徐专使洗尘。陈氏道德文章，著名海内，夙为吾辈所倾折，席间淞沪督办丁文江指孙谓徐专使曰：“孙联帅颇具才略，亦知爱惜名誉，丹诚笃志，期为地方宣力，唯彼有一基本缺陷，乃感近代知识太缺乏也。”孙曰：“我见又公（徐别字又铮，故孙尊称徐为又公）周游列国，不禁心向往之。”徐氏是日在座间，似心事重重，发言甚少，予谓孙曰：“联帅应嘱秘书，将西报西籍所载重要事项，译就呈阅，对于日俄两国动态，尤宜注意。”孙氏颔首称善。

怀抱不同困境则一

是日宴罢，孙传芳与徐树铮密斟甚久，并无第三人在座，唯知二人意见融洽，孙对徐氏执礼甚恭，而徐亦喜孙之俊朗也。二人怀抱不同，困境则一，然知彼此和衷共济，或得因祸以得福，践危而亦安。当斯时也，孙传芳盛名之下，一战而霸，东南既定，兵甲已足，然而北伐军队枕戈待发，东南半壁首当其冲，是以六军暴边，四方骚动，刁斗夜鸣，烽火昼曜，孙氏自维，文韬武略，远逊于徐，是用低首折腰，言听计从，谓为肝胆相照，醉醒互扶，非虚语也！

徐氏即欲挽救段祺瑞之颓势，必先团结奉直皖三系，以讨冯玉祥“叛国”之罪，故有利用孙传芳之心。譬如诸葛武侯之诣东吴，共图破曹，为汉谋也。又似拳棒专家，留下最后一手。今孙之军旅，即徐最后一手，若善用之，胜数可预卜也。

窃按孙传芳面貌清秀，态度温文，其神观迈爽，类似段合肥。唯孙两目歪邪，主以凶终，至其脑筋陈旧，缺乏近代知识，亦似段合肥。然段孙二人，尤为旧礼教所束缚，风格峻整，胜于草野而倨侮之武夫远矣。孙在苏浙，大得人心，歌颂之声，至今勿替，此因历届督军，横征暴敛，下不堪命，唯孙能修德政，复履清廉，事遵法度，动咨耆贤，观澜德之，印象甚深。

至民十六，愚任安国军外交参赞，担任孙传芳与杨宇霆之间联络事宜，为孙说情，为孙索饷，详载他篇，孙曾谓观澜曰：“吾在龙潭，厄于海军，功亏一篑，是天亡我也。嗣在徐州，几擒敌酋，所差不过十分钟。噫！江浙父老爱我实深，我有何面目见江东父老！”言竟泪数行下，此系至诚之言，唯治军旅者，如张作霖、张宗昌、宋子文等，喜言天命，实则人谋不臧，于天何尤！

夸大取巧用人不当

孙氏英才卓荦，野心甚大，然其气度不及徐树铮，孙于汀泗桥之役，坐观成败，实昧唇亡齿寒之义，亦存幸灾乐祸之心。孙氏以为革命军起，正可假手倒吴，则直系领袖，舍己莫属；殊不知孙吴兵力，均感不足，合则两利，离则偕亡，是孙致吴于败，不啻自招灭亡也。识者谓为器小易盈，岂不信然！孙性好夸大，善取巧，民国十六年六月张作霖在北京顺承王府就大元帅职，时适改组安国军，张问孙传芳，尚存多少军队，孙云十三万（实仅二万五千人耳）。顷之，孙将军队开入胶东富庶之区，不愿再挡头阵，几与张宗昌火拼，而幸孙与宗昌、学良之辈私交甚笃，因其个性能合众也。

然孙最大弱点，厥维用人不当，故其部下如夏超、陈仪、卢香亭等，相率倒戈，早已与敌通款，孙乃坐待沦没，噬脐何及，忆当日徐树铮在沪，尝谓吾侪曰："吾观孙馨远，外表谦和，内实趾高气扬。孙之将领，其情伪，其气浮，投机分子，不足恃也。"是故孙之失败，由于知人不明，而徐之死，孙馨远所受影响最大，彰彰可见矣？

综而言之，孙传芳举止轻佻，故非载福之相，唯为人能屈能伸，故见张作霖时，居然当场叩头，然其器干英峙，志趣魁奇，固一世之雄也，厥后死于妇人之手，容有政治背景欤！识者悼之！

“五省联帅”孙传芳

张朴民

居士林·蒲团上一阵枪响

民国二十四年十一月十三日，天津市突然发生一宗轰动全国的大血案，被杀者乃是当年雄踞东南，号称“五省联帅”的孙传芳，刺客则系一位三十岁左右身手矫健的佳丽，她名施剑翘，安徽桐城人，山东省立女子师范毕业，施剑翘的父亲施从滨曾任师长兼兖州镇守使，绰号狗肉将军的张宗昌时任山东军务督办，施从滨为帮办。

当血案发生时，息影天津的孙传芳，正在佛教居士林端坐在蒲团上默默诵经，施剑翘从后一连数枪，孙传芳即当场毙命。事后施剑翘声言为父报仇，从容不迫地向军警当局自首，并当场赋诗一首；中有“剑翘求死不求仙”之句，以示必死的决心，神态豪放大有巾帼英雄的气概，当时曾博得不少国人的同情，国民政府也以她孝行可悯，于二十五年十月十四日明令予以特赦，不久施剑翘便被释放，抗战期间曾到大后方参加军中救护工作。

这一宗血案的主角孙传芳，字馨远（一八八五至一九三五），山东泰安人；生于光绪十一年农历三月初三日，寄籍直隶保定（今河北清苑县），幼时先在私塾攻读，因父亲早逝而事母至孝，其为人则机警阴鸷胸有城府；野心大而善取巧，尝以汉高自况，后投笔从戎考入保定陆军速成学堂师范科肄业。因为家境寒素，端赖每月三两一二钱饷银以仰事俯蓄，他母亲病逝时四壁萧然无以为殓；幸有同班学友杨文恺、李济臣（倬章）、张文卿、周近仁四人各捐一月饷银，以为装殓殡葬之资；他们四人并共同为之舁棺安葬，孙传芳当然万分感激，因而与这四人结为金兰之交。

孙传芳在保定陆军速成学堂肄业时，对于学业颇为勤奋，卒业时以成绩优异，被保送入日本士官学校第六期肄业。光绪三十四年冬毕业归国。先在袁世凯所训练之北洋新军第二镇王占元属下任督练官及管带（营长）。入民国后始荐升至团长，混成旅旅长。民国九年升任陆军第十八师师长，仍受两湖巡阅使兼湖北督军王占元之节制。民国十年六月，湖南赵恒惕与湖北孔庚、蒋作宾等组织自治军，合力进攻湖北，图驱逐王占元；因为王占元自身腐败，又加以内部兵变终至一败涂地，北京政府命吴佩孚由河南率军支持，一举而攻下岳州长沙转败为胜。

孙传芳所部原驻防鄂西宜昌一带，并兼任长江上游总司令，且负抵御东下的川军，在王占元垮台后，孙传芳收拾他的残部重加整训大事扩充，始直接听命于吴佩孚，在宜昌击退川军立下了战功，因而受知于吴。民国十年八月吴向北京政府保荐他为长江上游总司令，仍驻防汉口宜昌间，孙传芳初籍籍无名，自此始初露头角，遇有时局重大问题，则不断发出通电有所主张渐为国人所知，如民国十一年五月通电南北两总统同时下野，拥护黎元洪复职，主张恢复旧国会是。

孙传芳的野心甚大，虽已官拜长江上游总司令，以尚未能跻身于封疆之列，自然难以满足，时思有机以乘。王占元垮台，当时继任湖北督军的是吴佩孚的嫡系萧耀南，孙传芳深感无法染指。民国十一年十月广州军政府之粤军许崇智会同闽军王永泉部，驱走了闽督李厚基，李因不甘失败而向苏督齐燮元求救，此时齐燮元正与浙督卢永祥为争夺淞沪地盘而明争暗斗，不惜以大批饷械接济李厚基回闽反攻，仍然连战皆北。孙传芳看中了这一条好出路，便自告奋勇地要求援闽，得到吴佩孚的首肯便由鄂西率部出发，假道浙赣边境入闽，以所部旅长周荫人打前锋，计自十一年十二月出兵，十二年三月六日攻占闽北重镇延平。北京政府便任命孙传芳为福建督军。

开府南京俨然南面王

孙传芳开府福建跻位封疆，虽然如愿以偿，但此时福建境内仍极复杂：初欲诱闽军旅长臧致平、杨化昭以制王永泉未成，终以周荫人之力战将王永泉驱出福州，又将臧杨两部驱入浙境，周荫人立下大功被任为军务帮办，但功高震主，十二年五月北京政府遂任孙传芳为闽粤边防督办，升任周荫人为闽督。一山难容二虎，孙传芳亟欲向浙江发展以获得更多的地盘，何况孙隶属于曹锟吴佩孚之直系，浙督卢永祥则为硕果仅存的皖系，因而更加势同水火。

民国十二年九月一日，山雨欲来风满楼的齐卢江浙之战终于爆发了，起初是卢永祥节节胜利；不意孙传芳先指责卢永祥不应收容叛将臧杨，继则挥军进攻浙境；一举而占领衢州，卢永祥腹背受敌，后路遭受重大的威胁，终于十月间放弃浙江，通电下野亡命日本，北京政府令孙传芳为浙江督军兼浙闽巡阅使；这时直系吴佩孚等人拥立的曹锟已贿选总统成功，并于十月十日猴沐而冠；孙传芳既奄有浙闽两省地盘，虽然踌躇满志仍对曹吴表示效忠，自然曹吴于孙亦愈加笼络。

民国十三年九月十七日，第二次直奉战争爆发，直系因冯玉祥之突然倒戈，曹吴一败涂地，曹锟被幽禁于北京，吴佩孚狼狈南下，先后困居鸡公山、黄州、岳州。张作霖与冯玉祥等拥护段祺瑞出任所谓中华民国临时执政；孙传芳虽为直系，为确保地盘亦不得不通电表示拥护。苏督卢永祥原为皖系大将，为报仇雪恨卷土重来，由段祺瑞任为苏皖宣慰使兼江苏督军，会同奉军张宗昌部南下，驱走直系苏督齐燮元，报了一箭之仇。孙传芳在浙江大有唇亡齿寒之忧，一度与齐燮元组织浙沪联军，共谋抵抗卢永祥及奉军，后经段祺瑞派亲信吴光新为之调和，与奉军订立和约，两军均由上海撤退，继续承认孙传芳督浙，周荫人督闽，落空的齐燮元只好流亡日本。奉军张宗昌由沪后撤，由段祺瑞任为山东督军，局势暂时安定下来。

民国十四年五月三日上海发生“五卅惨案”；工人为反英日而罢工，商人学生亦罢市罢课为后援，张作霖以维护淞沪治安为名，六月间派张学良、姜登选等率军南下，并委邢士廉为戒严司令，淞沪重入奉军的掌握。孙传芳因而大起恐慌，为确保地盘不得不大修战备，八月二十九日段祺瑞改任杨宇霆为江苏督军，姜登选为安徽督军。孙传芳恐奉军在南方日久势力巩固，十月十日以大演习为名趁奉军立脚未稳之际，来个先发制人，联合陈调元、邓如琢等组织浙、闽、苏、皖赣五省联军，自称总司令，分五路向苏皖境内之奉军发动攻击。十六日攻占上海，杨宇霆、姜登选以战线过长实力单薄，不得不仓皇向徐州撤退，十一月七日奉军再退出徐州；孙传芳亦适可而止不再追击，孙传芳在津浦路沿线追逐奉军，与张宗昌部下师长施从滨激战于蚌埠以北之固镇桥；施从滨于此役被孙传芳俘获就地枪决，种下了日后在天津被刺杀的祸根。

孙传芳与奉军作战大获全胜后，奄有东南富庶之区的浙、闽、苏、皖、赣五省，成为直系的新巨头，开府南京俨然南面王；自兼江苏总司令，由邓如琢为江西总司令，周荫人为福建总司令，卢香亭为浙江总司令，陈调元为安徽总司令，陈仪为徐州镇守使守备第一线，此时孙传芳向奉方表示以徐州为界绝不北犯；张作霖，张宗昌亦表示不再南侵，大有尽弃前嫌言归于好之意。各方以孙传芳实力强大如日中天，多尊称为“联帅”或“馨帅”，段祺瑞对孙传芳亦曲意拉拢，延揽其总参议杨文恺为内务总长。孙传芳亦欲休养生息励精图治，抬出江苏名流陈陶遗为省长，设置淞沪商埠督办公署；聘著名学者丁在君（文江）为督办（即今之上海市长），自行创办国立政治大学，聘请张君劢为校长，其势力范围内一时到也有点升平气象；在南京创办一所金陵军官学校，培养军事干部以备扩充实力。

北方之张作霖与冯玉祥联合推倒曹吴后，双方为争夺地盘冲突日剧，且均对段祺瑞不满，国民军将领鹿钟麟等甚至欲驱逐段祺瑞释放曹锟以迎吴佩孚；吴本人困顿岳州亦不甘寂寞，于十四年十月二十四日，忽又号召旧部，自称十四省讨贼联军总司令，在汉口查家墩设立总部，所谓十四省乃将孙传芳之五省包括在内，孙表面上为表示对这位老上司恭敬，实际上甚为冷漠；因羽翼已成实不甘再作吴之部属，孙传芳此时以三国时代的东吴自况，称霸东南雄视全国，实为局促鄂西时始料所不及。十三年二次奉直战争时，吴佩孚所讨之“逆”是张作霖，其后又与昔日之“逆”合作讨昨日之友冯“贼”玉祥。吴佩孚之由心腹变为叛徒的湖北督军萧耀南暴毙了，遂以湖北为基地，派部将寇英杰、靳云鹗由平汉线向河南进攻，先与河南境内之国民二军岳维峻部战，继又与河北境内之奉军战，最后反与奉军合作进攻平绥路南口之冯玉祥部国民一军，究竟敌乎友乎令人扑朔迷离。

变成了“无”省总司令

民国十五年七月九日，国民革命军在广州誓师北伐。最初作战方针是先消灭湘鄂之吴佩孚势力，对张作霖则暂不敌视，一面拉拢孙传芳要其参加革命战线。蒋总司令曾派何成浚赴南京与孙传芳谈判，因何与孙传芳系日本士官学校同学，且与孙部大将卢香亭为好友，讵料孙传芳此时意欲坐在高山观虎斗，希望革命军与吴佩孚两败俱伤，坐收渔人之利。吴虽迭次请孙出兵支持，孙传芳表面恭顺电报均称吴为“我帅”，就是按兵不动。吴佩孚在北方又忙着与奉军合攻南口，及至南口攻下赶到湘鄂前线亲自督战，革命军已攻下长沙直薄武汉，汀泗桥贺胜桥两役吴军大败。革命军势如破竹一举而下武汉，吴佩孚退到河南南阳跋涉千里，到四川托庇于杨森渡其流亡生活。

国民革命军进兵武汉之同时，又分兵进攻闽南与赣西，对孙传芳采取大包围战略。孙军先在修水铜鼓大败，十一月初相继占领南昌九江、东路的革命军亦由福建一路以雷霆万钧之势攻抵沪杭，孙传芳由长江湖口武穴败退到南京。革命军节节向南京进逼，孙传芳之部属陈调元、周凤岐等都已向革命军投降。孙看见大势已去，不得不在南京未陷之前微服北上，求救于昔日之敌的张作霖张宗昌，企图做垂死的挣扎。孙向张作霖游说：“国民党内部不一致，蒋氏又下野，日本出兵济南阻止北伐，东三省兵精粮足，一定可以抵抗革命军……”张作霖竟为孙传芳说动了，将奉、孙、直、鲁各部队统编为“安国军”，张作霖自任总司令，吴佩孚孙传芳分任副总司令，孙传芳俯首帖耳地成为张作霖的附庸，这也是北方残余的军阀最后一次大结合。

民国十六年三月间，革命军克复南京，长江以南尽入革命军势力范围，又于六月间攻占徐州，由武汉出发的革命军亦占领郑州。蒋总司令在南京建立国民政府，九月间宁汉合作改组国民政府，革命军由徐州向南撤退。

民国十六年六月十六日，张作霖在北京组织军政府，自称陆海军大元帅，组织七个方面军，积极准备与革命军决战，任命孙传芳为第一方面军团长兼鲁西方面总指挥，计划以奉军嫡系部队由河南攻武汉，张宗昌之直鲁联军攻浦口，孙传芳部由鲁西经苏北进攻扬州迂回南京。八月下旬孙传芳在奉军之支持下，果然卷土重来企图进迫京沪，此时革命军因蒋总司令下野群龙无首，形势真是岌岌可危。幸赖第一军何应钦部与第七军李宗仁白崇禧部协力拒敌，终将倾巢来犯之孙传芳部全部击溃。先是孙军欲在龙潭附近渡江袭断京沪联络，因而龙潭一线争夺异常惨烈，双方死伤数万人，真是横尸遍野江水尽赤。孙传芳孤注一掷未能得逞，只好豕突狼奔，最妙者一路上孙传芳仍以浙、闽、苏、皖，续五省联军总司令名义大出安民布告，各地民众多将五省联军之“五”字涂改为“无”字，也是对孙的一大讽刺。

民国十七年一月国民革命军蒋总司令通电复职，下令各军由平汉津浦两线继续北伐，四月二十七日击破孙传芳与张宗昌联军，五月初攻抵济南；虽然日本出兵造成“五三”惨案，国民政府一面对日交涉，一面绕道济南两侧继续挥军北上。张作霖看见大势已去，遂决定放弃北京。六月四日张作霖专车由北京返奉天（沈阳），下午经过皇姑屯时，为日方预埋之地雷炸死。事前虽获得此项情报，张不置信。张学良、杨宇霆秘不发丧，密令奉军连夜由天津泺东向山海关外撤退，连张宗昌、褚玉璞的残部也被拒于关外，更遑论孙传芳了。此时孙失所凭依，只好托庇日人统制之下的大连，渡其亡命生活，其后曾一度东渡日本。直至民国十九年后风声缓和下来，孙传芳才悄悄地回到天津日租界作寓公。东三省在张学良领导之下早已易帜，并服从国民政府了。当年煊赫一时的“五省联帅”，一旦土崩瓦解失去权势，唯有礼佛诵经以解寂寥。二十四年间，日本亟谋在华北制造傀儡政权，华北风云日趋紧张，日军利用北洋军阀政客，蓄意挑拨离间，孙传芳自不失为其利用之对象。施剑翘为了国仇家仇，使孙传芳命丧其弹下。孙传芳总算是民国史上的风云人物，虽然及今事隔三十多年，孙传芳的一页兴亡史仍值得国人重温。

记孙传芳氏之兴衰

童梅岑

民国十六年春，唐生智再度入长沙，即大肆搜刮，中赀以上，皆勒派巨款，令出必行，无商讨之余地。余家三宅，共勒派九千银圆。余见其狰狞之状毕露，知不可以久留，乃附轮赴汉。斯时南、北已经接触，过岳阳后，询诸中途上船之人，知南军锐不可当，北军望风溃败。闻唐生智于战前放假一日，人发三十银圆，任其恣意狂欢，翌日驱以上阵，骁勇无比。吴佩孚因前年之败，精锐尽失，今虽凑集各处部队，然勇怯不一，军情散漫。吴虽亲临前线，杀一旅长以示众，而不能止其溃也，遂退入武昌，欲婴城固守。众皆以为不可，遂留师长刘玉春守之，而躬至汉口。余至汉，知南军已循大江西岸而下，抚汉阳之背。北军虽多，然无斗志，汉口租界情形，甚形混乱。各国军舰，因大水皆靠岸而泊，商轮尤多，似皆作撤退准备。英、法租界，且张铁丝网，画境而守，彼此不得踰越。有行人过，则痛抶之。总之，一片慌乱景象，殖民地人员之无能，充分暴露矣。以张竹桥介绍，见吴佩孚于大智门司令部。自衡阳一别，倏已十年，当时精悍之气杳不可见，岁月推迁，颓然衰老，其事业亦已日薄崦嵫矣。观其对客挥毫，杂以谐谑，虽强自支厉，以示镇静，知其内心实不胜英雄末路之感。谈有顷，因靳云鹗来见，知有军机，不便旁听，乃兴辞而出。至张子武处，执手惘然，不知从何说起，见其事集，不便久留。闻吾等离去后一时许，炮弹即落于其司令部前坪，盖其宅内外电炬通明，不免为敌炮之目标也。靳云鹗为士官三期同学，其兄云鹏，曾为北政府内阁总理，凭借殊优。以师长练兵于鸡公山，所募皆农民子弟，待遇殊优，训练亦勤，此时率全军来赴，沿铁路驻扎。吾观其兵，体格甚好，营养亦良，装备亦新，纪律亦好，宜若可以一战。然闻其拥兵不战，有坐观成败之势。人之无识，乃并其本身之利害而忘之，真奴才也。虽有精兵而无良将，与无兵同，于此益信。

余居梅严仙寓，竟夕闻大炮声，床褥为之抛动，皆龟山要塞炮台所发也。夜间用大炮盲目射击，可见军心之慌乱，聊借炮声以自壮而已。吾观武汉三镇之陷落，匪朝伊夕，乃附舟东下，轮船拥挤殊甚，泊于江心，以小划就之，又不下梯，缘绳而上。天明时，过武昌，遥望其城垛皆堆沙包，电灯设于垛口，反光外照，城内寂然，如无人烟，知其军心尚固，守御有法，非可旦夕下者。然孤城悬于南岸；若无外援，终不能守也。

至九江，知翰妹于庐山赁有一宅，因入山一游。是时孙（传芳）军已于此布防，入山时检查甚严，但尚有礼貌。至翰寓，始知已往沪，因与刘遁樵入居其室。刘忽发病，乃独游五老峰、三叠泉诸胜。至黄龙寺，观吕祖飞剑处，向望久之。寺有二娑罗树，合抱参天，亭亭如盖，云是印度种，除此二株外，中土皆无之。此游乃无伴侣，又不得向导，居数日，即下山。

至南京，晤孙传芳，时称为浙、闽、苏、皖、赣五省联军总司令，声势赫奕。同学时但见其为椎鲁武夫，不意其至如是。观其治军尚有法度，经济亦充实，盖江浙人士多附之，彼亦颇能择人而任，尚未见其败征也。

至上海，寓从弟壁楼处，壁楼寓此已数年，疗病，且避兵乱也。连年兵戈四起，江浙人多避此，租界乃畸形发展。危道丰方为上海县长，因其向导，得以遍涉租界中黑暗之面，如静安寺路之赌窟，规模宏大，湘人之拥有多金者，多就输之，洋场诚销金窟也。白俄之逃此者，男则为人保镖或行乞，其能考取为警察者已为幸运。酒馆中常见有衣冠楚楚之西人，入门立正脱帽为礼，乍见皆惊，而不知其为乞儿也。更有裸体跳舞馆，隆冬，裸少女而跳舞焉，肌肤如雪，见之栗然，此皆帝俄之王妃淑媛也。流落至此，岂本身之罪哉？赤焰方张，又不暇为他人哀矣。

游西湖，过汪颂年，因以得见省长夏超。夏乃浙江留日警察学生，孙传芳夙与之善，故委以省政。此人翩翩清俊，附庸风雅，故聘汪为顾问，与谈诗文。及孙出师九江，夏乃背孙而独立，与孙部某旅一战而败，遂被杀。是时盛传冯玉祥为倒戈学校之优等生，若夏者，则可谓该校之落第生也。吾在上海，无所事事，闻孙已至九江，其幕中且多同学，遂往游焉。是时北伐军在鄂，唯武昌坚守不下，孙乃径至九江，似有救鄂之意，然与蒋某同居决川舰上，一塌横陈，吞云吐雾，诸幕僚皆居江新轮上，军谋秘计，无从干预。"决川"乃浅水运舰，体积庞大，与"浚蜀"为姐妹舰，吴佩孚所造以通川河者。"江新"则招商局新建之豪华江轮也。吾居浔阳楼旅社，闻本古浔阳楼故址，即水浒所载宋江题反诗处，事虽虚构，其地或实。登楼四顾，风景绝佳。水浒作者，想当年必曾流连其地，故所述风土，宛然如见。此间江流支脉甚多，故水族繁殖，鱼虾肥美而价廉，所谓江州鱼米之乡，信非虚也。同居者有梅植根、刘志陆、马慎堂。刘为粤军，马为桂军，与湘之叶开鑫部，皆布防武穴一带，均残破之余，战斗力不足言矣。余以无事，时至九江城郊游览。此城因江山以为固，号称险峻，易守难攻，此搭齐布所以愤死于城下也。城外有甘棠湖，风景绝佳，某军阀于此建一巨宅，宅外遍植庐山上古松，皆已枯死。此皆高山上石罅中古木，为风雪所摧，千年不长，亦不死者，偃盖蟠枝，饶有画意，今乃爬剔根株，排列移植，宁有幸存之理。此种煞风景之事，非至愚之军阀不能为之。江畔琵琶亭，为马粪所积，无足流连。此间为后方补给基地，军民交涉，尚无纠纷，且有繁荣之象，足见治军之有法也。此时遇一术士，为现代科学家所不能解者。有人荐一高姓术士于孙，谓能占奇门数，孙令幕僚试之，姑令射覆，无不奇中。时方大风，巨舰停江心，亦苦颠簸，问其何时可息，屈指计之曰："更三日息矣。"至期果验，因奇之，令居江新以备询访。一日，谓人曰："三日之内，东北隅当有火灾，损失颇重，然本舰无碍也。"江新之东北为大江，火灾之说，非情理所有。居二日，有江宽舰自南京运军火补充兵来，泊江新东北江中，相距约二百米，甫下碇，即失火，舰上兵员多赴水死，其舰潜焉。当火作时，炸弹四迸，决川、江新皆起碇避之，尚无损失。众益奇之，乃委以差遣之职，月给薪五十元，且命一副官之好此者师事之。时叶部在武穴，闻有接触，而未审其胜负，吾等遣人邀之来占之，彼不肯来，曰："今日心神不聚，恐占不验。"固请之，始至，其人峩冠大袖，举止村野，应付朴讷。占之曰："并无战争。"翌日得叶报告，知接战小胜，且有死伤，其占全不验。盖此术全恃灵感，强使为之，必不验也。一日，与其徒立船头，有风飒然而至，吹折一小旗，高大惊，谓其徒曰："风向甚恶，且有主帅折旗之象，吾不可以久留，宜秘之，勿以告人也。"遂启箧，取其一月薪金，弃其行李而去，莫知所在。未几，孙军果败，后有人遇之于南京，言因出入孙军，被人指目，故避之。问前途休咎，曰："南军气旺不可敌，且看明年如何。"后遂无见之者。大抵术数之事，自古有之，晋书《郭璞传》所载，非尽虚构也。学力深者所知较远，浅者较近。余亦曾涉猎焉而无所获，知此事全赖师传，非可以理论求之者，近人亦言第六感官，鸟兽昆虫均有能前知者，至人类如何而可获得此数，则无能言之者。

孙传芳之在苏，曾与山东之张宗昌战。张募白俄三千人，每人月给银三十元，使师长施从滨将之以前驱，而以大军继之，此白俄皆经过世界大战之将卒，此时流离困饿，无以为生，既应募得饷，则恣意饮啖，醉饱之余，誓愿为张效死。张曾流落东北，有崇拜俄人武力之心理，以为有此百战之俄兵，可以横行无敌，不知此辈于中国情势茫然，其战法亦殊笨拙，虽临阵勇敢，而秉性残暴，所过奸淫掳掠，鸡犬无遗，人民恨之入骨。孙军既至，则竞为其向导与侦探。孙军依险设伏，诱俄兵入，围而歼之无遗类，因其势而蹙之，张军大败。临阵生擒施从滨，解至南京，数其率俄人以殃民之罪，斩之，悬其首于浦口车站，人心大快。其后苏鲁虽罢兵言和，然孙仍欲俟机而荡平之。故其军事设施，均以山东为假想敌，以孙本鲁籍，时切还乡之愿也。今忽改为防遏北伐军，则一切准备均应有所更张，而将士兴趣，亦应重新鼓舞，于对方情事，亦殊隔膜，此乃孙军之弱点。孙本王占元部下，湘省援鄂之役，虽因吴佩孚之干涉而失败，然事后王亦辞职，吴以部将萧耀南代之，孙虽仍为师长，而势殊寡弱。会福建有变，吴命孙率所部往平之，此时不免有被摈于门外之感。不意由赣入闽，一帆风顺，更由闽而浙、而苏、而皖、而赣，自称五省联军总司令。吴则一蹶不振。孙虽阳崇奉之，于前事不无芥蒂，且欲代之而兴。湘军残破之余，更不为彼所重视，于援鄂之恨，尤未能淡忘。此时出兵江西。虽以反共为名，实际谋扩张其地盘，以实践五省联帅之高位。余在南京，曾一晤之，贺其为五省联帅。孙笑曰："仅四省半耳。"虽阳若自谦，实已直率自露其胸怀，犹有武人之风焉。

孙部之集结于九江附近者，有独立旅九旅，卫队旅一旅，浙军一师。江北武穴等处，有陈调元之皖军一师，湘粤桂残部共约一师。江中则有长江舰队全部，此皆孙所直接指挥者，而南昌赣州一带之江西军，亦有二三师之数。孙军训练精良，器械完备，若举陆、海军之全力以攻武汉，实未易御。如不欲为此集结之攻击，则可以一部驻九江，以长江为运输线。以一部驻南昌，以鄱阳湖为运输线（此部以湖口为出路）。九江之军，可以出咸宁。南昌之军可出攸醴，兼顾南赣。江北之军辅以舰队，进窥武汉，至南浔铁路，可为南昌九江两据点之联络线。如此，则形势甚张，进退均绰有余裕，实简易之计划也。此时战地之铁路有二，一为湘鄂铁路，由武昌以达株洲，北伐军占有之。一为南浔铁路，由九江以达南昌，孙军占有之。两铁路略为并行线，南军之北伐，舍湘鄂路莫由。孙军由东向西，有江湖运输之便，又有舰队以辅航，殊不必依赖南浔路也。北伐军之在武汉，后路绵长而薄弱，盖湖南之弱点实在东方，若敌由此攻入，则全局俱坏。以形势言之，实于孙军有利。吾初以为孙若为自保计，不应舍安庆而西上，既至九江，则当为攻势动作，或直攻武汉，或由湘鄂东面攻入。及闻其以全军进入南浔路，颇为怪讶，盖古今用兵，必先巩固后路，而指挥部与预备队必在正面之后方，九江在南浔路之北端，与南昌相距七百里，虽有铁路以联络之，而战事之变化难测，此一线铁路之运输，未必可恃，若以九江为据点，则攻击目标，只能向鄂东一带，若兼顾南昌，则嫌其后路过远，运掉不灵也。及闻其以全军配置于南浔路，分段设防，俨若划铁道为防线者，更为之骇然。孙方大言，我以精兵九旅守此七百里之铁路，谁能破之，不知兵力虽多，分散则弱，况分段设防，则各旅均有汛地，一段被攻，他段之兵不能撤防来援，一处楔入，全线气脉不通。况东方有鄱阳湖险之，撤退亦极困难，古今中外，无此布置之法。孙虽椎鲁，然曾经战事，且闻其幕中颇多能人，且以号称军事学大家为参谋处长，何为有此大反常识之处置。吾在宁时，见孙矜夸之甚，到浔后遂往见之，以此等攻防大计，彼必自以为有所主张，不听旁人之饶舌也。而梅植根则数往晤之，曾以此意向其进言，孙之答词，极骄蹇无礼，谓："军事方面，我自有把握，不烦同学劳心；所虑者政治方面耳。"吾等相顾哑然，言此人殆天夺其魄矣。后乃知彼实为某君所愚弄，盖某君与唐生智有师生之谊者，受唐之嘱，为作反间。谓孙军若进攻，则北伐军必回顾根本，吴佩孚乘机反攻，武昌之围必解，阳夏亦必收复，吴将恢复直系首领地位，孙且代吴受兵。湘军回湘，必与吴瀣沆一气，非孙所能支配，不如按兵不动，以鄂委南，鹬蚌相持，我乃得坐据五省，为东南之盟主。其陈兵南浔路上，以示划此疆界，造成既成事实，以与北伐军妥协，此所谓政治解决也。自以为极秘之策，不以语人，不知军事不进则退，断无中立之理，即取守势，亦必有乘机出击之形势，然后可自以守。若坐待攻击，纵一战而胜，敌必收众增援，反复攻击，防不胜防。偶一失败，则前功尽弃。观夫美韩之战，美军虽胜，而不能越境追击，坐令共产党军队整理、增援，无可奈何，乃为板门店之屈辱条约也。夫美军之不能越境，当有国际上之顾虑。孙既已出兵至此，尚何所顾虑哉。孙既谈政治，应于北伐军之目的有所认识。以当日北伐军之气势，岂有赂以湘鄂而可以罢兵之理，而孙乃以军阀扩张地盘之眼光视之，汲汲焉先划界线以为己有，亦何其愚昧而可笑也。凡国之兴衰，冥冥中似有主之者，以孙武备之盛，欲以战事解决，殆非容易。今乃自投于陷阱，使南军得乘机席卷，不半年遂奠定东南，岂非天哉。然孙军亦殊能战，南浔路上，时有捷音。吾乡王邦吉，时为南军程潜部师长，此人素有勇名，然一战而败，全军覆灭，王堕粪池中仅以身免。是时长沙大震，政界已纷纷谋迁徙矣，而孙乃严令各军，不得为战场外之追击，同学闻之，其知必败无疑。凡内战时，持久不决，必有投机者乘机内变，陈仪之策动独立，当起于是时。然孙殊晏然不以为意，方遣程某赴粤，与北伐军谈妥协条件。沈同午语余："今兹败矣。五六期同学在孙部者不下数十人，此一役均将扫地无余。同学之政治生命亦告终矣。"孙以千金月薪，聘一日本大佐，使订作战计划。见所谋不用，一去不返。

按程某之使粤，实某处长所策划，使通消息于北伐军者，孙（传芳）亦昏然许之。程至南，则九江情形了如指掌，而总攻击开始矣。后此孙亦悟之，谓程若不去，情形或不如是之迅速恶化也。一日，微闻前线失利，而无从证实。孙之副官长世铭（满族人，六期同学）以孙命来访，且致赆焉。余问战事情形如何。世铭曰："已找着主力矣。"问在何处。曰："在马回岭附近。"余憬然。以军事机密，不便细问。世铭去，余谓植根曰："世铭言辞闪烁，而不多谈战事，殆败耗确也。马回岭在庐山之麓，距九江不远，为有险可守之地，此处断，则铁路之军与总部气息全断，全局殆将瓦解。世铭此来，殆暗示次等以应走之意，其所赠乃路费也。"众皆以为然，而殊无确信，不便行动。至夜深，忽有排闼而入者曰："兵败矣，我等宜速去。"余问何以知之。曰："警务处长之眷属，寓于此旅舍之下层，顷忽仓皇上船去，有与其从兵稔者，言大军已败也。"诸人证以日间所闻，知此说不虚，遂急摒挡行李，拟即刻搬上小轮，因余等本有小轮舣于龙开河也。余独登最高楼望之，见南方远近，寂然无音响，俯视楼下，绝无行人，唯见哨兵往来巡逻。余下楼谓诸人曰："姑待之。此时距天明不久矣，俟明而行，未晚也。吾观远近寂然，意情形尚不若是之严重，街道阒寂，必在紧急戒严中，一出必遭拦阻，且无口号，何以通过。"众因行李已扎，心绪已乱，殊无听我言者，一哄而出，余不得已亦随之行。过刘志陆室，见其方拥衾高卧，呼之不应，乃出。至一小河，雇舟渡之，至中流，闻对岸有大呼口号者，殊无以应，即闻枪弹上机之声，殊为凄厉，余等乃大声报明身份，且言有报告至联帅处。乃听余舟徐徐拢岸，即有数枪环指，问报告安在，余等乃言有机要事面告联帅，乃口头报告也。其中一班长，态度强横，但言无口号任何人不许通过，再三陈说无效，仍命一兵押余等渡回原岸，云将送回团长处听候发落。余等乃随之行，久之，至郊外，不见所谓团长者。时天已微明，见有散兵线，兵皆作膝射姿势，余思此乃九江最前线矣，幸未开火。沿散兵线行久之，过一乘马者，乃钱姓团长，属于浙军第一师，与余等素稔。钱乃草一字条与兵，命引余等至江干觅舟。余等至小轮，日出已久，盖往返十余里矣。刘志陆已久在舟中，知彼于晨餐后，从容到此者。在危险时，必沉着应付，否则反蹈危机。是夜不从吾言，大受狼狈，可鉴也。

登舟具食后，见岸上纷纷多送行李下河者，盖败耗已播矣。乃徐徐起碇出港，至江边，有一营房，众兵方扬手顿足做早操，有赞其沉着者。刘志陆曰："此非沉着，乃麻木也。"有顷，又见一人驰至，似有所报告，众兵登时恍如触电，鸟惊兽骇，四散奔窜，吾于是始实见军队惊溃时之怪状。吾舟参与中流，饱览山光水色，未知所适，有欲至武穴者，有欲至安庆者。马慎堂、刘志陆以所部在武穴，欲往抚之。梅植根以病重，急欲返沪。乃分为二舟，以一舟载植根及愿往沪者下行；余及马、刘等上行。扰攘竟日，时已曛黑，乃分道展轮。余舟泝江而上，遇一巨轮，从上游驰下，灯火尽熄，孙所派之联络参谋郭姓审视之曰："此联帅坐舰决川也。"因以手电与之通讯，不答。郭讶之曰："此极秘信号，胡为不答，岂他船耶。"余曰："他船无作此形状者。所以不答，恐有他故。君知危难时，虽至亲有不能尽信者，故以不答为安全也。"是时暗传浙军有不稳之谣，余等初无所闻，但以想象言之，不期而触郭之隐情，盖郭乃浙人也。余等以夜半至武穴，陈调元以皖军总司令驻此，言孙顷实到此，意甚慌乱，嘱余等返浔，为彼壮胆。余问孙有意以卫队旅反攻之意乎，陈曰："似无之。"问叶、刘所在，则云在前线无法晤面。又坚请我等务即刻返浔，彼意似以九江危在旦夕，恐江路所阻，则增彼负担也。刘志陆、马慎堂乃草一缄与其所部，言以后归陈总司令直接指挥，本人已附轮东下云云。书毕，登轮，别陈下驶。过九江，天已微明。余舟沿北岸而行，闻岸上时有枪声，但无流弹飞过，盖前驱之冷枪也。至湖口，见大小舟舰麕集，决川、江新皆在焉。因傍江新而泊。江新上诸同学延余等上船，谓小轮行缓而不耐风，殊不宜于军事紧急时之用也。余等乃入居江新之客室，其外则餐厅，设备完善，居其中皆高等幕僚，尽同学也，以沈同午为领袖。沈，江南人，才高为同学之冠。虽为高级参谋，而所言不见用，故于前途，甚抱悲观。余曰："此中皆月薪五百元以上之朋友也。"而殊无所事事。餐厅一角，以白布围之，大书无公事者不可入。沈谓之白幕。幕中刘嗣荣居之。刘，四川人，六期生，特为孙所信任，为参谋长，某某则参谋处长也。军机大事，孙唯与彼等议之，诸人皆不得与闻，故咸愤之。余与沈登甲板，谓之曰："昨日世铭来，闻其言，揣知马回岭有失，此诚急症，然九江尚有第一师，及卫队旅，独不能举以反攻乎？孙居江中，万全无险，何必更控制许多卫队。我意南浔路上之军，若知此间尚在反攻，必能协力夹击，打通此点，以通后路，必有若干部队可以退出。若舍之而去，则不知所为计矣。铁路上电线虽断，应尚有间道可以通讯，与前线联络。譬如由湖口以小轮至星子等处，与诸军联络，应尚无阻，不知有所安排否。"沈曰："此等事，唯幕中人知之，我亦不愿饶舌。现在陈仪在浙江宣布独立，孙闻之，心慌意乱，并浙军之在此者而疑之，似已不能作反攻之计矣。"余曰："鄱阳湖中，曾有运输之设备否。"沈曰："未之闻也。前亦有建此议以为补给线之预备者，彼等以为迂远，似乎并未采用。"余曰："若是则前线九旅之命运危矣，孙之政治资本全在此，舍此将安归乎。"沈曰："我早知其必至于是，此皆为大政治家某某所误也。"相与慨叹者久之。顾见石铲山在岸旁咫尺，欲往登之，恐船忽开，遂不果，当此倥偬时期，不能预测船泊之久暂也。南北水陆交通混乱，皆有各自逃生之象，见两小轮均以全速力疾驰，一轮触他轮之腹，成一大洞，被触者顷刻沉没，此为吾生目见沉舟之一次。见步兵沿岸下行，衣装尚齐，队伍亦整，一见知为未上火线者，盖浙军也。有部队长官派副官持名刺欲见联帅，孙疑其已叛，拒不肯见。沈谓：“若已叛者，必集结九江，静候收编，何以狼狈东下；今若此，毋乃逼之使叛欤。英雄能收抚敌人，使为我效命，今乃畏见所部之将领，真下材也。”凭栏远瞩，见江中点点如凫鹥：有顷，流至舟边，始知皆失舟之散兵，掠门板浮水以逃生者。马慎堂出照相机以摄其影，谓此乃绝好之纪念品也。有顷，闻人言，联帅舟启碇矣，果见决川舰开动，两兵舰夹之，直趋上游而去。或言联帅挟其卫队旅往反攻九江矣，同午笑而不语。吾问其所见，曰：“观其素行，必不如是。前日彼曾乘火车至南昌一次，或言其且下令攻击令者，吾策其必不然也。”一小时后，果见三舰联翩，决川居中，兵舰夹之，以全速力向下游驰去，知其一去不返矣。众人相顾哑然，但未知其临行又赴九江一行，是何命意。沈曰：“此不过表现其中心之动荡耳。”后闻其过安庆时，省长高某知之，率文官至江干迎候，孙略不瞻顾，闯然而下，余意此真陆建瀛再世矣。未几，江新亦启碇东下。黑夜过和州，舟触于岸，舟崩，舟几搁浅。问其地，水手曰：“乌江也。”望岸上有古庙，灯火荧然，其项王祠耶。至南京，植根之由九江分手者，迟数日始至，天下事之不可逆料如此。植根途中，备受逼仄颠簸之苦，以致肺疾大发，咯血不休，自是病益深，后年余，遂卒于沪上。余等往见孙传芳，孙捶胸，痛自悔责，谓为人所卖，无面目见人，不如死去。后此遂投于张宗昌，张资以枪械，收集残部，使之反攻南京。龙潭之役，败于李宗仁，此实为无意义之举，既一旦举五省而弃之，虽得南京，将何为耶。闻此次亦自弃军舰，容与中流，预为可走之计，及海军亦变，则渡江之军，无一生还者，此真可谓糜烂其民而战之矣。孙自是遁于天津学佛，于佛教会禅诵中，被施从滨之女儿，潜以手枪洞其后脑，立死，盖报其父枭首之仇云。南浔路之孙军，以铁路既断，不得九江消息，乃各自撤退。鄱阳湖既无运输设备，此巨浸乃无法飞渡，斯时浙赣路尚未兴筑，诸军崎岖浙皖之间，能退至南京者殆无几矣。

民国十五年之北伐，乃辛亥革命后一大事也。当是时，各省割据，兵事不已，祸变纷纭，未知所届。余遂欲避之他适，以一换空气矣。

孙传芳、陈仪与夏超

——“浙江省长”夏超惨死真相

高登云

夏超招来北洋军

民国十三年国民革命军北伐前夕，以迎孙传芳入浙有功、曾一度受孙传芳委任为浙江省长的夏超，系浙江省青田县人，未受高等教育，民国初年，任杭州警察局第一分局第一派出所所长，旋升兼分局长，再升兼警察局局长，为人阴沉而具野心。

浙江于汤寿潜之后，以朱瑞为都督，屈映光为巡按使。朱系率浙军攻克南京天堡城有功者，屈则系因缘时会；因朱为海盐人，属浙西，屈为临海人，属浙东，浙人向有东西之界限，乃以文武分治而分属两浙。袁世凯称帝，朱瑞被封为兴武将军，屈亦得男爵，云南独立，浙人响应，乃驱逐朱、屈，而以浙籍军人嘉湖为镇守使，吕公望为督军兼省长。

吕公望浙江永康人，曾参与辛亥独立，为人旷达豪爽，富责任心，有正义感。吕就职后，所聘佐理人员，皆一时俊秀，浙人咸以为从此可以大治；乃夏超阴谋阻挠，事事不服从吕之意旨，吕乃下令免夏超省会警察局长兼第一分局长兼第一派出所长各职。

夏超拒不移交，并发动全体警察罢岗，人心惶惶不可终日。吕不得已收回成命，于是吕之施政遭受顿挫，而夏之气焰日益嚣张。

时浙江军人中，除吕公望外，另有操实权者二人，一为张载阳，字暄初，新昌人。一为周凤岐，字公选，长兴人。二人各统省军一师，张载阳待人宽厚，周则颇具机心。夏超既蓄意反吕，乃游说周凤歧，谓周既有实力，应多负实际责任，今吕某一人兼都督省长两职，集文武大权于一身，未免不公。周为心动，乃到处主张军民应行分治，并屡次逼吕表示态度，究愿专任都督，抑专任省长。某次周、夏合谋，于吕宅内限吕实时答复，否则浙省治安不能维持，应由吕负责，并各指挥所属军警，将吕宅周围交通封锁，如临大敌，使社会大众发生恐慌心理。

吕公望为周凤歧、夏超二人所逼，表示愿专任一职，以另一职让给周凤歧。但究宜让出何职，应请当时之北京政府决定。周、夏二人遂私自派人赴北京，条陈将吕连根除去，由周凤歧政任都督，夏超任省长。时北洋军阀正思伸其势力入浙，苦无机会。今见浙人内讧，喜不自胜，遂下令将吕公望都督兼省长二职皆免去，另以淞沪镇守使山东籍之卢永祥为浙江都督，吉林籍之齐耀琳为浙江省长。

卢永祥在沪久，且直属北洋军，奉令后即拟兼程前往就任，浙人闻讯，群起反对。杭州各界在车站前第一舞台集会，坚决请北洋政府收回成命，仍以浙人治浙。会尚未毕，闻人报称卢军已由上海到达杭州，而做向导者即为夏超。与会人士，即匆匆散会，此为北洋军阀入浙之始。杭人称北洋军队为“北佬儿”，心中虽不欢迎，但屈于威力，亦无可奈何。吕公望办好交代后，即赴广东，投效孙中山先生。

孙传芳联帅五省

夏超既欢迎卢永祥入浙，应居首功，卢亦以初到浙江，人地不熟，事事加以咨询，夏超更表得意。但省长既已为齐耀琳得去，只得仍任警察局局长，终觉未尽如意。

卢永祥逐渐察知夏超为人阴狠，信赖不若初时之专，并且事事加以防范，夏超乃又决心反卢。

民国十三年，卢永祥与苏督齐燮元构兵，夏乃说通镇守闽浙边境仙霞岭之炮兵团团长张国威，反戈倒卢，并派人赴福建欢迎孙传芳入浙。

夏超深知自己无兵力，上次与周凤歧合作又失败，不如单独进行。于是卢永祥败走，孙传芳自任浙江督办，旋又自称五省联军总司令，为酬庸计，乃以夏超任浙江省长，并与夏换帖结拜为兄弟。

最初，夏超颇以终得省长而自慰，旋则以孙传芳为人阴狠深感不安，日夕筹思驱逐孙传芳而自立为浙江王。于是命人组设浙江警备总队，暗购军械，培养实力；并对浙江地方人士表示，我夏超是浙江人，我终当以浙人之力，驱除北洋军阀，还我浙人治浙之原状。

墙头草见风转向

民国十五年冬，国民革命军攻克南昌，周凤歧已投入革命军为第二十八军军长。夏超秘密遣人晋谒蒋总司令，申言决心就地起义，投效革命军；并派人游说衢州镇守使陈仪。陈仪时奉孙传芳命远戍衢州，孙传芳深知陈仪系反叛起家，恐陈仪与夏超勾结，不愿陈在浙江任职，夏超约陈仪同时举兵反孙，事成则以浙省长位置予陈仪，夏超本人则转任都督。夏原意趁孙传芳在江西兵败之余，陈仪由徐州南下南京，夏则率其所训练之警备队北攻上海，如此孙传芳即可垮台。

国民革命军应夏超之约，派马叙伦、许宝驹二人持国民革命军第十八军军长委任状及青天白日旗到杭州，与夏超见面。夏超接受委任状及旗帜后，表示日内即行起义并就军长职。

不料当晚有杭州商会会长王竹斋连夜往访夏超，劝说道："外传：省长夏超已接受广东国民政府新命，此事尚宜再加考虑。"

夏超问王竹斋因何得知此事。王竹斋说："马叙伦、许宝驹两人来杭州，外界知者甚多，目前广东军力固已抵达南昌，但北方军力尚有江苏、山东、河北及东北数百万之众，双方胜负未卜，何可贸贸然自蹈于危哉？"夏闻言心动，乃谓已允诺粤方日内起义，势难中止，又属奈何？王竹斋说："不如先对外宣布浙江自治，以保境安民为号召，徐观大局发展，再作计议；且浙江省议会及旅外人士，时时盼望自治，今以此相号召，亦必可得彼等之支持。今粤军尚在赣境，孙传芳又初败于九江，无力顾浙，此乃据地自王之大好机会。"

夏超深以为然，乃连夜约见马叙伦、许宝驹二人，推说筹备不及，起义及就军长职均须改期，尚请两位在杭稍候。马、许二人辞出，即不敢再回旅馆，连夜乘人力车至拱宸桥，搭乘次晨之小火轮赴沪。

夏超于马、许二人辞出后，忽感二人必然离杭赴沪，此为纵虎出笼，实属非计。即命人于黎明前至火车站截留二人，初不知二人乃系乘火轮而走，因以未能截得。

搞自治自我为王

夏超与国民革命军接洽及马、许二人到杭州之经过，已为孙传芳所侦知，夏超自感不安，遂约见杭垣士绅张载阳、金百顺等，告以打算宣布浙江自治，张载阳说此须由地方团体公推，方为名正言顺。夏谓时间已急不可待，张、金即行分访各团体负责人，约定于下午四时到省长公馆商谈。

至则夏已准备茶点待客，各人就座后，由张载阳发言说："吾浙人民处于北洋军力之下，已历十年，今幸北洋军力败于江西，无力顾浙，此乃我浙人自立之好机会。吾浙人士多年以来渴望自治，幸夏省长平时早有准备，其所训练之警备队，虽属警察编制，但军械精良，不亚于陆军，可以自守吾土。兹拟公推夏超省长为浙江省自治军总司令，保境安民，以脱离北洋武力统治，并为两浙人民免除战祸。"

张载阳发言完毕，举座无人发言。夏超乃起立致辞，先略表谦逊，继谓多年以来，充实地方警备力量，常不得省议会同情，动辄于审查预算时削减其经费，甚至指摘警备队不堪一击；今浙省安危端赖于此，省议会人士当可知道本人多年来培养地方武力之苦心。夏超说话时，目光横扫在座之省议员。

众辞出后，见大街上已有夏之布告，就浙江省自治军总司令职，盖早已印好了。与会人士中有一部分料及夏超必失败，且察及夏致辞时神态，恐夏借机报复，乃即于晚间出城赴拱宸桥，搭次晨小火轮赴上海暂避。

第二日晨，夏超率其警备队，沿沪杭铁路线乘火车往浙沪交界之枫泾，夏本人则在嘉兴车站指挥。其时上海尚在孙传芳势力之下，孙所派之浙沪镇守使宋梅村，率军自上海，亦沿沪杭铁路乘火车而来。夏超的枫泾前哨部队，不战而溃，午刻已退至嘉兴。守军追至，夏即率亲信退至杭州，所部全溃。至下午五时，夏超所率之大军已大部退到杭州车站，在站外席地而坐，枪支已沿途抛弃，皆成徒手。宋梅村军于下午七时许已进入杭州，所谓浙省自治，仅为期一日而已。

前有大江后有追兵

夏超于下午退至杭州，与警备队统带吴殿飏等乘汽车沿江干趋富阳。时浙江公路只有两线：一为杭州至余杭，一为杭州至富阳。车至徐村，有警备队散卒拦阻去路，将夏车包围，要求发饷。夏不得已停车，并在车中对士兵说：平素向不欠饷，比次出征前夕，尚交现洋若干万元与吴统带殿扬。而车外士兵则咸谓平素已欠饷甚多，此次出发前，更未领到分文。夏在车中问吴殿扬，吴含糊其辞。夏谓车中尚携有现款，可酌发若干。吴谓万不可发，因败兵将陆续前来，一闻可以发饷，更必如潮涌至。此来富阳，再过钱塘江，退保浙东，以后需钱之处尚多，如将所携之有限现款发完，日后即无再起可能矣。夏从其意，乃对车外败兵言，未携现款，希各别渡江，到绍兴再集合，届时必发钱。而败兵仍围住汽车，不让开行。因谈判僵持，天已渐黑，吴殿扬谓前有大江，后有败兵，而车又不能前进，不如仍回杭州。但为顾及沿公路之败兵太多，遂命徐村警察所所长代雇山轿，供夏、吴二人分乘，由范村登山越十里郎当岭而抵西湖之茅家埠。存放款之皮箱则由吴手提，并未为败兵抢去。

逃到御碑亭被捕

夏、吴二人轿抵茅家埠，时已午夜，且为冬季，气候寒冷，靠湖码头并无船只，随从人员挨户敲门，始得一舟子，至码头将湖水中之瓜皮艇划来，各人先后登舟，夏命划至白堤之断桥。因日本领事馆在塔儿头，如自断桥登岸，行十分钟即达。当时杭州只有英国及日本二领事馆，而英领事馆在城外之拱宸桥，日领馆则在西湖钱塘门外，距城甚近。闻日本领事得悉夏失败后，是夜确曾开门等待，盖在北伐以前，国内军阀混战，失败者每逃入外国使领馆也。另则夏之原意，到日本领事馆后，万一闭门不纳，即可经过松元场而赴花坞，避入徐安曾夫人住所（按徐安曾系杭州前工务局长，其夫人为夏之密友）。其地甚荒僻，不易为人发觉，再自花坞沿余杭公路赴余杭，或向于潜方向入天目山，或向武康方向入莫干山，再可经湖州入太湖或径赴上海。

不料小船停妥后，吴殿飏先上岸，其地为断桥桥之御碑亭。内立乾隆书写“断桥残梦”大石一方。吴方绕过石碑，即有步哨喝令止步，并问口令。原来系孙传芳所属之宋梅村部已入杭州，并已在湖上放哨，吴闻系北军口音，乃谓后面即是夏超，得之可受重赏，我乃一平民，捕我无益。

时北军步哨只一人，闻吴言即转过石碑向停船处前进，吴乃攥箱遁去。夏方举步登陆，已为步哨发觉，当另有随行之一二人因已先上岸，稍前数步，闻有北军发问，亦即分别逃散，夏超乃被捕。

初，孙传芳闻夏变，即下令悬赏十万元捕之。以往军阀内战，如失败，主将必先逃，从未有被对方活捉者，夏之如此容易被捕，实大出乎孙传芳意外。哨兵将夏解至宋梅村部，宋一面以电告在南京之孙传芳，一面设宴款待，夏只谓“无话可说”四字，即未再发言。

陈仪长浙投效革命

次日，孙传芳复电到杭，嘱宋梅村将夏首级送南京，因即枪毙后将夏头割下，装入木匣，专差送宁。孙即调陈仪继任浙江省长。不一日，国民革命军入浙，陈仪自省长公署后门逃走，旋即起义投效革命军。事后始知宋梅村自沪发兵入浙，行动如此迅速，乃系陈仪将夏超约同“起义”计划，全盘报告孙传芳，孙对夏早有戒备，不过夏超不知道罢了。

夏超死后，孙传芳命陈仪长浙，即所以表示酬庸，陈仪之所以向孙举发，盖认为夏如成功，日后必难共事，况其时陈在徐州，如举兵南下攻南京，必先牺牲实力，不如借孙刀以杀夏超，而后可独占浙江也。

民国十七年一月十七日，何应钦、白崇禧率部克杭州，浙江省政府成立，何、白旋即率部离浙，继续北伐。中央命周凤岐为浙江省政府委员兼军事厅厅长。周凤岐甚为跋扈。五月，夏之家属为夏治丧，请蒋总司令赐题铭旌，蒋公不许，谓夏既未就十八军军长职，亦未用青天白日旗，且其自称自治军，不受中央调遣，几误北伐大事。但发丧时，夏之家人仍书故十八军军长夏某字样。为中央所闻，致电浙江省政府纠正。

夏超被杀后因头已割下送往南京，宋梅村乃将其尸体弃于松木场乱草中，并另缝一头。隔数日，有巡逻士卒发现夏尸，当系于兵荒马乱中，为败兵所戕。宋命夏之家属收尸，但见面目模糊不清，不能断其真伪，后夏妻熊夫人，谓夏口中某位置有金牙一粒，力开尸口观之，则未见有此金牙。

而夏之友人张载阳等因明知夏头已割下送往南京，无法取回，乃力劝夏妻收尸装殓。其后卜葬者亦即此尸身，而夏头则于孙传芳兵败退出南京时，不知抛向何处矣。

曹锟贿选丑闻

朱家桥

民国初年，北洋政府在政治上曾连续闹出过三次动摇国本的大乱子：第一次是民国四年袁世凯决心要做皇帝，但洪宪皇朝仅维持了八十三天便告崩溃；第二次是民国六年张勋复辟，企图恢复逊清的朝廷，前后只有六天就告垮台；第三次便是本文所记的民国十二年曹锟在北京贿选大总统，公开用钞票买选票，闹得乌烟瘴气，臭不可闻！第一、二两次是国体的变更，对中华民国来说，是改换朝代；第三次则是对中华民国的民主政体做一种挑战，拥曹锟的直系贿赂国会议员，每投曹锟一票，自五千元起，至数万元止。这对民主制度简直是一大侮辱。

北洋军重镇

曹锟字仲珊，直隶天津人，一八七〇年（清同治九年）十月二十一日出生。家贫，早年以贩布为生，识字不多，后因贩布生意不佳，乃弃商投军，因缘时会，被送上北洋武备学堂攻习军事。毕业后一直在袁世凯的北洋军中，一帆风顺，直上青云。到了一九〇六年（清光绪三十二年）为第三镇统制。第三镇原驻东三省，一九一一年（清宣统三年）从东北调回关内，驻守平津，以监视北方革命活动。从此曹锟就变成了袁世凯身边的赵子龙。

民国元年，第三镇改为第三师，曹改任师长，在改制以前，由于袁世凯被选为临时大总统，因袁不愿离开北京南下就职，所以暗中嗾使驻于北京南苑的曹部兵变，袁遂借口北方局势不稳而留在北京就任临时大总统职。

民国二年，袁任命曹锟为长江上游警备总司令，率第三师驻扎岳州，为湘督汤芗铭的后援。民国四年袁称帝，封曹为“一等伯”虎威将军。迨袁帝制失败，曹才回师保定，由段祺瑞保荐，出任直隶总督。

民国六年张勋复辟，段祺瑞在马厂誓师，以曹锟为西路总司令，赶走了张勋。这一年秋天湖南政局发生变化，段的亲信，湘督傅良佐被逐，曹又被任为两湖宣抚使，进兵湖南。到民七年三月占岳州、下长沙。六月二十日北京政府任曹为川、粤、湘、赣四省经略使。

最大的丑闻

这时北方局势，段祺瑞所领导的皖系和冯国璋所领导的直系，兄弟阋墙，势成水火；而冯国璋自入京为代总统后，处处受制于段祺瑞，逐步退让，已形同傀儡。直系的领导重心遂渐渐转到曹锟身上。曹锟之所以见重于当时，是因为他手下大将吴佩孚衡阳撤兵开始；吴撤兵时发出了几则漂亮的通电，要求解散“安福系”（即皖系）、解散新国会、倡议和平。段祺瑞乃开去吴佩孚第三师师长职，并将曹锟革职留任。民国九年七月十三日，曹锟和张作霖联合通电申讨段祺瑞，直皖战争爆发，结果皖系大败。七月二十六日北京政府即复曹锟原职，九月三日任曹为直、鲁、豫三省巡阅使。

皖系失势后，于是北京政府由直系和奉系联合主持；直奉两系和平共存时期不长，到了民国十一年四月，双方宣告破脸，爆发了直奉第一次战争，结果直系又获大胜。曹锟乃握有北京政府全部实权，逐走了当时的大总统徐世昌，以黎元洪为过渡。

当时的直系，军权完全在吴佩孚手中，吴因和曹锟左右的一般嬖佞不和，所以驻军河南洛阳。逐走徐世昌，拉回黎元洪为总统是吴的意思；而曹的左右则主张曹锟自为总统。曹亦有意，只是碍于舆论和吴佩孚，不便放手大干。吴既然不在北京，而曹的亲信所谓保定派和天津派遂集中全力拥曹上台，先以各种方法迫走“无权总统”黎元洪，然后收买议员，在国会极其勉强的情况下完成了一次民国政治史上最耻辱的一幕总统选举——以金钱换得选票。曹锟遂当选了大总统。

有人说，北京的总统不能当。袁世凯焦急痛苦而死；黎元洪两次被逐；冯国璋和徐世昌也狼狈下台；曹锟做了不到一年，被冯玉祥兵变赶出中南海，囚居延庆楼，从此潦倒，以迄于死！

内阁总辞职

曹锟的部下既决心要捧曹上台，而曹本人也愿一过大总统之瘾；因此保定派与天津派即决定先撵走黎元洪。

民国十二年（一九二三）六月六日，北京举行国务会议，由津保派的健将现任内政总长高凌霨首先发言，高说：“总统（指黎元洪）近来对于政务，有的不经国务会议直接处理，有的则以命令方式，直接交院办理，例如制宪经费、崇文门监督任免案、任命张拱宸为军警督察长案，都是总统独断独行，这实在是违反责任内阁精神，侵越内阁职权。我个人认为，总统既然对于我辈阁员不信任，我辈只好退避贤路。”高的话讲完，交通总长吴毓麟、司法总长程克、财政总长张英华都异口同声地赞成内阁提出总辞。其实这几位总长都是拥曹派。

内阁总理张绍曾还没有来得及开口，高凌霨又说：“如果总理不愿意辞职，我们阁员也可以联名辞职。”交通总长吴毓麟并且大骂黎元洪不已。张绍曾这时只好很勉强地说：“要辞职还是大家一块儿辞职好了。”

拥黎的政学系阁员农商总长李根源、教育总长彭允彝都没有发言。高凌霨乃把津保派事先拟好的辞呈电稿拿了出来，请大家签名，这个通电全文如下：

呈为辅弼失职，责任不明，请予斥罢事。窃于五月廿四日财政部致税务处公文一件，内开借拨海关重建房屋一案，奉大总统批：出使经费月拨十三万元，国会制宪经费月拨十七万元。其修建江海关经费，即照数匀拨，财政部查照行知等因。佥以制宪为国家根本大业，本应宽筹经费，亦关重要；唯依法定手续，须先经由国务会议通过，方生效力。历次陈明，未蒙谅许。乃于六月二日又接总统府秘书厅函交由府派哈汉章往查京师军警督察处覆呈一件，奉手谕交院照办各等因。是日又经议决调薛笃弼为崇文门税务监督，拟具命令，副署送府，时经三日，复未蒙盖印发下。伏查民国约法采取责任内阁制度，国务由国务会议行之；各案之必须经由国务会议议决办理，具有明文。今大总统事先出以独断，事后不纳勖勷，凡劳黻座之分忧，实出阁员之失职。绍曾等既不蒙信任，唯有仰恳钧座立予罢斥，以明责任而重法制，不胜屏营待命之至。

在这个通电的最后，更加上如下之一段："窃维责任内阁，载在约法；今既责任不明，以后危险情形，岂可言喻。绍曾等备员阁席，既不欲使一己蒙失职之咎，复不欲陷元首于侵权之嫌，唯有声请罢斥，解除责任，区区苦衷，伏希谅察。"

黎通电辩解

张绍曾内阁辞职通电发出后，吴毓麟和程克并劝张氏离开北京，以免遭遇困扰，其实是拥曹派怕张又变卦恋栈。张允考虑。不料交通总长吴毓麟早已备妥了专车，请张立即出京，张绍曾遂于辞职当晚，偕国务院秘书长张廷谔乘专车赴天津去矣。

民国十二年六月七日，黎元洪就内阁总辞呈中指摘之点，通电辩解，电文如下：

元洪不德，负我元僚，致有内阁总辞职之举，制宪经费，列为主因。当时国会议决，议长请求，适财长缺位，元洪曾遍约阁员，下及财次，公同筹议，始转商税司，缓筑海关，批明用途，乃获定约；不虞今日，复有后言。元洪赞助制宪，心在救国，纵责过失，犹胜阻挠，此可请邦人共鉴者也！又：使馆断炊，下旗归国，此何等事，而忍漠然！有关出使经费，当时座中讨论，亦无异词。军警督察，直接元首，项城设官，躬预其议，卫戍既立，何妨裁省；崇文税差，阁员力主易人，比经许诺，可覆按也。凡兹薄物细故，既非要政，决无成心，府院之间，情同骨肉，维持调护，终始不移，垂拱观成，未尝掣肘，纵复责为失检，亦仅此数端，偶摅意见，初非拘束，旋复听从。统一未成，百废未举，阁员肯明责任，固所祷祝以求者也。节关（指端午）密迩，枢府偕行，中流失舵，不知所届。元洪纵不足惜，如国家何？阁员明达，宁忍恝然，已派刘次长治洲、金次长永炎赴津谢过，分劝回京复职，期于得请，知念特闻！

刘治洲和金永炎到天津后，见到了内阁总理张绍曾，转达黎元洪总统诚恳挽留的意思，张绍曾满腹心事地说：

“这次政潮，酝酿很久，其中原因很复杂，大家都很明白，我个人能力有限，殊难消弭。现在我既已辞职，当然没有复回之理，总统虽挽留我，我无法克服两个‘高’字，奈何奈何！”

张绍曾所说的两个高字，一个是指内政总长高凌霨，另一个是指最高问题，就是“总统问题”。

军警索欠饷

拥曹的津保派，第一步已导演“内阁总辞”的一幕活剧；第二步更凶狠，竟嗾使北京军警直接向黎元洪总统索饷，使黎元洪无地自容。

就在张绍曾内阁总辞职的当天，北京军警代表在旃檀寺陆军检阅使署举行会议，与会代表很愤激，大家都说："总统有钱养活议员政客，而我们拼命、流血、卫国、卫民的军人反而几个月不发薪饷，害得我们连饭都没有得吃，我们非和他算账不可！"

民国十二年六月七日，北京驻军第九、第十一、第十三等师和步军统领、毅军、警察厅等单位代表，共五百余人，身穿制服，腰佩军刀，到总统府要求总统发给欠薪。黎元洪勉强地在居仁堂接见他们，一肚子的冤气，狠狠地扫了他们一眼，厉声说：

"你们见我做什么？是不是要逼我退位？要我走我就走。"

请愿的军官们回答说："不敢，只是因为现在没有内阁，我们找不到财政总长和国务总理，只好请求总统做主。"

黎见军警官佐们态度尚称恭顺，乃答应于十天后（端阳节前二天）筹发军饷，军警官佐们乃退出。

六月八日，拥曹派人马又使出新招，雇用当地流氓，自称"公民团"，在天安门前高搭讲台，集合数百余人，宣称有一万人，举行国民大会，由一个姓叶的上台发表演说：

"内阁总辞职，中央陷于无政府状态，主要原因是由于黎总统而起。黎总统上次复位，本无法律根据，现在还弄出政潮，破坏法纪，吾人为救国计，不得不请黎氏速行觉悟，即日退位，以让贤路；我们大家爱国不后人，应请同抒卓见，拯救危亡。"

叶某说完，复有登台演讲者多人。接着叶某就把在天津印好的电报稿宣读一通，然后草草收场。

这个"国民大会"是津保派的智囊边守靖由天津赶到北京组织起来的。这就是当年袁世凯、段祺瑞组织的"公民团"伪造民意的再版。

北京城内外，充满了大风暴即将降临的气氛；政学系的李根源把行李细软搬到东厂胡同黎总统的公馆来，和总统府秘书长饶汉祥誓与黎总统同生共死。

九日上午六时，北京警察居然宣布罢岗。

陆军检阅使冯玉祥、京畿卫戍总司令王怀庆联名分函国会和外交团，宣称他们愿尽力保卫国会和外国侨民，负责维持京师治安。

外交团开会

这一天，不少便衣警察和保安队在轮流巡逻市区。外交团见势不佳，召集临时会议，讨论应付当前北京紧急局势；有人主张组织一个国际委员会，协助北京政府“整理”财政，可是没有取得一致的同意。最后只通过了一项建议，就是推派外交团的领袖——葡萄牙驻华公使符礼德到东厂胡同去慰问这位孤家寡人的黎元洪总统。

民十二年六月九日，葡萄牙驻华公使符礼德代表北京外交团前往探问黎元洪，黎以一国元首身份在外国使节面前，除了说些感谢之话而外，简直不好说什么。可是符礼德却把冯玉祥、王怀庆的联名信拿给黎看，其中有“此系政治作用”一句话。符礼德对黎表示：在外国发生了这种情况，通常就叫作政变。所以外交团愿意尽力维护黎总统的安全。

事态当然是很严重，九日这一天，新华门和东厂胡同原来驻守的卫戍部队均告撤走，黎见此情况，只好枯守东厂胡同，不好去总统府。中午黎宅对外电话也有好几处不通，显然受到监视。天安门前所谓的“国民大会”仍在继续举行。

外交团用正式的公函通知北京外交部，对于军警罢岗表示关切，因此为了外侨安全起见，拟派洋兵巡街；这一来才让拥曹派慌了手脚，当晚七时，警察遂自动复岗。

吴佩孚声明

这一天，冯玉祥、王怀庆向黎表示，可以推举颜惠庆组织内阁，并将政权交与这个内阁。黎表示组阁人选可以考虑颜惠庆，可是政权问题应由国会解决。

王家襄、王正廷劝黎氏再向国会提出解释总统任期案，以便安全下台；但黎氏的秘书长饶汉祥拒绝起草这个咨文。晚间黎宅又有会议，根据冯、王意见请颜惠庆组阁，颜也参加了这个会议，表示愿跳火坑；可是当他在散会后退下来找高凌霨、吴毓麟没有找到时，便又推辞不干了。

同一天，吴佩孚的代表李倬章由洛阳来到天津，代表吴表示态度，他说："吴子玉要他郑重声明，一切活动要在轨道以内行之，不要一时冲动，让'老帅'（指曹锟）赢得千秋的骂名。吴佩孚自己决不参加这次政潮。"云云。

十日中午午饭后，又有中级军官三百余人到东厂胡同黎宅索饷，由侍卫武官长荫昌代为接见，荫昌说："总统不是不关心各位的欠饷，现在正忙于组织内阁，在内阁没有产生前，军警饷项自然都无从发放。"军警代表则坚持以端阳节关日近，非即日发放不可，纠缠到下午三时才散走。接着"公民团"在天安门前聚集千余人，更有所谓"市民请愿团"、"国民大会"代表等等，手持"改造时局"、"府院勾结种种失政"、"财政无办法"、"市民饿、总统肥"、"总统不管市民"、"总统退位"等纸旗向黎氏寓所进发，沿途散发传单，均是攻击黎的词句。到了黎宅，请见总统。黎自然不肯接见，请愿"市民"便在黎宅门外摇旗呐喊，鼓噪喧哗，黎氏叫人去找步军统领聂宪藩、京师警察总监薛之珩派军警来维持秩序，竟皆置之不理，包围者到了午夜才散去。这晚黎宅电话被军警派人监视，不许接传，自来水亦被堵塞，迫得要用井水。

黎函电诉苦

民十二年六月十日，黎元洪坐困东厂胡同，形同囚禁。外有"恶民"包围，军警索饷；内则众叛亲离，水电断绝。黎在极端险恶情势下，迫不得已，乃急电曹锟、吴佩孚求援，电词哀恳，同时并将该电转致各省，电云：

连日留张（指张绍曾）不获，请人组阁，皆畏不敢就。罢岗开会，全城鼎沸，谣言纷起，皆谓有政治作用。本日复有军警中下级官数百人，无故闯入住宅，借名索饷；此岂元首责任所在？又有公民请愿团、国民大会，约近千人，续来围宅。元洪依法而来，今日可依法而去，六十老人，生死不计，尚何留恋！军警等如此行为，是否必陷元洪于违法之地？两公畿辅长官，当难坐视，盼即明示！

十一日又以公函一件，送交国会参众两院，报告这次政潮的经过，函云：

本月六日，张揆（指张绍曾）辞职赴津。七日派刘、金两次长前往谢过，竭力挽留。据张氏言，此次政潮，酝酿已久，原因复杂，个人力难消弭，只得远避等语。辞意坚决，无法挽回。八日即有军警官佐数百人，佩刀入新华门，围居仁堂，借口索饷，经当面再三开导，始各散去。夜与议长商谈，劝顾少川组阁，业经应允，卒以形格势禁，合作难期，谢不肯任。同时向国务院询取张揆副署空白命令两纸，亦未交出。九日清晨，城郊警士，一律罢岗，领袖公使，来宅质问；天安门前，复有数百人，号开国民大会，散放传单，虚构罪状，新华门外及东厂胡同住宅，守卫尽撤。比午，住宅数处电话不通，查系军警派人监视，不许接传。军警当局，推颜惠庆组阁，促先发明令，并询政权是否即交新阁？当答组阁并无成见，至个人来去，一唯国会。正在约惠庆商筹，而十日午后，京畿各师旅军官数百人，闯入住宅，包围索饷。三时，复有自称市民请愿团、公民大会，接踵围宅，将近千人，手执“改造政局”、“总统退位”、“总统恋栈”等纸旗，呼喝之声，响震屋瓦，百般劝谕，均不见听。傍晚并推举代表军官二十余人，守索不退。惠庆初似肯相助，嗣因座中商议，元洪曾表示守法之意，亦不敢担任，此日来元洪困难实在情形也。窃元洪伏处津门，无心问世，去夏国会诸君，为恢复法统计，主张元洪复职，既总统依法而来，自应依法而去。若在国会未经依法解决以前，洁身以去，未免为政治上开一恶例！元首不负直接处理政务之责，此理自明；何得以索饷为名，踞守住宅？更何得以政治不良为辞，率逼退位？现在环境险恶，乱象纷呈，旧阁既不获挽留，新阁复动遭破坏。因守法之一念，竟陷于困疑之境，甚至个人约法赋予之自由，亦且剥夺殆尽，将来波诡云谲，后患更不知胡底，似非国会诸君拥护法统维持正义之本意。直鲁豫正副巡使（指曹锟、吴佩孚），为畿辅长官，本日已电询办法，一面仍设法组阁，出维现状，诚恐国会诸君，不明真相，用将日来经过情形，函达贵会，即祈报告会内诸君，希特别注意为荷！

发七道命令

民十二年六月十一日，黎元洪在私邸召集留在北京的名流，举行大宴会，出席的有颜惠庆、顾维钧、孙宝琦、王正廷、吴景濂、王家襄、汤漪等。大家心情都很沉重，空气也很窒息。黎在席间表示，不能再蹈民国六年的覆辙，自己一走了事；自己下台没有问题，可是决不做徐世昌第二。他说：“我是依法而来，今天要走也要依法而去，不能糊里糊涂地被人赶走。”

北京的空气繁张、市面萧条。六月十日、十一日这两天，满城风雨，草木皆兵，达官贵人纷纷搬到天津，简直好像北京又是大难临头的样子。十二日又有军警代表、“公民团”代表，更番到黎宅示威挑战，黎的亲信、总统府秘书长饶汉祥也认为非走不可了，只是政学系的两位阁员李根源、彭允彝还主张战斗到底。中午王怀庆和冯玉祥送来联名辞呈，黎还下令加以慰留，并派张怀芝退回呈文，他们都拒而不受。接着第十一、十二两师中下级军官宣布全体辞云。

黎元洪困处东厂胡同，他求援无路，于是再发一通电报给曹锟和吴佩孚，有云：

叠电计达，本日又有军警官佐多人麕集门外，复雇流氓走卒数百人，手执驱黎退位等纸旗，围守住宅；王冯两使联名辞职，慰留不获。元洪何难一去以谢国人，第念职权为法律所容，不容轻弃，两公畿辅长官，保定尤近在咫尺，坐视不语，恐百啄无以自解，应如何处置，仍盼即示。

十二日下午三时，黎宅举行最后一次高阶层会议，决定在大势无可挽救的情势下，由总统发表七道命令：

一、准许张绍曾辞职；

二、派李根源兼署国务总理；

三、除李根源外，全体阁员准其辞职；

四、任令金永炎为陆军总长；

五、裁撤全国巡阅使、巡阅副使、督军、督理。全国军队均交陆军部直接管辖；

六、声讨制造政变者；

七、宣布自民国十四年元旦起，裁撤全国厘金。

这七道命令可以说是自说自话，对于挽救实际的政潮，丝毫没有裨益。

对黎元洪来说，政学系的李根源在这次患难局势中，始终追随，情意甚笃。李根源是云南腾冲人，日本士官毕业，和唐继尧、赵恒惕等同期，他长了一脸大麻子，大家都呼之为李大麻子。他在政治上不是个成功人物，可是却是一位著名的风云人物。

政府移天津

民十二年六月十三日上午，张怀芝来见黎元洪报告，据说冯玉祥向他说："总统不应该指军警索饷为别有用心。本军欠饷达十一个月，而总统还要把持崇文门的税收，不放本军全体官兵一条生路，我们当然干不下去，只好辞职了。总统挽留我们而不解决欠饷问题，我们留下来如何对官兵交代？请向总统要求，于十二小时内发给三百万元欠饷，否则本军自由行动，本人不能负责。"

张怀芝对局势也很悲观，他认为冯玉祥、王怀庆等的态度已很明显，丝毫没有磋商的余地。张怀芝走后，黎元洪叫秘书刘远驹来，把先一天决定的七道命令交印铸局发表。由于没有空白命令纸，除李根源副署外，黎在命令上签了个名，同时咨请国会撤销辞职，文云："本大总统去年复职之始，曾补行公文，向贵院声明辞职在案。现在国难方殷，万难卸责，特向贵院声明，将去年辞职公文撤销，即希查照。"

另有函致国会和外交团，函云："本大总统认为在京不能行使职权，定本日移津，特闻。"黎氏还有通电宣布离京去津经过，声明本人自去年复职以来，唯一目的在于完成宪法，决无延长任期和竞选总统的用心；而此次个人自由受到侵犯，不能行使职权，"曹（锟）巡阅使近在咫尺，迭电不应，人言啧啧，岂为无因，……万不得已，只得将政府移往天津，所望邦人君子，鉴谅苦衷，主持正义，俾毁法夺位之徒，绝迹吾国。……"

各项手续办理完竣，已经是下午一点二十分了。黎氏又害怕在军警监视下不能逃出北京，便由金永炎托词到天津去迎接张绍曾回京复职，出面向路局要了一辆专车；自己则托词出席众议院提出辞职，即在美籍顾问福开森、辛博森的掩护下，偕同新任陆军总长金永炎、侍卫武官长唐仲寅、秘书韩玉辰、熊少禄等十余人及卫队四十余名驰赴车站，匆匆开车径趋天津。黎氏动身前，将大总统印信大小十五颗交给他的如夫人危氏，并令秘书翟瀛陪同危氏至东交民巷法国医院居住。

黎氏出京后，国务院秘书长张廷谔（直卿）马上到国务院来，找总统印信没有找到，便打长途电话，请王承斌就近促请黎元洪把总统印信交出，以免北京陷于无政府状态；并请在天津的张绍曾马上上火车赶回北京复职国务总理，以便摄行总统职权。张绍曾于当日下午上了火车，可是甫上车就接到曹锟电报，阻止他回京，他又十分沮丧地下了火车。

黎元洪离京的当天，六月十三日下午四时，冯玉祥、王怀庆、聂宪藩、薛之衔等在京畿卫戍司令部召开紧急会议，议决根据黎的挽留命令宣布复职，负责维持北京治安。

在保定装聋作哑的曹锟，也致电北京军警长官，令其保护国会及各国侨民，俨然已是北京城的主宰者。

拒交总统印

在天津的直隶省长王承斌，接到北京来的长途电话，要他搜查黎元洪携走的总统印信，他乃偕同警务处长杨以德，率领大批军警乘车赶到杨村来阻劫黎元洪的专车。这时黎的专车已先到站，刚好碰上，王承斌登车，杨以德则率军警监守车门。王承斌气昂昂地走到黎氏的座位前，傲然向黎说：“总统既已出京，印信还有何用处？为什么要携来天津？”

黎答说印信仍在北京，并未随身携带。

王即目露凶光说：“分明带了出京，为何不说老实话。”

黎也愤然说：“你有何资格问我印信，我决不会把印信交给你们，看你们怎样？”

王冷笑说：“总统既然不交出印信，只好请你回京了。”

黎元洪气得说不出话来，大家就僵在一块儿。

下午四时半，黎的专车抵达天津新火车站，黎氏的天津富邸却是靠近老火车站，所以他命令把专车开去老站；王承斌却命令他所带来的军警通知站长把火车头卸下来，让火车开不动，同时请黎氏下车到曹家花园或省长公署去休息。黎气昏了，老毛病又发作，像个泥菩萨一样，毫无表情，不理不睬。王承斌这时竟先下车回省长公署，车站内外有一千多名全副武装的军警围困，如临大敌，如捕江洋大盗！

黎的公子黎绍基赶来新站探视乃父，竟被军警阻止。这些军人竟把总统当成俘虏，当成犯人看待！

黎氏困在专车上，同外间联络完全断绝，乃派美国顾问辛博森下车，密携电稿往电报局拍发，电云：

上海报馆转全国报馆鉴：

元洪今日乘车来津，军抵杨村，即有直隶王省长上车监视，抵新站，王省长令摘去车头，种种威吓，已失自由，特此奉闻。

辛博森把电报发出后，并到英美领事署报告黎氏被劫持情形。英美两领事均派其副领事到车站来问候起居，亦被军警挡驾。这一来可激怒了洋人，他们愤然地说："中国军阀如此无理横行，可以劫持总统，真是世界所无的怪事！"

黎元洪在车厢中来回踱步，举枪欲自杀，又被顾问福开森把枪夺下，枪弹已射出，幸未打中要害，仅负微伤。

民国十二年六月十三日晚十时，王承斌再返天津新站来见黎元洪，索取总统印信。他对黎说："既然总统已经干不下去，又何必把持印信？"这倒真是黎的老毛病，黎对总统的印信特别重视，民国六年他被张勋威胁退位时，就暗中把大印交给他的亲信丁槐秘密带去上海，躲在租界，结果冯国璋派人索取不到，发生了绑票夺印趣事。这次黎又如法炮制，他把总统大小印信共计十五颗，交给姨太太危氏带往北京东交民巷法国医院，由机要秘书瞿瀛陪同照料，黎认为只要印信不交出，总统地位就可以存在。

交印才放人

王承斌一年前在天津请黎复职总统时，泪随声下，极为感人，这次劫车索印，也非常激烈，和一年前恰巧是极端的对照，他表示黎氏如果不交出印信，就只有永远住在天津新站的专车上。黎在这样威胁下，只好软化，告诉王承斌说印信留在北京，不在自己手中，王就要黎打电话到北京去交印，黎只好派唐仲寅到车站，打长途电话到北京东交民巷法国医院找瞿瀛，要他们把印信交给国会。对方答复没有总统口谕，决不交印。唐回到车厢，黎叫唐再去打电话，说这是本人的意思，唐二次打电话，仍无结果，最后黎不得已，只好亲自下车到车站去打电话。他在军警重重保护下，和他的姨太太危氏通了电话，他们用湖北乡音接谈，北京方面知道非交印不可，才答应照交。交通总长吴毓麟这时在天津省长官署听候消息，听到北京方面答应交印，自己乃赶回北京收印。

当晚因北京收印未收到，所以王承斌等仍不许黎元洪回天津私邸，黎仍被软禁在天津新站的站长室住了一晚，王承斌则回省长官暑，军警依然在新站附近戒备森严。王承斌并且在他的省长公署发出通电云：

> 本日午后一点半钟接京电，黎总统以金永炎名义专车秘密出京，并未向国会辞职，印玺亦未交出，不知是何意思？承斌当即乘车迎至杨村谒见，请示印玺所在，总统语意含糊，继云在北京法国医院，由其如夫人保管。乃屡次电京，迄未允交。嗣悉总统濒行有致两院公函云：本大总统认为在京不能行使职权，已于今日移津等因。黎邸在天津英租界，非组织政府之地，恳请移住省公署，从容商办，徐图解决，不蒙允许，现暂驻新车站，保护之责，承斌责无旁贷。此今日经过实际情形，特此电闻，余容续布。
>
> 承斌元

王承斌返省长公署后，黎又命辛博森到电报局补发一电云：

上海报馆转全国报馆鉴：

前电计达，王省长率兵千余人，包围火车，勒迫交印，查明印在北京法国医院，逼交薛总监，尚不放行，元洪自准张揆辞职，所有命令被印铸局扣留未发，如有北京正式发布之命令，显系伪造，元洪不负责任。

竞相发通电

六月十四日清晨，王承斌接到北京电话，张廷谔、薛之珩已经在东交民巷法国医院的黎元洪如夫人处取得印信，于是他便赶到新站来见黎氏，手持三通电稿，一致国会，一致国务院，一致全国，内容相同，略云："本人因故离京，已向国会辞职，依法由国务院摄行职权。"逼黎签名，否则羁禁车内，永不放行。

黎元洪见大印已交，无话可说，只好全数照签。王承斌直待黎元洪诸事办妥，才让黎氏恢复自由，驱车返寓。黎返邸后立刻发表一道通电，电云：

本日致参众两院公函，报告在津受迫情形，其文曰：径启者，昨日元洪以连日军警借口索薪，无业流氓逼请退位，显系别有作用，情势险恶，迫不得已，暂行移赴天津，一面另行任命阁员，以维现状。而是日下午三时，行抵杨村，即有王省长承斌等坐车监视，抵天津新站，王承斌即传令摘去车头，百般要挟，数千军警密布，坚不放行，始则要求交印，迨交出后，要求发电辞职，交院摄行，否则羁禁车内，永不放行，旋出所拟电稿，迫令签名，直至本日早四时，方得自由回宅，此在天津新站被迫情形也。窃维被强迫之意思表示，应为无效，此为通行法例，王承斌以行政长官监禁元首，强索印玺，古今中外皆所罕闻，应如何维持法统，主张正义，敬希贵会诸君，迅议办法，是为至盼，特电布达，至希查照。

王承斌则针锋相对，又发出相反的通电，电云：

查此次大总统突然来津，人心惶恐，婉劝回京，未蒙俞允，所有总统职务，当然由国务院摄行，苟无印玺，则文告无以施行，即政务于以停滞，节关在迩，军警索饷甚亟，遽陷全国于无政府状态，前途异常危险，所有黎总统到津，对于印玺办理情形，已于元电详陈，计已达览，兹因黎总统派秘书随员到京，于本日寅刻在京法国医院将印玺取出，交由薛总监暂行点收，京津地方安谧，秩序如常，请好厪注，王承斌寒。

广州方面，因获知北方政变，即来电北京国会，邀请议员南下，电云：

北京民党议员通讯处转两院议员鉴：

艰苦备尝，始终不渝，民党精神，唯寄国会，此次时局陡变，暴力之下，已无国会行使职权之余地，亟应全体南下，自由集会，以存正义，以振国纪。兹特派汪君精卫驻沪招待，刘君成禺、符君梦松北上欢迎，请毅然就道，联袂出京，无任盼切，希即察照，顺颂议祺。

孙文

气坏黎元洪

自六月十三日，黎元洪出京后，留京的拥曹派阁员高凌霨等亦假惺惺发表一则通电，电云：

昨夜上黎大总统一电文曰：天津探投黎大总统钧鉴，本日钧座赴津，事前未蒙通谕，攀辕弗及。北京为政府所在地，不可一旦无元首，合恳钧座即夕旋都，用慰喁望。凌霨等备位阁员，谨暂维本日行政状况，只候还旌。伏希迅示。

黎元洪在天津寓邸收到这通北京来电，真是欲哭无泪，气冲斗牛，恨恨连声，即日复了一电云：

北京高凌霨、张英华、李鼎新、吴毓麟诸先生鉴：

元电悉，盛意极感，执事等呈请辞职，挽留不得，已于元日上午有依法副署盖印命令，发布准免本兼各职，并特任农商总长李根源兼署国务总理，请稍息贤劳，容图良觌，特此覆谢，并转沈次长为荷。

黎元洪复电到京后，北京方面拥曹派立即采取行动，十四日下午一时，高凌霨（内长）在国务院召集特别会议，列席者包括张英华（财长）李鼎新（海长）程克（司法）沈瑞麟（外次）孙多钰（交次）和陆军检阅使冯玉祥、京畿卫戍总司令王怀庆、步军统领聂宪藩、警察总监薛之珩等。

高凌霨发言，略谓黎大总统既然通电辞职，依大总统选举法之规定，应由国务院摄行政权，张总理（绍曾）又在天津，节关日迫，在座同人应以国家为念，共同维持现状，勉任艰巨；同时要请财政部长速行筹款，尽于端阳节前拨付各机关经费。

与会人士纷纷发言，讨论结果，作出几项决议：

一、总统辞职问题，议决由国务院通电，声明依法代行大总统职权，并用电话商请交通总长吴毓麟，即日前往保定接洽国务院摄政办法；

二、端节问题，议决由财政部负责筹款，所有军警饷项，及各机关经费，均赶于节前二日发放；至京师治安，仍由各军警当局负责维持；

三、由高凌霨领衔发出通电云：本日奉大总统寒电，本大总统因故离京，已向国会辞职，所有大总统职务，依法由国务院摄行，应即遵照，等因奉此。本院谨依大总统选举法第五条第二项，自本日起，摄行大总统职务，特此通告。

十六日王克敏召集银行界垫款一百万元，决定在端午节（十八日）那天发放一批欠饷。

过节发银弹

黎元洪出京前曾宣称自己要亲自赴众议院报告，并要将总统印玺交由国会代为保管，因此众议院议员都在众院等候，直到是日午后一时半，不见黎来，接着有消息说黎大总统已出京去津。于是众院议长吴景濂、参院前议长王家襄乃邀集两院议员数十人，在众院第五休息室开一次临时谈话会，当时因为黎氏出走的详情尚未十分明晰，仅决定推吴景濂、王家襄二人邀请军警当局到院，约以两事：

一、由军警当局负责维持京师治安；

二、由军警当局负责保护两院议员。

由于黎出走后，谣传直系（指曹锟系）将于一二日内就会用种种方法强迫国会，选举继任总统，对于议员有非法举动，因此决定在第二天开一次两院议员谈话会，共同讨论办法。

六月十四日国会召开两院联合谈话会，由吴景濂任主席，先报告他自己和王家襄于先一天下午邀请军警当局到众院会商，军警方面允诺维持京师治安及保护议员责任；又报告黎大总统昨日出京，曾有公函分致两院，称在京不能行使职权，已于十三日前往天津；今天又有电来请求辞职。应请讨论纭纭。

拥曹派的众议员吴宗慈接着发言，略谓时局纠纷，已极严重，现在合法机关只有国会，两院同人在这种时候，自不能不有严正的表示，本席认为当务之急是：

一、应即定期开两院会合会，解决黎大总统辞职事件，其日期以十六日为宜。

二、总统未选出前，应由国务院摄行其职务。

三、俟秩序完全恢复后，即组织总统选举会，选举继任新总统。当前情况特殊，这类重大问题，本席认为不宜多有议论，须以快刀斩乱麻的手段处理。

拥曹派议员宋汝梅附和其说，其他拥曹派则大鼓其掌，叫嚣通过。国民党籍议员褚辅成登台发言，他大声说：

“这次政变，是军警流氓以暴力逼走总统的，国会为维持国家纪纲计，应该有正当的表示。……”

褚辅成的话还没有说完，拥曹派议员即哗噪叫喊，秩序大乱，不让褚继续讲话。主席吴景濂即乘机宣布散会，拥曹派议员乃一哄而散。

当晚吴景濂、张伯烈、袁乃宽、刘梦庚、高凌霨等在袁家花园会谈，决定先送议员每人端节款五百元，第二天领节款的议员有四百余人，没有去领的则派人专程送到议员住宅。反对派的议员有拒绝收受的，也有收了作为旅费离京南下的。

这时北京情势异常混乱，人心惶惶，所以如此，都是因曹锟要当大总统有以致之！

议员意见多

六月十六日下午二时，国会两院会合会开会，由吴景濂主席，这时国会内情况很乱，延到了三时二十分才开会，主席报告签到议员五百六十人，可是在议场内的，只有四百六十七人，其余的九十余位坐在休息室内不肯来开会，于是有人主张延会到十八日（因十六日是星期六，十八日是星期一）再开会合会解决一切。拥曹派议员害怕夜长梦多，发生变化，由郑江灏议员出头表示反对，主张由主席指定专人到休息室去催请那九十余位议员出来，主席乃指定陈铭舰、郑江灏、蔡正煌、景耀月、王茂才、雷殷、饶孟任等为催请代表。

陈铭鉴等到了休息室，请大家到会场，大家皆表示拒绝，一半主张延期开会，一半主张今天的会改为谈话会，如果改为谈话会，则可以参加。陈铭舰等得不到满意解决办法，乃回到会场，把经过情形向大家报告。

议员蓝公武说：今天的两院会合会是上次谈话会的决定，今天万万不能推翻。

议员骆继汉说：国会组织法第二十一条第一项所载：民国宪法之讨论，由两院会合行之。今天是讨论总统问题，不是宪法会议，所以不必须宪法会议的人数；今天的会议，只要有两院过半人数即可开会。

于是主席吴景濂报告：今天到会场的有四百七十二人。今天的会议是解决黎总统辞职事，出席人员究应多少？手续应该怎么样？请付讨论。

议员彭汉遗说：民二、民六曾开会合会，其人数为两院总数的过半数，不过不是讨论总统问题；今天这个会是讨论总统辞职问题，关系重大，万万不能以过半数为准。

议员张我华质问主席说：现在人数既然不足，就不应该开会。

议员吴宗慈说：今天不是制宪会议，是解决总统辞职问题，只要有过半数就可以开会；本来这类重大问题应该由两院各别讨论，不过因为时机急迫，只好两院会合，以过半数出席表决即可决定。

议员陈士髦说：现在既非谈话会，又非联合会，不能有人出席发言。

议员蓝公武说：总统选举法第五条第二项所载，今天应该讨论黎氏因何故去职出津，以解决黎氏的责任问题。

议员林长民说：会合会本为制宪或议定制宪程序之会议，设若在国家重大事变时，两院为了谋求意见一致，可以采用过半数之出席而开会合会，以解决重大问题。因为总统问题不是法律问题而是政治问题。将来总统选举是法律范围以内，自不能牵入政治问题而引以为例。

议员王玉树赞成有过半数之人数即可开会。

议员吕复谓：今日开会，乃政治问题上之一重大事件，本席赞成林长民议员主张。不过国会为立法机关，应以法律为根据，在非常事变中，更应注意法律。今天到会而不出席的议员当然有一种主张，为尊重同人共同之意旨，以引于法律轨道上，先谋疏通，所以本席主张开谈话会。请主席咨询大家意见。

议员骆继汉主张开谈话会。

议员王乃昌说：翻阅各国政治史，每当政变之际，国会应该有一种表示。今天不出席的议员自然有其主张，所以应该改为谈话会，让他们有充分发表意见的机会，然后再开会合会以解决重大问题。

拥曹派起哄

主席吴景濂遂把王乃昌的动议咨询大家，大家都赞成；于是，改开谈话会，仍由陈铭鉴等去休息室催请未出席的各议员入场。下午四时开谈话会。

议员彭汉遗说：黎总统任期，从冯国璋代理总统后，已经期满，根本没有辞职的法律问题，现在黎氏既已弃职，本会宜讨论一切善后问题。

议员陈家鼎说：黎元洪自民六民十二以后，为国家罪人，现在听任他迁延了一年多的非法总统，实在是国会之羞，当然应该让他去职。

议员张鲁泉说：黎已睰去天津，按大总统选举法第五条第二项，应由国务院摄行大总统职务。现在应该定于十九日组织选举会，选举继任新总统。

议员籍忠寅说：总统选举法所载，应于三个月内组织总统选举会，依照约法，一方面由国务院摄行职务，至于总统辞职问题，国会没有明文规定，不宜自己投入旋涡。议员牟琳主张应该先讨论黎氏辞职事件。

议员马骧登台发言，略谓：值此局势危急之际，应该用快刀斩乱麻方法处理，如果就法律说，本席有三疑点：一、解释任期问题是否是宪法会议之职权？二、总统辞职问题是否为大总统选举法的职权？三、总统解职问题，法律无明文规定，应用何种手续？我们都有详细研究的必要。不过今天所应该急予解决的，是黎元洪出京后所发表的非法命令，不能不设法制止。所以本席提议，仍应恢复大会，表决大总统黎元洪，六月十三日离职出京后，应依总统选举法第五条第二项之规定办理，就是从十三日起，黎元洪所发命令概不生效。

马骧发言毕，议长吴景濂问大家，对于马议员的提议有没有附议的？结果，附议的有三百余人。于是主席宣布改开大会，以马骧的提议付交表决。议员张端发言反对，议员吴宗慈则说：本席对马议员提议极为赞成，因为黎元洪现在天津，如果他发布的命令还有效的话，假若黎下令解散国会，各位同人将如何表示呢？他这话最有效力，因此议员骆继汉说：大总统既已离职出京，则国会当然应该按照大总统选举法第五条第二项之规定办理，毫无讨论和反对的余地，请主席表决吧。

于是主席报告在场人数四百七十二人，把马骧的动议交付表决，赞成者三百五十四人，占大多数，予以通过。

这个两院会合会遂告结束。

全国起反感

国会会合会所议决的，可分为两部分：

一、依大总统选举法第五条第二项之规定，大总统因事不能行使职务，即由内阁摄行其职权；

二、自六月十三日起，黎所发的命令概不生效。

从这个决议看得出来，这完全是拥曹派的决议。因为内阁已经宣布总辞职，在六月十三日得到黎的批准，而国会却引黎的寒电（就是十四日黎被王承斌胁迫所发的电报）为复职摄政的根据，仅就时间而论，也在十三日黎电以后。根据国会的第二项决议，黎大总统在十三日以后发布的命令完全无效，则为何又将黎十四日的命令作为国务院摄政的根据？同时这时所谓的内阁，没有总理（辞职的总理张绍曾在天津，拥曹派不许他回北京），也没有外交、农商、教育、陆军部总长，根本就不算个内阁。所以，不从事实论，就从法律论，这所谓的内阁也没有资格和任何理由可以摄行总统职权。

国会这两点非法的决议自然引起全国的反感，在国会中的国民党籍议员，为此特发电宣告中外，对于六月十六日两院会合会的表决，应作无效。电云：

> 各报馆鉴，前日接两院通告，十六日下午二时开两院会合会，解决黎总统辞职事件，议员等届时到会，吴景濂主席，报告在场人数四百余人，旋有人提议会合会人数，依法须有三分之二以上出席，方能开会，争论未决，已逾三时四十分，众议改为谈话会，当推陈铭舰等九人赴各休息室邀请未出席之议员，陈等以开谈话会相号召，始有十余人续入会场。按三分之二人数，仍差八十余人，乃骆继汉动议请照过半数人数，仍改为会合会。主席草草咨询，突由马骧提出通电文一纸，谓黎总统已弃职赴津，适应用大总统选举法第五条第二项之规定，所有十三日以后命令，一概无效，请主席付表决。表决结果，并未报告人数，遽行通过。此当时会场经过之实在情形也。……议员等本良心之判断，为正义之主张，为特宣告中外，凡十六日两院会合会所有表决，应作无效。邦人君子，幸垂察焉！

扯上吴佩孚

当时的国会虽然为国人所不齿，可是它还有它的存在价值，同时还有一定的法律作用。

其时广州方面伸出热烈的手邀请议员南下，中山先生派刘成禺到北京邀议员南下，卢永祥也有电报请他们到上海继续进行制宪工作。吴景濂怕议员相率离去，他将变成光杆儿议长，因此劝曹锟暂时不要进行新总统的选举，对外宣称先行制宪以缓和议员的反感，免得他们真的纷纷离去。

这时留京的议员和离京的议员，正在大打笔墨官司，吴景濂虽号召一批留京议员，劝告其他议员勿为南方野心家所利用，勿因黎元洪一人的进退而牺牲国会，如果说北京是在军阀统治下，不能安心制宪，试问全国哪处没有军阀？哪处才能制宪？宪法几时才能完成？

离京的议员则指责军阀驱逐总统，收买议员为其工具，还有“节敬五百，票价五千，点名发放，有如恩饷”，请大家不要为了曹三（指曹锟）一人的野心而葬送了国会。

黎被迫出京后，曹锟的直系人马，尤其在各省的军人们发出一片赞成内阁摄政和催促选举新总统的声浪。

六月二十一日，王承斌致高凌霨、吴毓麟、王毓芝一电（个电），把吴佩孚致曹锟的号电（二十日）照转如下：

> 西南各省伺隙而动，奉浙勾结借题发挥，而安福、政学联合，以重金收买议员南下。佩孚愚虑，窃谓事已至此，应于最短期间，赶以法律手续促成选举，万万不可迁延稽迟，资敌以便利。……我方若不捷足先登，半月以外，恐拥段（祺瑞）之声纷扰南北，届时再图补救，事已大难；而议员法定人数尤不易言。……应请我帅间接授意京中军警各机关，随时劝慰各议员，无论何时，不得令一员出京他行，一周之内，迅定大选。中枢既固，便可以法定正统名义号召中外，纵有一二反侧，大势已定，当易消除。……

王承斌并且还在吴佩孚这个电报后面加了两句按语：“宪法不许成立，大选早日完成。”

这本是一通密电，不知是何缘故，被当时的报纸登了出来，引起外界极大反感，吴佩孚在洛阳矢口否认他发过这个电报，王承斌也通电声明："此电系奸人伪造，正在密查来源。"

外间传说吴佩孚的号电是王承斌伪造的，用以壮大津保派促成新总统选举的声势，因此王电是真，吴电是假。究竟真实情况如何？非当事人是难以肯定分别真伪的。

国会分裂后，留京议员已占少数，而留京议员并不是全部赞同直系拥曹派，所有拥曹派实在是少数集团。他们想透过合法选举达到目的已不可能，因此想借宪法会议达到目的，更不可能，于是计划：

一、捏报出席人数；

二、以非议员冒名顶替；

三、强迫签到之议员入场，或以绑票方法强制议员出席。

按照大总统选举法所定的选举总统会，必须有全数议员的三分之二到会；当时两院议员为八百七十人，三分之二的数目是五百八十人。留京的议员无法凑到这个数目，不但总统选举会开不成，就是宪法会议（需五分之三出席人数）也召开不成。

送钱开常会

留京的拥曹派议员当然也要挣扎，可是国会问题必须用"钱"，黎元洪就因为自行决定给国会经费和议员出席费而引起了政潮，现在黎虽下台，国会问题依然存在；所以在八月二十四日，吴景濂在北京象坊桥众议院议场约集了一百五十二位议员谈话，由吴提出临时给费方法三条：

一、两院每星期开常会时，出席议员均由国会预备费内支给一百元。

二、每次开会，于会场计算人数，发给出席证，散会时，出席议员以出席会议换取支给证。

三、两院议员凭支给证于下一星期一向会计科支领。

这个提议以七十七人赞同而通过。

吴景濂的这个决定，就是在北京的大多数议员也不同意。王家襄、籍忠寅、李国珍、王侃等均有函给吴，表示反对。彭养光和韩玉辰则具文向京师检察厅告发吴景濂、张弧等损害国家财产，其呈文云：

……（前略）吴景濂等所议决之支给方法，系于每星期开常会时，对于出席议员特另由国会预备费内支给一百元，且专对于出席议员适用，即明明以此费为要求出席便其私图之贿赂。吴景濂利用众议院议长资格，就所保管之经费内为损害国家财产之行为，亦毫无疑义。今三期国会岁费积欠数月，财政部久不依照预算支付，两院安有预备费之可言？岁费公费国库且不能筹给？则此项出席费之来源，更属来历不明，筹措有自。除吴景濂责有攸归外，所有担任筹款之财政总长张弧及伙同筹备大选集办经费之熊炳琦、王毓芝、刘梦庚等之所为，实共同触犯《刑律》第一百四十二条、第八十三条、第三百八十六条、第三百八十九条、第二十六条，此外是日在场随同赞和之各议员七十余人，亦应同科。唯姓氏不明，应请查明依律处断。事关国会尊严，民国前途，用敢迫切陈词，公请贵厅立予依法侦查，传唤各该被告人等到厅审讯，并即起诉，以慰天下之望。再贵厅代表国家行使法权，尤望勿为威武所屈，为我民国司法上留一线之光荣，则告发人当代我全国国民表无限之谢意。谨依刑诉条例第二百六十二条提出告发状如右。

谨呈

京师地方检察厅检察长龙

十二年六月十九日，黎元洪从天津致函参众两院及外交团并通电全国，内云：

有人假借国务院名义，擅发铣日通电，内称各节，语多谬妄。查元洪为暴力所迫，认为在北京不能自由行使职权，乃于元日离京，参众两院及公使团均经函达有案。国境以内，随地也可以行使职权，即越境出游，各国亦有先例。此次出京，何得谓为离职？《大总统选举法》第五条第二项之规定，系指大总统因故不能执行职权，副总统同时缺位而言。所谓因故之故，当然以本身自然之故障为限；若谓胁迫元首，为法律所定因故之故，国会加以承认，是不啻奖励叛乱，开将来攘夺之恶例。至元洪由京移津，并非离职，更不得妄为援引；且前总理张绍曾、前总长顾维钧、高凌霨、张英华、李鼎新、程克、彭允彝、吴毓麟等早经辞职，经于文日由国务员李根源依法副署命令，准免本兼各职，元晨盖印，交印铸局发布在案。高凌霨等既经免职，国务员资格业已丧失，尤不容任其假借。六月十三日上午，元洪尚在北京，所发命令，手续并无缺误，国会依何法律可以追加否认？即元洪出京以后，仍为在职之大总统，所发命令，只须有国务员依法副署，自应一概有效；若夫个人文电，其无关政令者，更非国会所得干涉。至六月十六日两院不根据法律私开会合会，其人数及表决，率意为之，尤为不合。元洪迟暮之年，饱经凶衅，新站之危，已拼一死以谢国人，左轮朱殷，创痕尚在。夫以空拳枵腹，孤寄白宫，谓为名则受谤多，谓为利则辞禄久，权轻于纤忽，祸重于邱山，三尺之童亦知其无所依恋。徒以依法而来，不能不依法而去，使天下后世知大法之不可卒斩，正义之不可摧残；庶怙兵干纪之徒有所畏而不敢出，虽糜躯碎骨亦所甘心。国会若以元洪为有罪，秉良心以判之，依约法以裁之，元洪岂敢不服；若舞文弄法，附和暴力以加诸无拳无勇之元首，是国会先自绝于天下后世也。元洪虽孱，决不承认。自今以往，元洪职权，未得国会确当之解免，无论以何途径，选举继任，概为非法，特此声明。

一条可行之路

六月二十日黎元洪下令补任唐绍仪为国务总理，唐未到任前，仍由李根源代理总理。黎氏在天津并不能自由拍发电报，所以这些电报都派人到上海拍发。黎氏打算通过唐绍仪以拉拢南方，尤其是中山先生。同时和奉系、皖系合作，想将国会和政府都迁到上海。

这当然是一条可行之路。当时中山先生和奉皖两系正酝酿组织反直系的大同盟，黎元洪既被直系赶下了总统宝座，他当然寻求反直系的各派来支持他。

李根源随黎元洪到了天津，奉派代理国务总理，他有一封信给唐绍仪，正可看出黎的打算，原函如下：

少川先生鉴：

前上一函，度承惠察。总统之意，俟国会政府移至南方，即将大政交院摄行。遇有重要事宜，仍愿负责主持。至于大位问题，宜从根本上着想，不当使军人干位之事，再行发现，最好为一劳永逸之计，将总统制改为委员制，依照瑞士成法云云。闻南方政见多歧，先生主持期间，定有良策。总统嘱以此意录呈，以备参考，伏维鉴纳！总统不久即可至沪，正式组织政府。唯请我公全权主持，务乞大力先期筹备。专此敬请勋安！

李根源敬启

六月二十日

函后另有附启，原文如下：

根源索怀关于立国根本大计数事，并附呈：一、总统选举，不专属之国会，需要各省省议会、各法团共之。二、现役军人不得当选总统，必退役二年以上，始得当选。三、总统不得连任。四、促进国宪，并分订省宪。五、厉行裁兵，全国常备兵额，不得超过三十万人。六、首都驻兵二万人，由各省区分配轮流派遣。

可怜孤家寡人

当时黎元洪另有一个计划，拟任命段祺瑞为讨逆军总司令兼第一路司令，张作霖为第二路司令，卢永祥为第三路司令，并以自己的同乡亲信陈宧为参谋长。可是息影天津的段祺瑞对黎氏这个计划却嗤之以鼻，他冷笑地说：讨“逆”我不会自己讨，要你姓黎的给我命令？真是笑话。

黎听说段祺瑞不肯屈就，又想改任张作霖为讨逆军总司令，阎锡山和卢永祥为副司令。可是张、阎、卢都表示得很冷淡。黎氏这次上台既完全是直系捧出来的，现在又被直系一脚踢下台来才想求助于人，大家对这个赤手空拳、无兵无将的空头总统，根本不屑一顾。

黎氏曾向银行抵借十二万元。在天津成立“国会议员招待所”。这笔钱很快就用光了，少数受他招待到天津的议员又纷纷回到北京去了。

黎氏在天津仍俨然以总统自居，他经常有公函送给外交团的领袖公使——葡萄牙公使符礼德，说这样、说那样，符礼德开始还把他的公函当作一回事，随时照译照转；后来见黎氏的文件越来越多，而且大多是古色古香，佶屈聱牙的骈体文，而外交团的华文秘书也没有熟读《佩文韵府》，很难体会，自然译得一塌糊涂！因此符礼德便在外交团的联席会议上声明：黎氏的文件没有照转必要。以后都不转发了。

内阁总理张绍曾看见各方攻击摄政内阁是个群龙无首的内阁，因此又想回到北京复职；但是直隶省长王承斌却给他泼了一盆冷水，通电反对他复职，他只好走向黎元洪同一命运。

发旅费花冤钱

当时的国会议员离北京，第一站是到天津，天津方面有办事处接待来津议员，由杨永泰负责，杨氏是广东籍议员，后来是赫赫有名的政学系巨头。国会在天津的办事处是一个转运和接待机构，凡出京到津的国会议员，由办事处接待，然后发给车船费五百元。到是年九月十五日为止，国会议员来天津领旅费的，有五百零三人；往上海报到的，仅有三百八十五人，因为有许多在天津领了旅费却没有去上海。

国会议员移沪制宪，推参议员章士钊、吕志伊，众议员褚辅成、田桐四人先到上海筹备，租下了上海县西城外湖北会馆为两院议场。七月十四日举行国会移沪集会式，两院出席议员约二百人，推年长的众议员凌鸿寿为主席。

自黎元洪被直系捧出复位以来，国会即发生民八议员和民六议员之争，前文已报道过。所谓民八议员是在广州非常国会递补的议员，北京方面一直不肯承认，不料黎元洪又被直系一脚踢开，国会计划南迁，怕南下议员不足法定人数，为了凑足人数，所以民八议员亦一律招待南下，不过要求他们作为预备队，先不出席会议，但一切待遇完全和议员一样，七月十四日集会时，民八议员有数十人到会，曾经发生争执，闹得不欢而散。

杨永泰拉议员

在天津的杨永泰负责争取北京方面议员，曾有函致北京国会的议员诸公，原函内容如下：

> （衔略）沪地集会，已于十四日举行，沪杭当局，业指定上海纸烟捐、电报局收入、烟酒公卖及盐余四项之款，为国会政府每月之经常费，足资应付。遇有临时支出，超出预算，则再由奉天方面拨给之。是以同人旅沪经费，确已有着。民八问题，亦经商量妥洽，每月公费照给，但不列席。民八多数分子，均允照办。十四日沪上集会，虽有民八议员数人羼入，小小捣乱，然实受北方之运动，彼之同辈，咸不谓然。此事于国会前途，当不能发生何种影响。自前星期二起至本星期二止，同人由津领取车船票南下者七十三人，今明两日尚不在

内，合之奉天同人，由大连径行往沪者，日内三百之人数，必可达到，尚形踊跃。而政府之组织，军事之准备，亦暗中着着进行。唯北京上海两处，彼方所散布之谣言甚多，凡可摇惑同人之心志而滞其行者，几于无奇不有。乞转告我同人，万勿轻信。直系现因空气太坏，选费难筹，应付又无善法，徒劳神伤财。终不能得合法产出。据确实秘息，直系日来已改变方针，前日所倡之先宪后选，选宪并行，及依法解决，种种谬说，目下皆成过去之名词。其唯一办法，则先战后选也。盖就现势而论，不合法选出固战，合法选出亦战，且选固战，不选亦战。与其大耗巨款以收买议员，毋宁移之以充军费。所谓不买猪而养牛（按：当时称议员为猪仔），此说为吴子玉（佩孚）所倡。已渐得北京、天津、保定各处直系之赞成。事势急转，吾辈议员，已不甚见重于直系，吾人更无流连京华之余地，独惜吴大头辈（按：指议长吴景濂）尚在梦中，自欺欺人也。诸公行意早决，摒挡多日，想已就绪，务请即日出京，动身之期，先乞见示。弟当在津门稍候，以接待一切。此间车船费之发给，限至本月廿四日为止，盖吾辈最大责任，不在拆台而在从速搭台；一面讨贼戡乱，一面制宪建国也。

移上海发宣言

国会移沪集会后，发表对内对外宣言，对内宣言云：

国会成立以来，迭遭政变，同人忝为民役，恒用疚心。每于困心衡虑之中，为委曲求全之计；而其结果，乃有不忍为国人道者。六月十三日之变，畿辅军阀窃位乱国之罪迹象彰彰，举国共瞻，无待申述。同人既不敢以国宪为人驱除，将大位奉之国贼；复念吾国为礼让名教之邦，同人俱受父兄师保之训。又不敢稍越几希之戒，而为自鬻之谋。则今日南迁，势不容已。同人等此心此志，不约而同。兹谨于十四日下午二时，在上海举行移沪集会式，一俟数及法定，即行正式开会，行使职权。所有建国大计，自当顺应国民心理，按切时势要求，次第讨论施行。同人等任职有年，国是未定，区区此心，愧对父老；唯此守法持正，差堪自信。邦人君子，尚共鉴诸。

对外宣言云：

中华民国以北京政变，内阁窃柄，已无政府；加之武夫横行，威逼利诱，国会失其自由。同人为保全机关之神圣，及保全个人之人格计，决计南迁。两院议员现已到沪者已达三百人以上，其余尚在京津，克期待发。此皆守法持正之士。兹谨于十四日午后二时，在上海举行集会式。俟足法定人数，即行正式开会，行使职权，经常集会。留京议员陷于强暴，即有议案，不生法律效力。北京武人如有假借政府名义，与各国订何项条约，磋商何种借款，吾国会概不承认。民国不幸，屡以政治问题发生变乱，致烦各友邦之考虑，同人深为不安；唯此次之播迁，由于武人盗国，事出非常，义不容已，其中情节，各邦明达，谅所周知，谨此宣言。伏希鉴察。

议员何去何从

参议员汤漪审度当时国会大势，曾有一通电致留京的参议员，把当时的形势利害分析得很清楚，略云：

此次政变发生，我同人政治上之利害，除少数卖身军阀者外，固有结合一致成为中心之必要。且其事但返求诸己而可能，乃迟至今日，时逾三月，卒致行动各异者，则法律上意见之异同为之，非有他也。所谓法律上意见之异同者，约而举之，可得三事：制宪是否以迁地为良？一也。在南方者有民八国会之争，二也。在北方者有延长任期之案，三也。除第二项民八问题，在沪会业已解决，无俟更议外；自制宪地点问题言之，则在京制宪，有两害而无一利。先选后宪，在京已有不可抗之形势；而铜臭总统，与非法选举，一旦成为事实，则内争必因之扩大，国会自身，将为众矢之的，而体无完肤，遑论制宪，其害一也。设欲贯彻先宪后选之主张，则唯有出于通过天坛旧宪章，推翻此次新宪章之一途。国权未固，省治不存，内乱将无已时，其害二也。欲祛二害，则南下制宪，比较为良，毫无疑义，不待论矣。公等之明，宁不察及？而犹恋恋于北京象坊桥之会场，不忍遽去者，道路传言，因果复繁，不可殚述。……至于延长众院议员任期一案，尽可俟补足中断之会期后，基于事实上之必要，再行解决。窃以为国会自身计，其安全之前途，殆舍是未由矣。……

黎元洪被直系强迫下台，在天津车站受辱，又被直隶省长王承斌劫车索印，这种迫害和侮辱，对身为元首的人，应该是义愤填膺；当时举国中外，都注视这位黄陂总统究竟有何作为。而令人失望的是他躲在天津租界私邸内，毫无作为，只是派了代表，分赴奉天、上海、广东和云南去联系。国会议员到上海集会，如果黎当时南下，是会振奋人心的；而他却裹足不前。这也难怪他，他自武昌起义时发迹，一直是因人成事，乃时势造英雄，并不是英雄造时势，所以对他就不必太加苛责了。

总统无权无勇

众议员刘楚湘于八月八日（民十二年）有电责黎元洪，电云：

自六月十三日发生政变，日居月诸，兔魄再圆；凉飙乍起，溽暑渐收。回忆内阁拆台，全体辞职，断公水火，绝公饮食，嗾使军警，贿买流氓，包围公邸，逼公退位。迨公仓皇出走，避往天津，王承斌率其军队，邀截杨村，劫车索印，行同盗匪。留公为质，至十余小时。胁公署名，代公辞职。彼时公亦义愤填膺，几欲自杀。而国人亦痛纪纲之扫地，法律之荡然。骇汗相告，举国若狂。乃时阅二月，公仍安居津邸，有若淡忘；国人热度，亦渐随暑气以俱退。各方寂寂，未闻仗义执言，声罪致讨。国会同人之留京者，则趦趄而却步；离京者则怅惘若失。毁法乱纪之徒，反得横行首都，从容坐镇，补缀内阁，秣马厉兵；寖假而恶声相加，将以破坏统一，破坏宪法之罪名，加诸离京同人。昨闻吾公将买舟南下，旋又中止。同人窃窃相议，疑莫能释。岂以旅沪同人，尚未发电欢迎耶？抑以各方意见，未趋一致，故迟迟有待耶？夫共和国之总统，虽与专制之君主迥异，然俱为一国之冠冕，人民之元首。在昔专制之世，国家有难，君主尚有殉国家死社稷之责。乃公前逐于张勋之复辟，不能以身殉难，谢罪国人，而逃生于日本兵营，遁迹于天津租界，使海内俶扰，生灵涂炭，亘五六载。公俱置身事外，不问不闻，国人已为公宥。而今再被逐于曹锟，所受耻辱，即匹夫竖子，亦当拔刀相向，不共戴天。公乃堂堂元首，即不为国家名分纪纲法律计，而为公个人计，亦岂能唾面自干，隐忍以终耶！

且共和国之总统，名虽元首，实则公仆。非若专制之世，有主忧臣辱，主辱臣死之义。一旦君主蒙难，薄海臣民，即应兴师勤王，奔赴行在也。唯总统名器，执行国家最高行政权，对内对外，有代表国家之尊严。辱及总统，不啻辱及国家。同人等投袂而起，奔走呼号，誓不与毁法乱纪之军阀，戴天履地者，为其不循法律轨道，擅行废止，且以武力金钱强取豪夺。恶例一开，则国家之乱，无已时耳，乃公在津邸，屡次宣言，俱云当为国家纪纲法律，一伸正义；而犹迟徊瞻顾，必待同人之发电欢迎，各方之意见一致，始行南下。公之用心，窃所未解。夫公为一国元首，且身受其辱，为公为私，所负责任，均较他人为重。允宜身先同人，早日南下，成立政府，号召中外。使外而友邦，内而国人，知正统之所归，正义之所在。即各方意见，未趋一致，而公亦当纡尊降贵，与之周旋。只要为国伸正义，不妨己身受劳怨。美国历任总统，尝因贯彻政见，不惜舌敝唇焦，奔波跋涉，以游说各邦者矣。今公为国家伸正义，饬纪纲，卫法律，即躬自游说各省，使之谅解，亦适见公之为国贤劳，而于公之尊严，殊未见有毫末之损也。（下略）

第一炮未打响

黎元洪接到刘楚湘的电报，甚为感动，因此决心南下。他的左右，如姚震、李思浩、陈宧等均赞成黎去上海，息隐天津的段祺瑞也表赞同。不过要到上海，不能不先看当时浙江军务督辨卢永祥和淞沪护军使何丰林的态度，这两人一直未表示迎黎南下，黎觉得要等待卢、何两人态度明朗殊不容易，决心置之不顾，乃秘密搭乘日轮“长府丸”，偕李根源、陈宧、庄景珂和日本医生二人南下，于是年九月十一日抵沪，下榻法租界杜美路二十六号，当晚即在寓邸邀请唐绍仪、章炳麟、李根源、褚辅成、章士钊、陈宧、饶汉祥、郑万瞻、焦易堂等密商。会后发出一道通电云：

元洪忝受国民付托，待罪公仆，德薄能鲜，致有六月十三日之祸；唯念纪纲不可不立，责任不可不尽，业于九月十一日到沪，勉从国人之后，力图靖献，谨此奉闻。

又另致电广州中山先生，电云：

（上半段与前电同）……我公昔在清季，与元洪共开草昧，休戚与共，唯望共伸正义，解决时局，海天南望，伫候教言。

九月十二日，黎氏在寓邸招待新闻记者，发表书面谈话如下：

余在国会未曾有正当解释任期之前，总统地位，当然存在。余在京因不能自由行使职权而移津，然天津依然为暴力所包围，乃不得不转而至沪。上海为舆论中心，政治策源地，故余来深欲征取各方意旨，并将中心所怀，报告于众，使各方公判，而求妥善解决之道。连年兵祸，国民已创深痛巨。余素主和平，故求国是之解决，雅不欲诉诸武力，余对于总统之位，毫无恋栈之意，亦无作下届总统之野心，唯进退授受，当遵法定手续。今法纪荡然，长此混乱，国何以立？余故不惮跋涉而来沪，求各派人士之合作，以维法律而整纲纪。故余南来之宗旨，一言以蔽之曰：维持法律，整饬纪纲而已。至现在北京之摄阁，毫无法律根据；今合法内阁之总理为唐绍仪，仍有施行政事之权力。沪上之国会，为主张正义而来，彼开会时，余当出席报告，请其维持法纪而固国本。余之行动一遵民意，而以法律为根据；如有能整饬纪纲，维持法律者，余即当按法定手续以政权相授，决不迟疑恋栈也。

中外各报对于黎元洪的南下，反应并不热烈，没有当作一件大新闻，而黎氏的谈话也没有引起人们的大兴趣。黎元洪抵沪后的第一炮可说完全不曾打响。

黎元洪前被直系捧上总统之位时，并没有得到奉系、皖系以及国民党和西南方面的同意，他们都是反对黎氏上台的，所以黎在第二次总统任内，西南根本不承认黎的地位；浙江也宣言自主，在未统一前，不服从中央。所以黎氏南下，他们不曾热烈欢迎；加上黎未到上海，就盛传江苏的齐燮元将与浙江的卢永祥发生军事冲突。齐燮元是直系健将，卢是皖系的唯一实力人物，他们要冲突是极有可能的。江浙两省对于战争的威胁极为敏感，所以两省的士绅如张一麐、张謇等发起江浙和平公约，分别请苏浙军民当局和浙沪护军使签字，以资信守。黎氏到上海时，这个和平公约刚好签署，其中规定："对于两省境内保持和平，凡足以引起军事行动之政治运动，双方须避免之。"

因此，当时江浙人士认为黎元洪在上海组织政府，将使和平局势受到破坏，所以张謇就去见黎元洪，力言浙江和平关系重大，希望不要轻举妄动。意思是反对黎氏在上海活动。

要拆曹锟的台

九月十三日，黎元洪在上海杜美路寓所召集全国性的会议，邀请广东代表汪精卫，浙江代表邓汉祥，奉天代表杨毓珣，云南代表陈维庚，贵州代表李雁宾，四川代表费行简、赵铁桥，湖南代表钟才宏等参加，商量筹组一个全国性的政府。

黎元洪以主席身份首先致辞，他说："这次南下完全是自动，因为曹锟用金钱和武力攫取总统之位，眼看就要成功，如果大家坐视其上台，必定惹起各省兵争，破坏和平，流祸无已；故不若用拆台方法，令其不能做总统，即可保全和平。今拆台只得一半成功，故率然南下，希望和各方通力合作，贯彻拆台宗旨。盼各方支持，拆台既竣，建设之事，则非本人所能胜任，唯望天下仁人志士共起担负。"

黎氏的话说完，大家没有作声，于是黎又继续说："目前拆曹锟大选之台，即须我方先能搭台；而搭台最要在组织政府，俾便号召一切，现在已商请唐少川担任内阁责任，请各省赞成。"

各省代表推由汪精卫起立致答辞，汪说："各省对公个人皆极仰佩，去年直系拥公上台，各省所以不一致赞成者，因法律上所见不同，且灼知直系毫无诚意，故今年六月十三日之事，早在意料之中；今公个人跋涉南来，深感公之为国宣劳。至于组织政府一事，事关重大，各代表事前毫未知情，也未有所准备，自当慎重考虑，电告本省，请示可否？然后奉复。"

汪的话讲完，各省代表一致表示同意，于是黎氏这次组织政府的谈话会以不了了之而宣告结束。

唐张象征拥护

黎元洪在上海不得意，因为大家不仅没有把他当作总统看待，反看他为祸水。只不过收到了云南唐继尧和东北张作霖的两封信，还尊他为总统，算是差强人意。其实军人实力派仅仅以秀才人情纸一张表示拥戴，对于形同丧家之犬的黎大总统又有何用?

唐继尧给黎元洪函如下：

大总统钧鉴：

自京师告变，大驾移津，薄海人民，深同义愤。所有报载经过情形，暨奉到宣示中外各电，不胜发指。只以僻在遐方，形势阻僻，特通电各方，暂息纷争，迎驾回京，主持大政。一面准备实力，纠合同志，声讨国贼，以奠邦基。正在积极筹备，适吴君斋厚至滇，颁到手谕，并转示一切。自当擐甲誓师，恭行天讨。同时接到沪函，拟设国务院，并开联省会议执行任务。窃念强藩毁法乱纪，暗干大位，内为国民公敌，外失国际同情，此正天亡逆虏之时，诚宜别组机关，号召天下。唯年来国事纷扰，议战议和，迄难解决。皆无彻底之办法，无坚确之主张，以致连年蹉跎，迄无成效。继尧惩前毖后，以为此次戡乱之方，宜注重实际，不尚虚声；各方如能协议方略，同时并举，则天下不难定也。所有愚见，正在派员赴沪详备。谨肃芜缄，托吴君先行赍上。伏乞睿鉴！并叩崇安。

云南省长唐继尧谨呈

张作霖给黎元洪函如下：

大总统钧鉴：

敬肃者，窃作霖自愧才力棉薄，早有归田之愿；乃以东北父老重相付托，不得不暂为维持，以尽桑梓义务。故年余以来，纯以地方自治为主，对于南北政潮，未便闻问。前者六月十三日之变，若辈威逼元首，劫夺印玺，一切非法行为，纪纲何在？人神同愤。又加杨议员振春，韩秘书玉宸奉命来奉，责以讨贼，霖虽不敏，略知春秋大义，自应实时筹备，期尽天职。旋以当时所议，群力合作各办法，接洽未熟；又因钧座南下无期，不免略有停顿。然作霖救国之筹备，无日不在进行之中，决不能稍存观望，坐视国家沦亡也。鲍前总长贵卿两次来奉，作霖咸以钧座复职，惩办祸首，为第一条件。讵彼一味敷衍，毫无悔祸之念。将来义师奋兴，不改初志。兹闻钧驾南临，凡我军民，曷深欣幸。赵司令杰此次南行，对于粤赣大局，颇有计议，一切详情，统由面陈。肃此敬请崇安。

张作霖谨呈

九月十四日

唐继尧和张作霖虽是实力派，但他们不会竭诚拥护黎元洪，他们只是不愿意直系的曹锟一旦登上总统宝座，真正成为中央力量；因为直系尤其是吴佩孚，最大的野心就是武力统一中国，也就是要消灭其他的力量。所以他们想拉拢黎元洪反直系，又不愿真的拥戴黎元洪。

黎元洪不是一个有策划和有组织力量的人，如果他在这个时候能纠合所有反直系的力量，未始不能阻止曹锟的贿选；惜他无此大才，不能创造形势。

连遭四重打击

另一件令黎元洪气沮的，是在国会议员方面。就在九月十三日黎招待各省代表碰壁的当天，南下的国会议员在湖北会馆召开谈话会。黎元洪以大总统身份对国会咨文，他将已准备好的两道命令函达国会，请求同意：

一、准李根源辞署内阁职；

二、任命唐绍仪为国务总理。

黎同时通知议员们，准备前往报告一切。在黎看来，南下议员集会不能没有总统和内阁，否则议员集会便失去了意义，这比和省代表谈话要有利得多，他相信议员们一定欢迎他。

怎知事情的发展使黎氏大出意外：在议员谈话会中，国民党籍议员张继竟声色俱厉地指责黎元洪，认为他误国，依附军阀，不顾国家民族大义，只求一己利害。因此他郑重宣布：国会中如果再有文电称黎元洪为大总统，他本人坚决不予承认。现在中华民国已经没有大总统了。国会中原来设有的大总统席位，亦应立即撤去云云。

张继的挡驾，使到国会空气为之一变。议员褚辅成、黄云鹏、吴渊、谷思慎等，见情势不佳，深恐黎元洪来到国会之后受到难堪，同时南下议员对黎元洪亦并无好感，于是赶快打电话通知黎氏，请他不要来出席国会。

就在这一天，黎又遭受到第三个打击，那是淞沪护军使何丰林所出的一个布告，内云：

> 为布告事：照得近来时局不靖，谣诼繁兴，沪上为华洋荟萃之区，中外观瞻所系，本使负有地方责任，早经迭次宣言，抱定保境安民宗旨，始终不渝；所冀闾阎安堵，匕鬯不惊，用慰中外商民之喁望。诚恐流言传播，摇惑人心；市虎杯弓，为患滋大。用特剀切布告，俾众周知。倘有破坏秩序，扰乱治安之行为，无论何人，概予拿办。本使为维持地方安宁计，决不能稍示姑容；仰商民人等，各安生业，勿得轻听谣言，自相惊扰。切切此布！

黎元洪自离湖北北上后，将近十年，虽然在官场并不得意，可是游刃于中国第一人第二人之间，这次是他来北后，首次南下；他抱了极大希望南下，怎知却是乘兴而来，大失所望。一是江浙人士的婉拒；二是各省代表皆打其太极拳；三是遭到议员的指名攻击和不承认其总统地位；四是被地方军事首长指桑骂槐地搞了一下。这四重打击，可真把黎元洪打得头昏眼花。

黎元洪因人成事，时势造英雄，所以在军阀短兵相接、总统自为的局面下，其政治生涯遂逐渐走上日暮途穷之路了！

议员延长任期

拥曹派既希望留北京议员不要星散，同时又争取南下的议员回京，除了津贴出席费一百元外，同时安排另一计划。原来国会议员的任期，到民十二年十月十日即告届满，彼时已是七八月了，因国会分裂，无论在上海或在北京的人数都不及法定数目，都无法开会，十月满期，转瞬即到，吴景濂针对这个弱点采取行动，由众议员王茂材提出修正国会组织法案，于第七条众议员任期三年下，增加一项云："议员职务应俟下次依法选举完成，开会前一日解除之。"这就是无限期地延长；因为下届议员不选，现届议员就可以一直担任下去。以此为饵，吴景濂派众议员张鲁泉等南下，劝诱已南下各议员再返北京，每人发给旅费四百元。

离京南下的议员，在八月底统计，有三百八十五人。不过议员分子复杂，离京南下的三百八十五人中，并不是意见一致，有的为了旅费和月费，有的为了破坏南迁国会，有的态度游移，可南可北，因此国会本身就是绝不健全的。

张鲁泉在上海活动结果，即有三十余议员先后随张返回北京。自六月十三日政变后，国会的两院常会和宪法会议因不足法定人数，所以一直流会；现在由于南下的三十余议员返京，因此九月七日众院常会乃召开成功，出席的众议员有三百零二人，主要议题是延长议员任期案。马骧表示此案关系重要，请议长当场指定审查员。吴景濂遂指定牟琳、马骧、胡祖舜、徐傅霖、王敬芳五人为审查员，即开审查会。审查完毕后，由胡祖舜向常会报告。胡氏说：审查会对五议员修正案认为可以成立，其理由：一、众院任期将满，国会万不可中断；二、国家政争终无统一希望，不可不有统一之国会以维系之；唯原修正案系对众院而言，中华民国国会，由参众两院组织成立，故对于参议员任期，亦须顾及。兹修正如次：第七条下增加一条，"前两条议员职务，应俟下次选举完成依法开会之前一日解除之。"众院常会对审查员的报告鼓掌表示满意。遂由主席吴景濂把这个修正案提付表决，在场出席者三百零八人，起立者二百六十一人，以多数通过。当天即开三读会，会后咨送参议院。

众议院通过议员任期延长案，舆论大哗，认为这就是直系曹锟贿选的前奏；反对派乃寄望于参议院，希望参议院能够予以纠正，不使这个法案通过，以维持国会的信誉和声望。

部分议员反对

留京的参议院议员听说众议院通过了留任案咨请参议院通过，于是部分议员发表公开函表示反对，函云：

本院同人公鉴：

此次国会重光，一年以来，毁誉参半！幸我同人始终尊重法律，不作法外行动，此心可质天日，可告国民。自众议院延长任期案移付来院后，全国舆论为之哗然。我同人不乏明达之士，对于拂逆舆情，毁弃法律之议案，自有正当主张，以保存国法之尊严，同人之人格；唯一般同人或有未审此案之利害，谨扼要为诸公言之：溯此案发生以后，即招舆论界之攻击，或谓系大选之交换条件。夫大选为国会职责，决不受政潮鼓荡，使国家陷于无政府之险境，尤不能对于任何方面为条件之要挟。本院同人苟能本此大义，昭告国人，必能得多数国民之信仰，而昌中华民国国会史上之优点。此理至明，尽人可喻。唯众院为任期所限，切身权利所关，昧然有此越轨行动，同人等不能不加以纠正，俾国人晓然于参议院议员十年以来，尊崇法律之主张始终不渝，亦以保全众院议员之人格，使毋贻法律之羞。盖两院制之优点，即在甲院可以纠正乙院之失，俾法律方面不受政潮激动，而发生破坏。亦不因权利冲突而引起政争。故两院制结晶之点，即在于本院能调剂各方面之不平，而使国家永处于巩固不摇之地位。以是之故，本院唯一之职责即在于守法二字。诸公守正不阿，决不以鄙人之言为过激。万一同人不察，昧然通过，则国人为维持国法计，必将有严厉之抵制，此时不仅众院议员为全国所唾弃，即本院亦将与之偕亡。此为本院同人生死关头，谨掬血忱，伏乞鉴察。

虽然具有正义感的议员们如此反对，可是参议院仍于九月二十六日开成常会，出席者一百三十八人，由议员谷嘉荫主席，议员赵连琪提议变更议程，先议众议院移付延长任期案，在场的多数赞成，且有议员主张不必讨论，即开审查会，当场审查。由主席指定宋桢、纳谟图、王湘、陈铭舰、娄裕熊五人为审查员。审查完毕，由陈铭舰报告审查结果。在十几分钟内，连开三读会，不加讨论即予通过。

两院自行延长议员任期案通过后，即以咨文送达摄政内阁。摄政内阁对这件大事不敢公布，尤其是洛阳的吴佩孚，对此举特别反对。可是吴景濂和两院议员却用这件事作为同意举行大选的交换条件，反复争论；摄政内阁迫不得已，乃于十月四日将国会延长任期令、和众议院议员改选令，同时公布。

两问题待解决

到了九月二日下午八时，直系的重要人物，山东省长熊炳琦、内务总长高凌霨、交通总长吴毓麟、司法总长程克、烟草公卖局督办兼直鲁豫巡阅使署秘书长王毓芝、直省议长边守靖、京兆尹刘梦庚等出名具柬邀请两院议长副议长和全体议员到北京甘石桥一百十四号俱乐部宴会，出席参加的，有二百余人。当时北京的习惯，请客八点，到齐时非十点不可，这次宴会也没有例外。

十时十分，宾主到齐，主人方面推山东省长熊炳琦发言，熊说：

“今天我们邀请两院诸公光临，大家踊跃参加，我们感到莫名荣幸。我可以代表同人，略陈刍见：自今年六月十三日政变发生，迄今已近三月，时局纠纷，毫无头绪。大凡国家之组织，行政机关和立法机关，原负同等之责任。每遇国家根本动摇之际，尤应双方负责维持；绝非任何行政机关一二人所能解决。现在内政丛脞，外交紧迫，国家前途，危险万分，不可不立时设法补救。今日立法、行政两机关中坚分子，握手一堂，务望开诚布公，共同研究一维持时局的办法。”

客人方面乃推议员王敬芳答复，略谓：“今天承当局诸公宠燕赐教，同人无任荣幸。谨代表致答谢忱。现在解决时局之两大问题：一为制宪，二为大选。就分量言，则制宪比大选为重；就时局言，则大选比制宪为急。两问题均应早日解决。今晚蒙政府当局开诚布公，与同人商量，我同人亦应切实讨论，不必包头盖面。”

无法作出决定

接着，议员骆继汉发言，略谓：“维持时局，立法、行政两机关宜同负责任，自属当然之理，不过要维持时局，须使立法机关有维持时局之机会。众议院议员任期快满，将不能行使职权；前由各政团代表，要求当局延长任期，当局先允而又后悔，不知何故？我们认为这件事是维持时局的重要关键，希望当局切实答复。”

熊炳琦乃和高凌霨、王毓芝低声商量了一会儿，然后起而答复说：“骆议员所问的事，据政府当局的意思，因认为延长众议员任期是一个法律案，究竟应该由政府提出来，还是由议会自己解决？还需要一番考虑。”

当时在场的议员们，对于延长众议员任期事，有的主张由政府提出，有的主张由议会自决，有的反对常会出席费支给办法，意见纷纭，莫衷一是。最后始由议员吴莲矩发言说：

“我觉得大家的意见都不彻底，时局如此紧迫，不要专在题外做文章，今天的议会真正为了什么事？我们应该赤裸裸地提出讨论。大选是法律规定议员的义务，我们怎可规避？政府方面为了维持国体起见，促成大选，亦不应含羞害怕，讷讷不敢出口呵！”

吴的话一出，大家鼓掌。可是宾主也无法对此作一决定，燕会至十二时始散。

对吴景濂不满

民国十二年时的北京国会，虽然是一个重要的机构，却也是是非最多的地方。当时参议院院长王家襄辞职，而继任议长没有选出，于是众议院议长吴景濂就成为一个最重要的时局关键人物了。吴景濂虽然重要，可是他所扮演的角色并不讨好，反曹派认为他依附曹锟而不耻他；而拥曹派则认为他在六月十三日政变后所行所为极不高明，把事情弄得很复杂，时间拖得很长久，因此对他也大加指责。这可以从拥曹派重要分子、众议院副议长张伯烈写给吴景濂的一封长函中看出，张函情见乎词，对吴氏极为不满，原函云：

莲伯（吴景濂别号）议长足下：

伯烈才力绵薄，忝列副席，除依法代理外，本无特别责任可言。

唯今大局日陷阽危，伯烈为国家计，为国会计，为足下计，为自身计，均有不能已于言者，愿足下一垂听焉！查国会由参众两院组织而成，并赋予选举总统、制定宪法之特权。其选举总统，与宪法会议，依法以参院议长为主席，如有障故时，众议院议长及参众两院副议长，亦得递次代理，此法律所规定也。惜参院自王杨争长以来，议长一席，流产至今，于是选举总统制定宪法之重大责任，乃集于足下一人之身。不幸制宪未成，国家多变，黎氏元洪于六月十三日弃职出京，京师震动，海内鼎沸，国家之安危，共和之生死，其重心点莫不环视于国会，诚所谓赫赫师尹、民具尔瞻者也。……

据大总统选举法第五条第二项所载：大总统因故不能执行职务时，以副总统代理之；副总统同时缺位时，由国务院摄行其职务。同时国会议员，于三个月内，自行集会，组织总统选举会，行次任大总统之选举。大法所定，无论何人，不得违犯。今黎氏弃职出京已二月矣，以三个月计之，已去三分之二，延至九月十三，乃转瞬间事。三月期满，补救无从。足下为独一无二之主席，负独一无二之责任，何以两月以来，竟视选举总统会若仇敌，而不一言提及耶？苟至其时，选会不能成立，总统不能产生，国会构成违宪之罪，有野心家乘时而起，假借国民资格，向国会兴问罪之师，国会同人其将何辞以对？吾恐法统从此坠地，政局从此紊乱，民国一线生机断送国会之手，国会同人贻误之罪固不可逭，足下与伯烈之肉亦足食乎？总之，斯时无论何人为候选大总统，国会无论在北在南，而吾人于法律上、事实上，究不可不依法组织总统选举会。足下若赞成褚君辅成等南迁，则即宜往南集合同人选举总统。今足下心不向南，身尚在北，又不肯即行依法开选举总统会，谓非有意妨害大局，其谁信之！伯烈自客岁滥厕副席，以足下磐磐大才，经验宏富，一孔之见，何敢妄有补给，然近念足下渐处入瓮之势，伯烈亦有同舟之感，千钧一发，稍纵即逝，祸在眉睫，补牢恐晚，故不惜为足下一言。或谓足下非不知此，将变相的师汤化龙两次牺牲国会之故智耳，伯烈未之敢信。语云：士有诤友，则不失于令名。又云唯善人能受善言。伯烈于足下虽愧为诤友，而足下则不失为善人，希于伯烈所言，稍致意焉。则国家幸甚！足下与伯烈亦幸甚！

弟张伯烈顿首

捏报出席人数

吴景濂既然不见谅于反曹派，同时他在事实上又倾向于拥曹派，当他受到拥曹派的直系津保派激烈攻击后，他感到自己已经处于极端不利的地位，于是他不能不为己谋，不能不积极做选举总统的打算。他咬紧了牙关向贿选这条路走，乃命令众议院的秘书处发出议程，于九月八日（民十二年）开选举总统预备会，同时分别通知各议员，凡是在这天参加的议员，都有出席费二百元可领，如果抱病在身而力疾出席者，还加发医药费。虽然如此将就，这个预备会议竟因人数不足仍然开不成。第二天再开，还是人数未足。吴景濂觉得如果等足人数，恐终没有开成之望，因此命秘书长郑林皋派了许多职员擅代议员签名，捏报出席人数，靠了这一招，才开成总统预选会。

当然，这种欺骗手段，是不能掩盖一切的，所以预选会的第二天，即有不少议员，纷纷向吴质问：

如议员张瑾雯、李汝翼函云：

莲伯议长大鉴：

昨日大选预备会，汝翼、瑾雯两人因事请假，具有假条掣回收据可凭。乃阅昨日预选出席人名单，竟列汝翼、瑾雯之名，实深诧异。务请即日更正，宣布同人，以昭核实，而免弊混，实为公便。此请台安。

四川议员李汝翼、张瑾雯同启

九月十一日

又如议员李兆年函云：

莲伯议长大鉴，敬启者：

昨日大选预备会，因弟久病初愈，步履尚难，实未出席。兹查有人冒为签到，若不声明，诚恐日后流弊滋多，除正查究外，特此函达。顺颂议祺。

李兆年启

九月十日

孙曜揭发真相

最令吴景濂难堪的，是众议院秘书派在议事科服务的孙曜，也发出通电，揭露“大选预备会”捏造人数的真相。孙曜通电如下：

慨自六月十三日总统被逼去位以后，北京一隅，法纪扫地；今竟以非法之行，加诸守法之身，大选以非法为预备。纵令欺诈而成，实足以滋长祸乱。言念法统，良用疚心。谨此通电，敬告邦人。众议院议事科科员秘书孙曜蒸印。

众议员张瑾雯由于吴景濂不理睬议员们质问，乃第二次具函质问吴景濂，要求正式声明改正人数，函云：

径启者：

本月十日总统选举预备会，瑾雯因事请假，执有收据可证。乃闻签到簿上，竟有谨雯签到字样，不胜骇异。因到院查勘，是日签名簿瑾雯名下，确盖有到字朱印，赫然纸上。当即具函声明，请予更正公布，以明真相，而免弊混。迄今多日，尚未见将原函印布更正，不识议长是何用意？窃立法机关，何等尊严；总统选举预备会，何等重大；乃不意青天白日之下，竟有此公然捏造议员签到之举。查议员签到名簿，系由议长派有所属专员，监司其事，瑾雯既已请假，则此到字朱印从何而来？此等伪造行为，实已入刑事范围，议长自不得辞其责任。且到会人数既发生伪造问题，若不切实查究，表明事实，则当日人数多寡，已属不能确定，选举预备会岂得遽认为成立？瑾雯为保持国会尊严起见，特再郑重声明，即请查照前函，立予更正。否则法院俱在，我两院同人，当不忍以神圣庄严之国会，任议长一人蹂残破坏不留余地也。愚直之言，幸赐明察。此致莲伯议长

众议院议员张瑾雯启

九月十三日

从黎元洪被逐下台起，拥曹派的活动仍须依赖国会选举新总统；于是，众议院议长吴景濂就成为举足重轻的关键人物。吴氏也有意包办大选，希冀借此为自己在将来政府中出任阁揆作安排。

报纸揭露丑态

民十二年九月初，据传说众议院议长吴景濂曾向拥曹的保定派提出三项要求：一、大选完成后，由他组阁；二、掌握财权；三、特别区的矿产权益。

同时在筹备大选时，经济方面的条件是：一、选费；二、党费；三、特别交际费。

这些都是为了办理选举时的必要用途。吴氏并且希望先预付五成的现款一千二百万元，以便着手进行。保定方面认为吴有借机勒索之意，同时条件太高，所以难于答应。不过不答应又怕吴氏翻脸，事实上选举要依赖吴氏也。

在“大选”问题短兵相接时，议员们的丑态毕露，这可以从当时（民十二年九月十三日）《北京报》的一则报道中，看到当时各种稀奇古怪的政客丑态：

自众院侥幸开成常会后，一般热心大选之“罗汉”（按：罗汉指当时之国会议员），以任期既已延长，一生可以吃着不尽。且大选又迫在眉睫，东一竹杠，西一竹杠，随地皆是白幌幌之大洋钱，前途之买卖正多，其生意兴隆，财源广进，虽瑞蚨祥、同仁堂（按：皆当年北京之殷实老商号）视之，亦自叹弗如。日来兴高采烈，色舞眉飞，乐不可支，甘石桥某号，昨晚呼卢喝雉之声，通宵达旦，一掷数千金，其挥霍之豪，诚非吾侪穷记者所能望其项背。闻彼辈连日皆有协议，所最注意者，自为选举票价问题。唯最高仍以六千元为限度。但对于出力赴沪拉回南下议员者，前经出力提出选举案者，具有执政团领袖指挥之能力者，则予特别优待，加给特别酬劳费、交际费、秘密费，并支特等之选举票价。各罗汉则要求支付现金；而主持大选之甲方因与乙方商议，酌提所储存三百二十余万元之三分之二，以资支配；一方面则催财部速拨两院岁费。唯乙方与包办者则主张操纵，不采取公开办法，并声言反对摄政内阁逾期。内阁闻之，大为恐慌，乃有众院果欲政府公布国会议员延长任期案，则摄阁期间亦自有无定期之延长之说，以示抵制。日来甲乙双方，争潮甚烈，大选之总参谋某某，前晚忽秘密来京，下车后，即赴甘石桥从事调停，并划分甲乙两方之办事权限，以免再起波澜。翌晨即匆匆返天津，故为外间所未悉云。

又：前晚甘石桥会议，九时许开幕，讨论大选问题，凡保定派已接洽之“罗汉”相继而至，约有五十余人。其首要即系磋商票价与提前支付半数之现金，次则各俱乐部津贴费、夫马费等，亦在继续讨论之列。但经济全权为拥曹的津派所扼，津派在未允提出储款之前曾表示：保派如要提款固无不可，但须具有应负大选告成之全责。而保派亦顾虑“拜金罗汉”骗款到手，或不投选举票。虽已拉回南下议员若干名，但仍未达到法定选举人数，自亦不能不计及此。且又恐临时复有发生变故，故仍抱定宗旨，拘守前议，先签发殷实银行期票，须俟选举投票后，次日即凭票付款，银货两讫。但“罗汉团”方面则以银行支票为不足恃，亦恐其投票后支票退票，致两方意见距离仍远，结果尚须从长磋商云。

九月十二日第一次选举会召开，由于人数不足而流产，因此拥曹的津派、保派和国会中的大选派都慌了手脚，忙作一团，不知如何是好。十三日晚在北京城小麻线胡同一所讲究的住宅中，大选派议员召开了紧急会议，讨论如何促成大选问题，当时商定了几个办法：

一、遣人分头疏通议员，由常会再定选举日期；

二、电请各省督军省长，推定各该省国会议员一二人为代表，负责拉拢各该省代表出席；

三、仍决定：凡出席者，才发给出席费；

四、津保两派所分别接洽的各政团，应采取刚柔相济的手腕；

五、派代表秘密南下，运动反直系的中坚人物，予以特别待遇之条件，除了金钱上的承诺外，还答应政治上的优缺；

六、如果以上各点进行无效，则准备出于最后一途，修改大总统选举法。

同时，津保两派还在甘石桥一百四十号俱乐部举行秘密会议，讨论投票议员付给票价方法。大多数主张在出席大选会的上午付款，议员收到票款后即麕集在一处，午后同乘汽车径赴国会，各人投下“神圣”的一票。

另据九月十八日的《北京报》专讯报道云：

前晚王承斌、边守靖、高凌霨、王毓芝、吴秋舫、熊炳琦、刘梦庚、袁乃宽、程克等即在甘石桥大典筹备处召集各政团领袖紧急会议。如吴景濂、张伯烈、钱崇恺、斐廷藩、王谢家、宋汝梅、黄明新及民治社、直系之某代表，与各俱乐部之代表彭汉遗、汤松年等七十余人，专为讨论大选票价支付方法，与选举后应得优先权条件。席间意见庞杂，莫衷一是；而主持大选者，遂先决定分途接洽为上策，于是，王孝伯、边守靖则向吴景濂一派协商；而王毓芝、袁乃宽仍向其昔日所接洽各政团磋议；熊炳琦、刘梦庚则对直系各省俱乐部接洽；吴毓麟、高凌霨、程克等分别向反对派疏通，兼负接洽拉拢在沪各议员之任务。据内幕消息指出：各政党之首领，所提条件无不竞争占据阁员之要席，次则要求省长、次长、各路局局长、海关监督及盐运使等。亦有请求京内外各部属厅长、道尹者。甚至要求保障终身为议员者。光怪陆离，无奇不有。据王承斌表示：筹备大选现款已有把握，以饵“猪仔”（指议员），希望直系各省从速解款补助，以策进行，速选总统。而津保两派亦由王氏从中斡旋，以表面视之，似有灌通合作、消泯猜嫌之望，然骨子里则仍各怀鬼胎，大有谁占最后之胜利，即掌握政局之全权之想。津派比较软弱，因为保派暗中联络洛阳派为奥援，且虎视洛阳的吴佩孚已有严电指责津派，以壮保派声势云云。

票价初定五千

贿选投票，票价初步确定为大洋五千元一张，唯付款办法如何是很重要的。投票者怕白投这一张“神圣”的选票；而付款人又怕议员拿了钱不投选票。这个问题可以说很小，亦可以说很大。据民十二年九月二十日《北京报》专讯报道内幕说：

各报连日记载甘石桥大典筹备处日夜集议情形，多有出入。记者昨特走访中立派某参议员，所得答述确系从耳闻目睹中来者，洵属内幕真相。爰照录以供众览：

某参议员之言曰：外间所说某日某处会议，某等实无所见闻。甘石桥梁宅每夕均有百数十议员，车马全集；所谓筹备主任王、熊、边等，亦每夕必到。唯若辈除吞云吐雾，呼卢喝雉外（按：甘石桥梁宅供客烟具共有二十余盘，麻雀、扑克等赌具更多至不可胜数，每夕输赢在万金以上，可谓豪赌矣），并无其他协议事件之可言。有之则自十六、七两日晚餐于袁家花园始。此两日所延请者，皆保派所认为可以帮忙之议员。每夕分邀四五十人，而余适于次夕与会。是晚供应极菲陋，座客几不能下箸，且有蹙额者问有余菜否？庖人则以菜罄对，众遂一哄而走。聚谈时，熊炳琦首先发言谓，今夕商榷之事有二：

一、请大家分担责任；二、我辈办事人尽酬报之力是也。关于第一项应请各省负责，诸君实行联络能出席大选分子，事前开列名单，临时劝告如约出席。至报酬一节，不妨打开天窗说亮话，每人赠送五千元。其手续则拟用银行存折，由受款人用一图章作为存款取款之据。唯该印鉴不存于银行，而存于我辈办事人手中，待选举有结果，办事人将各印鉴送与银行，各人存折上再盖同一之图章，即可向银行取款。现请先由各省负责，诸君分头约集同情者，分组联合，每组将印鉴汇齐送来，即事毕矣。

言至此，王孝伯乃起为补充之言曰：外间谓我辈办事内部意见参差，皆系反对者挑拨作用，请诸君不必误信流言。唯刚才熊省长所述办法，其中有应补充者：第一，大选日应由各组首领邀集该组分子午餐，餐后即同乘汽车入场出席投票。各组首领所用之饮食车马等费，自当如数拨付，断不令负责人亏累。第二，存款拟指定直隶省银行，照银行惯例，本系先付印鉴，现印鉴所以要暂存办事人手中者，因期在成功后照付，万一初次投票未得结果，不得径取之故也。至各组人数，并不必限定多少皆可。至此王兰亭又起而言曰：时机繁迫，希望于中秋节前开选，请于二十日晚再集会于此，汇报各组名单印鉴，以便进行。

来宾中吴莲炬起而发言，谓存款仅指定存入直隶省银行数目太巨，恐不可靠，如能分存数行，更为周密。钱崇恺则曰：兄弟是直隶人，知直隶省银行内情最多，该行为直隶财政总汇机关，担负有余，断无意外，请大家放心云云，其时熊、王等已离座，与各私人酬答。所谓大选筹备之会议，乃又了一幕矣。二十日晚又在袁家花园燕集，是夕之会，原为汇集各组员名单，暨各受款人印鉴而设，在大选派方面观之，关系应极重要，乃迟至七时许，来宾仅有半数，而被邀之人，亦未闻有电话催促。熊润丞、王孝伯两人亦未莅止。座中主任唯王兰亭、边洁卿二人。来宾问以各省报告如何？但答以尚未齐集，稍待一二日等空语。并协议之形式，亦未举行。是则大选形势之阻窒不通，暨办事人之精神涣散，于此可以见矣。

先投票后付钱

票价容易，只要决定一个数目；付款方法最难，谁也不信谁。舆论又故布疑阵，挑拨离间，九月二十三日《北京报》登载的专讯就有这种含义：

大选派与罗汉团日日讲价，故近日报章中紧要之消息，无非“钱”字问题。几把一座北京城闹得铜臭熏天，令人不可向迩。但总括虽为钱之一字，而分开尚有许多问题发生。如票价之为五千元、八千元、一万元各种之争执一也；先付现款，后行投票；或先行投票，而后付款；或付款一部即行投票，二也；各政团首领竞欲包办，而其分子则恐权利有垄断之弊，纷纷反对，三也。有此三种症结，故大选派虽渴望成功，猪仔团纵馋涎欲滴，亦只好暂忍饥渴，从长磋议。

日来表面上所传之先宪后选，或宪选并进，虽空气甚形热闹；但一揭暗幕，无非在上述钱的问题上做文章。目下商略程度，大抵一三两项或较易于解决；最难者厥为第二项之先行付款，与先行投票问题。盖其中不特原来在京猪仔之持为先决条件，即此次由南返京之议员，亦以此为唯一之着眼点。

记者昨晤由沪回京之某某议员，质以回京之故，是否因贪票价而甘冒猪仔之名？某某答复颇为质直，谓我等此来确是为五千元之票价，此亦不必为君讳。因若辈历年朘削，积产累累，如此傥来之物，非此绝无仅有之机会，又安能拔其一毛？唯我等有须声明者，即金钱可以要，而猪仔实不可以做。此语在君初闻必以为奇，不知所谓猪仔者，因其甘于卖身而得名，若得钱不卖身，又安得谓猪仔？故我等决计五千元之款，不能不要，但因此而出席投票，则万万不可能，盖因得钱而不卖身，不必自认为猪仔也。虽此有类于过河拆桥，然取之于盗，不为伤廉。我等以为得钱是一事，投票又是一事也。我等预备金钱一到手，即当迁眷南下，即或被迫逼暂难离京，而外国饭店尚多，亦尽可为安身之地，将来仍当南下，贯彻初志，决不至因金钱而失身耳。即反直派方面，对于我等意旨，亦已完全谅解，盖借粮于敌，此反直派之计划者也。当我等过天津时，曾以此意商于反直派某某等，彼甚赞成。故我等之回京，实非变节云云。

记者按：某议员之言，虽属牵强，然亦可知由沪返京者一般之真意，与反直派之策略矣。闻大选中亦有窥破其计划者，诚恐空掷金钱于虚牝，故力持先投票后付款之议。此点争执，恐无解决之望，而大选之前途亦从此可知矣。

支票签名洁记

十月四日《北京报》又报道大选内幕云：

吴景濂与津保两派大选经纪人协议之结果，决定于五日开总统选举会。前日（一日）津保派各经纪人特宴各省议员，将以到者之多寡，定大选前途之形势。自下午一时起，至夜十一时止，每二小时一班，共分五班，各经纪人于事前曾直接或间接向各议员声称：此次与平常宴客不同，凡热诚赞助者，务望光顾，否则同人等实无法辨别诸公态度云云。故是日到会者，确达四百余人，为从来所未有。唯宴会席上，除由主人方面报告现拟办法及几句客套而外，并无其他特别情形可记。盖此次宴会目的只在点名，京中各通讯社报道，谓有何种会议，并指明系晚间七时，按之真相，并不如是。

支票自前日起实已开始发放，每张五千元，支付银行共有三家，以打磨厂大有银行为最多。票上未填支付日期，三方约定，将来付款时，须由开票人补填日期，并加盖一图章，方能生效，而此项补填及加盖手续，则必须在总统选出后三日履行，质言之，此项支票非总统选出，实即等于一张废纸也。故各议员对此承受态度尚不十分踊跃，不信任保定派者，谓此项支票并不足保障；信任保定派者，则谓不必有此支票，尽可空手投票，到将来再行领款，落得做个慷慨云云。闻持此种态度者数不在少，外传谓领支票者已有四百余人，则大选派故造之空气耳。

又同日《北京报》云：

票价问题，经多方之磋商，定为分团体分省份或个人直接三种，经甘石桥、长安饭店等分头接洽，均已谈有眉目。前日晚间，即在甘石桥签发，闻到甘石桥领取支票者，截至昨晚已有四百余人，其拨款之银行为大有银行、盐业银行等三家，签字为“洁记”两字，支票数目及签名骑缝三处均盖有青色长圆木戳，内系三立斋三字，有月份而无付款日期。闻普通者为五千元，其有特别关系者或一万元或七八千元不等。今昨两日即已有人持此支票往大有、盐业等银行照票，以定真伪。持有此票之议员，莫不欣欣有喜色，而主持贿选的王承斌，连日亦密令直隶财政厅长金某解款来京，分储各行，以坚议员之信用。而一般脑筋灵敏之议员，以为前此提议原有储诸外国银行之要求，今皆改在本国银行，能否靠得住，此时尚未能作数。兼以前此传直派密议，曾有选举过后抹脸不认账，牺牲一二银行之传说，此种实行贿赂之支票，打不起官司，告不起状，将来能否当用，恐非至选举过后，不能明白也。

罗汉欲望过大

九月三十日《北京报》云：

大选派之接洽议员，无孔不入，日来分省疏通之结果，人数虽共开有四百七八十人左右，但究其内容，所谓说妥者，仍不及四百人。盖猪仔中颇有一部分人对于赊现两点尚在争议，而一般小首领又不愿仍照普通待遇，非于五千元外再有一种优待条件决不投票。大选派初甚坚持，但以事势紧急，不得不允。闻其商磋之条件：一、各大小首领于五千元外，另予特别报酬，并保证选后给予特简官位置。二、关于付现一层，吴莲炬等业已秘密领取（系外国银行钞票）。唯闻此种消息传出后，猪仔团酸劲大发，行将继起而为同样之要求。未知大选派，将如何应付。兹将已领大选票价现款之议员名姓开列于后，余俟调查后陆续发表：

张鲁泉、宋汝梅、马骧、吴莲炬、陈策、钱崇恺、叶夏声、陈荣光、王伊文、周之瀚、葛庄（以上诸人所领现款均系超过划一票价“五千元”三倍或四倍以上）云。

十月一日《北京报》云：

大选问题日来仍无发展。据深知内幕者云：此事实难进行，盖因在北京人数确系不足法定；而在此不足法定人数之中，所谓交换条件又复层出不穷，罗汉们欲望过大，主持大典者殊感不易应时。但彼等为一时便于报效恩帅（按：指曹锟）起见，不得不暂为俯允，届时能否实践，殊不敢必。此实大选派目下对付猪仔之真实心理也。闻彼等与各政团首领妥协之条件，即于大选成功后，由吴景濂组阁，张伯烈继吴氏扶正为众院议长，王家襄为参院议长，牟琳、温世霖、叶夏声等分据阁员；甚至有要求省长、次长、各盐运使、道尹、榷运局差缺者，均已互相默契。且筹备大典处秘密支给各领袖及党费多至二十余万金，凡自命各省组之代表，亦各得特别酬劳费数千元以至二三万元不等，大选派此举之用意，完全系抛弃一般普通罗汉，而专向所谓大小首领诸猪仔身上做工夫，以冀在此法定期内，激动离京议员北返，凑足人数。且吴景濂与王承斌密约，决于十月二日或三日秘密进行举办大选会，故对吴等所提条件，不得不容纳，以便此种计划之实施云。

十月五日开选

贿选形势，在民十二年十月四日急转直下，这一天、曾经流会了四十四次的宪法会议居然开成，到会议员五百五十余人，是自六月十三日政变以后从来未有的盛会。由于宪法会议开成了，四日下午吴景濂遂以总统选举会名义发出通告：

启者：

兹定于十月五日（星期五）上午十时开总统选举会，依法选举中华民国大总统，特此通告。

总统选举会启

十月四日

五百五十余人，在法定选举总统的人数尚差三十人左右，不过大选派认为另外还有五六十人已接洽好，这些人只出席大选会而不出席宪政会议。

关于幕后的票价问题，由于王承斌等不分昼夜在安排，据说已在甘石桥俱乐部亲领或代领支票的，至十月四日中午，已有五百七十六名；尚有十四五人不肯领钱，则皆属蒙古王公豪富，这些人不重金钱，却要官职。据说另有多人住在天津，因为反直色彩太浓，却对于五千元有兴趣，他们和大选派接头，准于开会当天赶到北京，投票后即领款，领款后即返天津，同时提出条件，不许将其姓名宣布。大选派乐观的估计，投票选举总统时，曹锟可得近六百张票，预计超出五百八十三票之法定票数。

众议院为了选举总统会，大加整理，四日下午秘书处加班布置，北京象坊桥一带，军警和保安队加岗守卫，警察且挨户通知悬旗，庆祝选举总统。秘书处并准备在选举会这一天备办一千份午餐茶点，以免选举人受饥渴之苦。至于安全方面，决定入场时加以检查，不但旁听人员要接受检查，即议员中有问题的，也不客气，照样要搜身。这当然是怕这个“堂而皇之”花了巨款投票的选举会发生炸弹案。

十月一日起，贿选的总部已经分别填送支票，有浙江籍的众议员邵瑞彭取得支票后，就把它印成正反两面，于十月三日向京师地方检察厅告发，请依法侦察起诉，并通电各省，揭露贿选经过，有贿赂的支票为证。北京的地方检察厅在直系势力范围内当然无所作为，可是这一个行动也足以打击大选，使之扫兴。

很多省份都对该省籍议员接受贿选支票者予以声讨，否认其代表身份，有的还宣布开除其省籍。

不过卖身的议员们则笑骂由君，收款由我耳。

民国十二年十月五日上午十时，北京总统选举会召开成功。开会时间原定十时，可是议员们姗姗来迟，到齐时已经十一点五十二分了。众院议长要吴景濂宣布开会，报告签到人数，计参议员一百五十二人，众议员四百四十一人，共五百九十三人；出席人数五百八十五人，已足法定人数；于是推定检票员十六人，吴景濂并报告投票方法。

下午二时正式投票，至四时完毕。当聚点票，结果曹锟得票四百八十张，获选为中华民国大总统。其余得票人计有：孙中山三十三票，唐继尧二十票，岑春煊八票，段祺瑞七票，吴佩孚五票，王家襄二票，陈炯明二票，陆荣廷二票。……

选举如临大敌

关于这一幕贿选丑剧，当时北京报纸曾有详细记载，特抄录如下，以存真实：

十月六日《北京报》载：

> 北京之总统选举会，经王承斌、吴景濂等极力拉拢之结果，昨日（五日）居然开成。曹锟以四百八十票之大多数（投票总数五百九十），于金钱支配下，裒然当选；以视民元之袁世凯，民五之冯国璋，均经决选，始能产生，尤为生色。金钱之魔力，诚可畏也。四日之夜，甘石桥之大选筹备机关，通宵达旦，活动不休，夜分门前犹有汽车六百余辆。该俱乐部中原有五大客厅，卒以来者过多，几无立锥之地。喧闹终宵，支票计发出六百零数张，而大选派对于人数一层，始略为放心。
>
> 五日晨，内外城各大街商铺，即由警察挨户勒令悬旗庆祝。顺治门内外，十步一兵，五步一警，荷枪实弹，如临大敌。国会街一带，警备尤严众议院门前有营帐数座，是为军警休息之地；制服军警约有

五六百人之多，私服暗探数亦如之。众议院围墙以外，所配置军警侦探之众，亦不亚于大门前。军警当局如王怀庆、聂宪藩、薛之珩、车庆云等，均亲自莅场，指挥监督，足见特别郑重。旁听席中，亦有侦探数十人，穿插监视；而女旁听席中，亦有女侦探，殊不能不令人叹服其戒备之周到也！

吴景濂为大选元勋，又为选举会主席，昨晨八时半左右，即驱车疾驰到院。沿途军警举手为礼，吴微点头致意，其得意之色，虽车如闪电疾驰而过，犹令路人一望而知之。车旁附有警卫，自不虞发生意外。吴氏到院后，首命秘书厅查点今日有无请假议员，有者即发专函派人往迓，不来则又继之以同乡或同党热心大选之议员专诚奉邀。吴氏之苦心，亦足以报曹锟特达之知矣！

对于旁听者之限制及搜查特严，男女来宾共约一百余人。议场东首操场搭盖席棚四间，为旁听者休息之所；唯人多地狭，鹄立院中者仍不少。旁听者既入门便不能再出，故过午未餐者，由院供给面包，以备充饥。按照规则在开票以前绝对不许旁听，其早晨到者，直至下午三时始获入旁听席，未免太无聊矣！

急电保定报功

昨日签到人数共为五百九十三人，实超过原日在京人数；其原因实由于前晚（四日）有由沪赶来者四人（本有十八人，到天津被截留十四人），又昨午由天津乘汽车赶到者，又有十五人，闻此十五人先至大中公寓与直系要人接洽后，即到院出席。依前数日形势观之，出席人数似不至如此之多，嗣经调查结果，始知此次拆台最力之政学会议员竟有暗中北上投票者；而主张先宪后选之宪法研究会议员亦多临机应变，弃宪言选，故出席者得超过法定人数十一人。又在京议员确实未出席者仅有五人，计为：王家襄、刘以芬、黄元操；其余赣籍二人，姓名未详。又有周大烈者虽辞职未准，亦未出席。王家襄因外间攻击甚烈，故特缺席，以示避嫌。黄元操则以“心痛”二字请假，语颇隽妙。刘以芬之请假书原文如次：

敬启者：

先宪后选，为弟夙所主张，曾经布达，谅蒙垂察。迩者宪法会议已开成，地方制度，经过二读，果能更尽一二日之力，至少亦可将重要部分，完全告成，然后再行定期大选，岂不两全其美。乃偏急其可缓，致使垂成宪典，不免稽延，万一他日又生波折，谁尸其咎？弟以根本主张不符，本日选会，未便出席，特此陈明，敬祈鉴及。此上

主席大鉴

刘以芬谨启

吴景濂于选出曹锟为总统后，当晚即以总统选举会名义，咨达高凌霨等，其咨文云：

总统选举会咨文，十月五日，本会依大总统选举法开选举会，举行大总统之选举，列席人数五百九十人，曹锟得四百八十票，当选为中华民国大总统，相应咨请摄政国务院查照可也，此咨摄政国务院。

同时又致电曹锟报告；原电云：

万急，保定曹大总统钧鉴：

本月五日上午十时，依大总统选举法开总统选举会，举行大总统之选举，列席人数五百九十人，公得四百八十票，当选为中华民国大总统。除即日由本会赍送当选证书外，先此电闻。

总统选举会歌印

吴景濂一面并以个人名义，偕同张伯烈驰电致贺，以示殷勤。其电文如下：

万急，保定曹大总统鉴：

十月五日，依大总统选举法举行大总统选举，我公依法当选；中外腾欢，万姓仰戴，永奠邦基，造福民国。

谨掬诚申贺，顺颂钧安

吴景濂、张伯烈叩拜

五日选出曹锟为总统后，高凌霨等即于下午六时在国务院开紧急会议，议决三事：一、以国务院名义，将新总统当选票数，通电各省区知照。二、公推袁乃宽代表全体阁员，赴保定欢迎新总统。三、责成内务部筹备新总统就职典礼。又：公府指挥处侍从武官处及礼官处官兵人等，计共一百余名，昨晚已会同外交部，预先选定娴熟各国言语文字之参事、司长等，乘专车赴保定，欢迎曹锟入京就职，并招待贺客。吴景濂亦定日内亲赴保定，致送当选证书，并向曹锟表功云。

五千为最低价

同日《北京报》又云：

昨日总统选举居然成会矣！曹锟居然当选矣！预制之证书以蜜色绫为边，以古锦为套，以桐木为匣，居然于今日上午从两院秘书厅选一好书手，敬写曹名，定于晚间送保定矣（一说吴亲往，一说张伯烈往，现尚未决）！大选筹备人已邀约各省代表，今晚赴保定欢迎矣！昨日阁议决定各部院各派一二人，会同礼官处筹备就职典礼矣！曹锟之喜可知，直派之喜可知。而反直派、折台派数月之忙，未免目前暂告失败。今日直派机关，各报特别标明合法当选，盖意欲以此四字抵制反对派也。

此事之急转直下，盖有两因：一、奉浙西南通电已出，筹备诸人认定不疾速办好，则夜长梦多，将有变局，必赶于数日内做成。二、吴佩孚先后拍来两电，反对众院延长任期，其中扼要之语，即谓双十节前合法当选，可无话说，一过双十节不必选举。高吴诸人原以延任事请示保定与洛阳，本不欲公布，而吴氏两电则反有促成之作用。一可以公布延任，为如期选举之交换品，故四日午间议员方面包围催促，而次日选举亦同时确定，此中交涉，吴景濂而外，骆继汉之力为多。二因吴佩孚谓过双十则不要选，津派诸人遂认双十以后吴氏可能别有办法，彼等筹备之功，将付流水，不可不赶紧办好，以间执吴口。

谚云：有钱能使鬼推磨。况拜金之议员乎？派人南下拉人，又加以江苏督军齐燮元之协助，当然议员多有北上者，票价名为五千元，然实为起码数，有八千者，有一万者，所签支票，自邵瑞彭举发之大有银行以外，有盐业、有劝业，并闻有特别者则为汇业、麦加利之支票。所签之字，洁记（边洁卿）以外，尚有兰记（王兰亭）、秋记（吴秋舫）、效记（王效伯）等等。本月二三两日，颇有议员持票至银行对照者。然自邵瑞彭举发，而三四两日之夜，甘石桥大着忙，将前发支票收回，另换其他式样之票，且以不示人不漏泄为条件，且闻已书明日期。至于昨日上午，直派议员四出拉人，亦有付现者，又有五千元以外增价者，并闻对于前折台而昨出席之议员，许以投票自由，票价照付；而两院员役，由秘书长以至打扫夫，各另加给薪工两月，由吴景濂发出，共八万元，以为犒赏。此贿选之大概情形也。

吴景濂总包办

昨日选举会之表面情形，京中各报已载，兹不赘。但此外尚有可述者，则北起西单南至宣外大街，三步一警，五步一兵，又有整队巡行之保安队。象坊桥则自东口至西口，军警夹道排队，上午十一时后，即断绝交通，非赴会者不许通过。城堞上遍立瞭望之哨兵，众院门前，遍张天幕，无论议员参观人，均准入不准出，入必搜检；女宾用女探为之，唯公使阁员及保津要人则免搜。对于议员则备餐两顿（实只吃一顿，以四时半已毕也）；并在众院隔壁之大中公寓，设烟榻四，烟枪八，有瘾议员得向吴景濂领通行证，于军警监视之下往吸鸦片。而大中公寓则除吸烟外，更有一大关系，即甘石桥长安饭店之机关，临时移设其中，全体阁员及津保要人，自上午九时开始，即至其中，发号施令，指挥一切。

昨日之会，据闻先由议员二十三人分头请不出席者到会，计包雇汽车数十辆，有人于午前八时过石驸马大街三号门首，即见停有三辆，即吴莲炬等拉客之车。十时以后，分头拉人，计临时出发者亦达三十余辆，各拉一二人回，出时吴景濂亲签通行证，其事由为“请人”二字。以记者所闻，曾大索王家襄、符鼎升不得。郑人康于午后二时车载盛时、陈家鼎二人来；而抱病之张佩绅、廖宗北、梁善济、易宗夔，则以榻舁至；易氏不能入场，即持票至场后请其自写。此拉人之情形也。

签到人数，六百有零，出席者五百九十，此中有无不实不尽？非局外所能知。吴景濂于甫散会时，即嘱将签到簿密锁柜中，严戒秘书厅人员不许泄露，签到处及会场执事职员，均先期派定，未派者不许在侧。

至于会场之检票员，虽由议员中抽签出任之，其实亦大有问题。议员人名之签筒，吴景濂特派专员数人控制，密藏议场后园楼中，昨日由众院秘书长郑林皋抽签，其抽出者皆大选派要角，绝无南下复归之议员。唯曾抽出参院吕志伊，众院李肇甫，其人皆不在京，改派两人，仍大选派重要分子，说者谓此中大有手法也。检票之时，十六人围守，其他议员不得上前，废票十二张，内容更无能窥见矣（十月六日下午一时）。

《字林西报》揭秘

又《字林西报》北京六日通讯云：

当大选之时，当局检查电报极严，防止描写实况之新闻漏出北京，凡有报告大选形势不稳及各方反对大选、各地军事行动、与夫行贿情形之电报，一概不准拍发。据多数人传说：邮件亦受同样检查，但犹未能证实；其他事务，当局亦无一不取防范手续，以求大选之最后胜利。

议员在未投票以前，无一付以现款，仅与以支票一纸，平均每人五千元，由各政团领袖经手办理，此等多数领袖，每人可得一万元；但闻议员中之无能者，所得并有不满二千元者。据院秘书透露：不愿受贿之议员，亦有出席者，其数不满二十人。当选日之上午，拒绝受贿投票者颇不乏人。不料选派人物则以甘言诱惑其家属，结果议员尤其妻妾女友带领到院者，竟有数十人。院内外军警受吴景濂之指挥，禁止入院议员复行出院。据一议员言：大选经理人当时准备，如第一次投票，议员中有不依其办法投票者，决以强力维持法定人数，至三十六小时之久，务使曹锟产出而后已。

至各车站方面，均密布便衣警察，凡议员欲于是时乘车离京者，则遽使人上前揪扭，诬以逃债，军警然后借端干涉，两造带入警所；至此乃由人向议员劝说，授以支票，用雇妥之汽车或马车，载往议院投票。是故众议院前马车汽车之拥挤，尤为历来所罕见。至有不愿直接得款之议员则以顾问等职饵之。昨日有参议员对记者言，其友曾绝对拒绝贿款，其初态度甚为激烈，后因劝说结果，愿受月薪四百元之顾问职云。

广州发电讨曹

十月七日，广州国民党发表宣言，申讨曹锟贿选窃位。九日中山先生以大元帅名义下令讨伐曹锟，通缉贿选议员，并电段祺瑞、张作霖、卢永祥一致行动。同时以大元帅名义对列强宣言，以中国全体人民视曹锟之选举为僭窃叛逆，请各令其驻北京代表，避免任何行动可使僭窃者引为国际承认之借口。

十月十日，中山先生在广州大本营主持会议，讨论讨曹事宜，并致电各国外交团，请否认曹锟为总统，原电云：

> 关于北京最近举行之所谓总统选举，余不能不特别请各友邦注意于中国全国人民一致反对曹锟为“中华民国总统”是也。夫历史上未尝无卑污授受之事，但贿赂公行，强攫政权，恬不知耻，未有如此次曹锟被选之甚者。如人民对于此种行为尚恬然默认，而不反对，则实无权再事生活，而为一自尊之国家。是故中国人民认曹锟之当选为总统，为一种篡窃叛逆之行为，在理在势，皆须反对而讨伐之。……余今请各友邦及彼等驻北京之代表，勿以任何举动，使北京新篡窃者，认为乃国际承认及赞助之表示。列强如承认曹锟，将促进中国之内争及扰乱，中国人民将认列强为反对中国人民，有意破坏彼等反抗一种污辱国民人格之举动之明显意志。
>
> 孙逸仙启

中山先生这时在广州的情况也极艰苦，因为陈炯明和沈鸿英两支叛军先后在广东作乱，中山先生被迫用兵讨伐；可是中山先生手下除了许崇智部是可靠的而外，李烈钧、朱培德的滇军，作战能力有限，杨希闵等率领的滇军则不可靠，不太听命令，使用起来非常辛苦。

民十二年上半年在北江击败沈鸿英叛军，可是接着陈炯明便在东江复叛，进窥广州；而海军也在广州谋叛，幸及时发觉，撤免温树德的海军总司令，改委各舰舰长，由大本营直接指挥海军。广东方面因军务紧迫，因此对于北方贿选的局势虽感痛心，却有力不能及之苦。

曹派喜气洋洋

民十二年十月十日，北京众议院议长吴景濂亲自捧了新总统的当选证书，乘坐专车到保定，面递给新"当选"总统曹锟。这一天，保定城内商家都奉命悬挂国旗，曹派的人就好像家里有了喜事一样，一片喜气洋洋。吴景濂见到曹锟，照例说了"众望所归，人心所向"的谎话，而曹锟也说了感谢国民的厚爱。

于是，吴景濂伴着曹锟，乘原车回北京；抵京后即赴总督府，宣誓就职。就职典礼并不隆重，因为参加的除了曹派人物而外，就是拿了钱被人责为"猪仔"的议员，撑场面的尽是北京的军警。如此总统就职大典，未免太不像样。其实花钱买总统做，又有什么像样的呢！

曹锟就职后即发表文告云：

> 锟军人，于政治初无经验，今依全国人民付托之重，出而谋一国之福利，深思熟计，不胜警惕！所私幸者，以国家之成立，以法治为根基，总统之职务，以守法为要义。历任总统，皆系一时之彦，只以国家根本大法未立，无所依据，未克其施；锟就任之时，适值大法告成之际，此后庶政举措，一一皆有遵循，私心窃幸遭遇有过于前人也。……当此国事未宁，民生正困，财政竭蹶，军事未戢之时，瞻顾前途，诚不敢谓有必达之能力；然不畏艰难，出于索性，所以答我父老昆季者，唯此至诚而已。逐年以来，政治潮流，日新月异，譬之医者，不愿泥古，自囿于方书，不敢骛新，以国为试验。语云："为政不在多言，顾力行何如耳。"谨以服膺，施诸有政。

曹锟是河北大沽口人。大沽口地方穷困，当地人士多以驶船为主。曹家贫苦，曹锟兄弟姐妹六人：老大曹镇，老二是女的，老三曹锟，老四曹锐，老五曹彬，老六曹锳。兄弟五人中，只有曹锐和曹锳念过书，不过书也念得不多。直奉第一次战后，曹锟成为北京政府的后台大老板，曹锐做了直隶省长，曹锳做了河北镇守使，一门富贵，古人所谓英雄不怕出身低，想不到大沽口一个驶船人家，竟出了一个元首；可惜这个元首逆取逆守，不能克享太平。

曹锟就任之日，同时公布了中华民国宪法，当然这个宪法是由中华民国宪法会议宣布的；可是这个宪法并不被人重视，后人称之为“曹氏宪法”云。

民国史上的一幕政海大闹剧于焉结束！